쉽게 배우는 이탈리아어

김종법/ 음경훈 공저

1945
문 예 림

쉽게 배우는 이탈리아어 I

발행 2001년 12월 15일 / 인쇄 2001년 12월 10일 / 김종법 · 음경훈 공저 / 펴낸이 서덕일 / 펴낸곳 도
서출판 문예림 / 등록번호 1962. 7. 12. 제 2-110호 / 주소 서울 광진구 군자동 195-21호 문예빌딩 20
호 / Phone. 499-1281~2 Fax. 499-1283 http://www.bookmoon.co. kr Email:my1281@lycos.co.kr

쉽게 배우는 이탈리아어

차 례

책의 구성에 대하여
시작하기 전에
한국어와 이탈리아어의 차이에 대하여

제 1 권 목차

제 2 권 목차

책의 구성에 대하여

하나의 외국어를 배울 때, 가장 많이 제시되는 방법론은 2가지라 할 수 있다. 하나는 문법보다는 회화를 통하여 자연스럽게 언어를 익히는 방법일 것이며, 다른 하나는 회화보다는 문법적 기초를 통하여 말을 배우는 방법이다. 이 두 가지 방법에 대한 효율성 문제를 놓고 많은 이들이 전자가 외국어를 배우는데 효과적이라고도 하며, 후자가 더 효과적이라고 주장하기도 한다. 그러나 두 방법 모두 나름대로의 장단점이 있기 때문에 어느 하나만을 고집하여 채택하는 것은 그리 바람직한 방법은 아니라 생각한다. 특히 한국적인 상황에서 영어나 일본어가 아닌 이탈리아어를 단순히 이러한 이분법에 의해 습득 법을 규정하는 것은 더더욱 무리일 것이다. 문법적 지식이 형성되어 있지 않은 어린이들의 경우에는 회화를 통한 자연스런 습득이 훨씬 효과적일 것이고, 이미 문법적 지식이 형성되었거나 영어나 다른 외국어를 배운 경험이 있는 이들에게는 회화를 통한 자연스런 습득이 거의 불가능할 것이다.

따라서 배우는 대상이 누구냐에 따라 방법론이 결정되는 것이 가장 바람직하다는 것이 본인의 짧은 생각이다.

특히 이탈리아어의 경우에는 한국 안에서 회화를 통한 습득이 너무나 제한적일 뿐만 아니라 언어적으로도 영어나 기타 다른 외국어와는 너무나 다른 언어적 구조를 가지고 있기 때문에 실질적으로 회화를 통한 습득은 거의 불가능할 것이다. 이와 같은 상황에서 한국인들이 이탈리아어를 배우는데 있어서 가장 효율적이고 바람직한 방법은 문법적 지식을 통하여 이탈리아어를 배우는 방법 외에는 달리 길이 없을 것이다. 그러나 이탈리아어 문법이 지나치게 변화가 심하고 어렵다는 점이 이를 배우고자하는 이들의 의지를 꺾어놓기도 하고 인내심이 부족한 이들을 너무나 빨리 포기하도록 강요(?)하기도 한다. 본서는 이와 같은 어려움을 충분히 감안하여 이탈리아 현지에서 사용되는 실용적인 문법을 중심으로 보다 명료하고 간단하게 문법적 사항들을 설명하려고 노력하였으며, 이를 통하여 보다 쉽고 빠르게 실용회화를 습득할 수 있도록 구성하였다.

본서는 2권으로 구성되었다. 제 1권은 주로 이탈리아어를 처음 배우는 이들이 가장 많이 느끼는 어려움을 보다 자세한 설명과 예시를 통하여 해결할 수 있도록 구성하였다. 흔히 초심자들은 이탈리아어의 다양한 변화와 복잡한 문법적 구조 때문에 무척 애를 먹는다. 그래서 어떤 이들은 무조건(?) 이탈리아인들과 자연스럽게 말을 많이 하는 것만으로도 이탈리아어를 배울 수 있다고 생각한다. 이는 어느 정도 사실일 것이다. 그러나 이 경우에도 문법적 기초가 부족하면 말을 하는데 한계에 곧 부닥치게 되고, 한정된 범위와 관심사에 국한하여 기계적으로 말을 반복하는 수준에 머물게 된다. 실제로 이탈리아 남자와 결혼한 많은 외국 여성들이 일상회화나 생활은 무난하게 하지만, 신문과 같은 글을 읽거나 편지 한 장을 쓰는 데에도 상당한 어려움이 있다고 이야기하는 것을 들을 수 있다. 바로 이러한 말 따로 글 따로는 문법적 지식의 결여라는 점을 명확하게 입증하는 것이다.

따라서 제 1권의 문법적 구성은 이와 같은 말하기, 글쓰기, 읽기와 해석 등을 종합적으로 접목시킬 수 있도록 아주 기본적인 문법적 설명을 비롯하여 이를 활용한 연습문제, 각 장의 문법과 연계된 실용회화, 간단하지만 효율적이고 다양한 정보를 담은 강독 등에 이르기까지 실질적으로 이탈리아어를 배우고 활용하는데 기본이 되는 문법적 설명에 역점을 두고 구성하였다. 또한 각각의 장에 수록된 예문들은 배우는 이들로 하여금 해석에 도움이 되도록 직역을 하여 덧붙였으며, 연습문제는 물론 회화나 강독에 대하여도 해답을 제시함으로써 혼자서도 독학이 가능하도록 꾸몄다. 제 1권은 기본적 발음에서 일상회화에 필요한 문법적 사항들을 중심으로 다루었는데, 가장 기본이 되는 품사론을 중심으로 회화의 기초를 이루는 근과거와 반과거 및 명령법 등을 중점적으로 다루고 있다.

이에 반해 제 2권은 보다 심화된 실용회화를 습득하기 위한 문법적 지식을 제공하고 글쓰기와 정확한 강독을 통한 독해 능력을 배양하기 위하여 접속법과 조건법 및 부정법을 배우고 원과거 시제까지 다룸으로써 전체적인 이탈리아어의 윤곽을 잡을 수 있도록 도와줄 것이다. 또한 보다 수준 높은 어휘력 향상을 위해 기본적인 단어의 형성에 대한 문법적 기초를 함께 다루고 있으며, 주요 관용어구와 숙어 등을 따로 편성하였다. 아울러 1권과 2권 각 장마다 항시 사용되지는 않지만 생활에 유용한 전문용어를 따로 취급함으로써 기초 문법 지식의 한계에서 오는 취약한 전문용어에 대한 보완을 하였다.

아울러 각 장마다 예시된 예문이나 연습문제, 회화 및 강독 등에 대해서는 제시된 해답이 유일한 정답은 아니라는 사실도 함께 고려하길 바라겠고, 무엇보다 해답이나 각 예문 해석의 기본적인 원칙은 직역과 일반적 보편성 및 상식이라는 기준에서 행해졌음을 미리 밝혀둔다.

끝으로 다음에 보다 나은 구성과 내용을 위하여 좀 더 연구 노력할 것을 약속하며, 아무쪼록 이탈리아어를 배우고자 하는 이들에게 조금이나마 보탬이 되기를 진심으로 기원한다.

시작하기 전에

이 책을 처음 구상하였던 것은 이탈리아에 유학 온 뒤의 일이다. 부부가 함께 이탈리아에서 공부하면서 느꼈던 여러 가지 문제점(?)들을 하나 하나 해결해 나가는 과정에서 이 책은 시작되었던 것이다. 처음에 우리 부부는 한국에서 공부하였던 가락(?)이 있었기에 이탈리아 현지에서 공부하는데 있어 듣기 연습이 가장 부족할 것이라고 예상했었다. 그러나 실제적으로 부닥치는 문제들은 단순히 듣기 하나만의 문제는 아니었다. 가장 기본적인 문법적 지식의 부족에서부터 말하는 방법과 발음마저도 생각하였던 것보다는 너무나 총체적으로 부실하였던 것이다. 더욱이 부끄럽게도 이탈리아어를 전공하였던 학생이었음에도 불구하고 집사람과 달리 실용회화 한 마디 제대로 하지 못했던 부족함을 고백할 수밖에 없다. 이러한 어려운 상황에서 우리 부부는 Perugia에서의 강의를 토대로 새롭게 이탈리아어를 공부하게 되었다.

이 책은 집사람과 내가 Perugia에서 들었던 강의 내용을 바탕으로 한국인들이 가장 어렵게 느끼는 점들에 대한 동지적 입장에서 기술한 것이다. 특히 이 과정에서 집사람의 도움은 너무나 컸다. 실제로 이 책의 곳곳에는 Perugia의 강의실에서 들었던 예문들이 상당수 수록되어 있으며, 제 2권의 접속법이나 조건법 및 한국인들에게 낯선 문법적 내용들은 집사람이 그 강의들을 참고하여 새롭게 편집한 것이다. 그 외의 문장들이나 강독 또는 회화의 예문들은 외국인을 위한 이탈리아어 책들에서 비교적 평이하면서 유익한 문장들을 발췌하여 실었다. 또한 지금까지 기존의 문법책들에서 소홀하게 다루었던 내용들은 이탈리아어 문법 교재들을 참고하여 기술하였음을 밝힌다.

이 책은 이탈리아어를 처음 배우고자 하는 이들을 대상으로 집필하였다. 전공자로서 이탈리아어 문법의 전체적이고 체계적인 지식을 원하는 이들뿐만 이 아니라 이탈리아에서 유학을 원하는 모든 이들에게 길잡이가 되고자 집필하였다. 가끔은 문법책이라는 한계, 예를 들면 용어의 전문성이나 난해성, 어쩔 수 없이 따분할 정도의 긴 설명 등은 책의 전체 내용을 어렵다는 인상 쪽으로 몰고 갈 수도 있겠지만, 이탈리아어라는 외국어가 모국어로 사용하는 이탈리아인들에게조차도 어렵게 느껴지는 언어라는 점을 감안하면서, 자신의 공부에 꼭 필요한 언어라는 점에 더욱 비중을 둔다면, 그리 어렵지 않게 즐거운 마음으로 배울 수 있을 것이다. 특히 공저(共著)자들이 부부라는 사실은 외국어를 배울 때 각각의 성(性)적 입장을 충분히 고려할 수 있는 장점이 있었고, 공저자 자신들의 문법적 부족함을 보완하여 집필하였다는 특징이 있다.

이 책이 나오기까지는 일일이 열거하기 어려울 만큼의 많은 사람들의 도움이 있었다. 항상 옆에서 힘이 되어주신 양가 부모님들과 가족들, 이탈리아 현지에서 도움을 주었던 Paolo, Massimo, Piergiorgio 등의 친구들, 언제나 가장 힘들고 어려울 때 기꺼이 도움을 주었던 동료들, 그리고 우리 부부에게 가장 커다란 희망과 삶의 존재를 느끼게 하였던 귀염둥이 딸 수민이에게 고마움을 전한다. 또한 이 책의 출판을 기꺼이 허락해 주신 문예림의 사장님과 그리고 처음으로 저희에게 이탈리아어를 가르쳐주신 대학과 대학원의 은사 이 성훈, 한 형곤 교수님, 항상 정신적으로 우리 부부를 격려해주시고 아껴주시는 김동익 선배님, 그 외 우리를 알고 있는 모든 지인(知人)들에게도 이 지면을 빌어 그 동안의 은혜에 깊은 감사를 드립니다. 그리고 어렵고 힘든 편집과 교정 작업을 묵묵히 감내하여 주신 편집실 식구들에게도 무한한 존경과 감사의 말씀을 드립니다.

이 책은 아직 부족하고 모자란 점이 많은 학생부부가 썼기에 여러모로 불충분할 것이다. 아울러 이 책을 사용하는 모든 이들과 선후배 여러분의 따끔한 질책과 지도 편달을 감히 구하며, 앞으로 보다 노력하는 자세로 여러 부족한 면들을 채워가도록 여러분 앞에 약속드리며, 조금이나마 이탈리아어의 습득에 도움이 될 수 있기를 고대한다.

이탈리아어와 한국어 비교

분류

이탈리아어 : 굴절어로서 어형 자체가 여러 외부적 조건에 의해 변화하는 언어 형태

한국어 : 교착어로서어형 자체의 변화보다는 첨가나 삭제에 의해 변화하는 언어 형태

음운론적비교

이탈리아어 : J,K,W,X,Y의 철자가 없고, 자음과 모음의 수평적 결합에 의해 음절과 음가가 형성된다. 따라서 강세(accento)가 중요하며, 이에 따라 단어의 의미가 달라질 수 있다. 비교적 음가법칙을 따르지만, 몇몇의 발음은 지역별로 차이가 있다.

한 국 어 : 모든 음을 표기할 수 있으며 초성, 중성, 종성의 개념이 확실하고 한자 문화의 영향으로 동음이의어가 많은 편이다.

품사론적 비교

이탈리아어 : 남성과 여성으로 구분하며 단수와 복수에 대한 개념이 확실하므로 문장 구분에 있어 성,수는 중요한 결정요소이다. 명사,형용사, 관사와 같은 품사는 성과 수에 절대적으로 종속되며, 모든 문장에서 성과 수의 일치가 문장 구성의 주요한 기준이 된다.

한 국 어 : 남성과 여성의 구분이 따로 없으며 수에 대한 개념도 조사를 통해 결정되므로 문장의 성격을 결정하는데 성,수는 보조적 요소이다.

인칭과 시제

이탈리아어 : 인칭 구분이 확실하고 단수와 복수의 1, 2, 3 인칭의 6가지 인칭 형태가 있으며, 한국어의 존칭과 유사한 인칭대명사(Lei, Loro)가 존재한다. 시제는 보다 세분화되어 있으며, 특히 과거 시제가 중요하고, 시제에 따른 동사의 변화가 심하다. 따라서 동사의 변화형이 중요하며, 암기 이외에는 특별한 해결책이 없다.

한 국 어 : 인칭의 구분은 있지만 문장 안에서 차지하는 비중은 이탈리아어에 비해 높지 않으며, 다만 어법에 따른 인칭의 형태가 다양하다. 시제는 이탈리아어보다 단순하지만, 어미가 격변화와 함께 시제에 따른 변화를 한다. 존어법의 발달로 존칭의 의미를 갖는 표현이 발달하였다.

법과 화법

이탈리아어 : 이탈리아의 법은 모두 5가지의 형태를 갖는다. 동사의 경우 시제뿐만이 아니라 5가지의 법에 따라 변화하기 때문에 문장의 구성시 매우 중요한 요소이다. 직법화법과 간접화법의 뚜렷한 구분이 있지는 않지만, 전환시에는 명확한 규칙을 따른다.

한 국 어 : 한국어에도 여러 법이 존재하지만, 특별히 동사의 변화가 이탈리아어보다 엄격하지는 않은 편이다. 이보다는 한국어에서는 존칭과 겸양의 화법이 무척 발달하여 이에 따른 동사나 조사 등의 문장 요소들이 변화하는 것이 특색이다. 이 부분이 외국인들에게 가장 어려운 부분이다.

구문론적차이

이탈리아어 : 전치사가 있고 그 활용도가 높은 편이며, 문장의 각 주요소를 결정하는 것은 그 단어가 갖는 자체 형태에 의한다. 문장을 구성하는데 가장 중요한 기준은 성, 수, 인칭, 시제, 법이며, 모든 문장은 이를 명확하게 따른다. 또한 문어체의 경우 단문보다는 복문이나 중문을 선호하는 산문체이며, 일반적으로 문장의 구성이 복잡한 편이다. 구어체의 경우에는 여전히 지역별로 방언이 많이 사용되고 있다.

한 국 어 : 전치사가 없는 대신 조사가 존재하며, 문장 안에서 문법적 기능도 주로 조사를 통해 전개한다. 존칭과 겸양을 뜻하는 문법이 발달하였고, 문장 구성요소들에 대한 기준이 이탈리아어에 비해 덜 엄격한 편이다. 따라서 문어체와 구어체의 뚜렷한 구성요소 상의 차이보다는 표현 상의 차이가 있으며, 지역별 방언의 차이가 이 이탈리아어보다 그리 크지 않은 편이라 할 수 있다.

약어 해설

sm : 남성 명사
sf : 여성 명사
pl. : 복수형
ql.co : something의 의미를 갖는 부정대명사
ql.cu : someone의 의미를 갖는 부정대명사
inf. : 동사원형(부정사)
intr. : 자동사
tr. : 타동사
agg : 형용사
avv. : 부사
ecc+eccetera : 기타 등등

쉽게 배우는 이탈리아어

음운론 I

(Fonologia)

Ⅰ. 모음과 자음

1. 이탈리아어 자모 (Alfabeto)

문자		발음	문자		발음
A	a	[a]	N	n	[enne]
B	b	[bi]	O	o	[o]
C	c	[ci]	P	p	[pi]
D	d	[di]	Q	q	[qu]
E	e	[e]	R	r	[erre]
F	f	[effe]	S	s	[esse]
G	g	[gi]	T	t	[ti]
H	h	[acca]	U	u	[u]
I	i	[i]	V	v	[vu]
L	l	[elle]	Z	z	[zeta]
M	m	[emme]			

2. 모음 (Vocali)

일반적으로 알파베트 상의 모음은 5자(a,e,i,o,u)이다 그러나 실제로 음가에 따라 분류할 때는 모두 7자가 된다. 다음은 각각의 음가를 기준으로 설명한 모음의 분류이다.

① [a] : 혀를 낮추고 구강을 최대한 벌려서 발음한다.

c*a*sa, s*a*pere, *a*prire, lingu*a*, ecc.

② [ɛ] : 개음 e에 해당하는 모음으로 [a]의 발음 위치보다 약간 앞쪽의 입 천장 가까운 곳에서 발음한다.

b*e*ne, l*e*ggo, t*e*sta, z*e*ro, ecc

③ [e] : 폐음 e에 해당하는 모음으로 [ɛ]의 앞쪽에서 혀를 입 천장 가까운이 대고 발음한다.

m*e*tto, r*e*te, s*e*ra, v*e*la, ecc.

④ [i] : 전측모음 중에서 가장 앞쪽에서 발음하는 모음이다.

*i*sola, cap*i*re, ecc.

⑤ [ɔ] : 개음 o에 해당하는 모음으로 입술은 혀를 들면서 [a]를 발음하는 위치의 바로 뒤에서 소리낸다.

f*o*rte, n*o*ve, tr*o*vo, z*o*na, ecc.

⑥ [o] : 폐음 o에 해당하는 모음으로 [ɔ]에 비해 입술을 보다 동그랗게 오므리고 혀는 보다 안쪽에 위치시켜 발음한다.

d*o*ve, m*o*lto, s*o*no, v*o*lo, ecc.

⑦ [u] : 입술을 가장 앞쪽으로 내밈과 동시에 최대한 동그랗게 오므리고, 혀는 경구개의 가장자리까지 뻗어 발음한다.

*u*ltimo, p*u*nto, ecc.

7개의 모음 중에서 개음은 a[a], è[ɛ], ò[ɔ]이고, 폐음은 e[e], i[i], ó[o],u[u]이다. 특히 와 e와 o발음은 두 가지 형태로 구분되지만, 보통 생략하여 표기한다. 따라서 이들의 폐음과 개음에 대한 구별은 선천적으로 취득된 발음상의 문제이다. 이탈리아어를 모국어로 사용하는 이탈리아인들에게는 어려서부터 자연스럽게 입에 익힌 발음상의 문제이기 때문에 외국인, 특히 언어 체계가 전혀 다른 한국인에게는 어려운 문제이며, 아무리 이탈리아에 오래있던 이들도 이들의 정확한 식별은 무척 힘들다.

3. 자음과 모음의 결합

이미 영어나 다른 알파벳을 사용하는 언어를 접한 경험이 있기 때문에 발음상의 주의를 요하는 몇몇의 자음에 국한하여 살펴보도록 하겠다. 자음 16자 중에서 특히 발음에 유의해야할 단자음, 이중자음은 다음과 같다.

1) c와 g

① c,g+a,o,u 및 자음 앞에서 ➡ [k,g]

casa, cosa, cubo, cliente, gamba, gonna, gusto, grave, ecc.

② c,g+e,i ➡ [tʃ,dʒ]

cena, cinema, gettone, giro, ecc.

2) h : 묵음이나 보조음으로 사용된다.

① 묵음 : ho, hai, ha, ecc.

② 보조음 : chi, macchina, ghiotto, ghetto, ecc.

3) q : 단독으로 사용되지 않고 항상 qu의 형태로 사용한다.

acqua, quaderno, quadro, ecc.

4) s : 유성음 [z]와 무성음 [s]의 두 가지로 발음

① 무성음 [s]의 조건

- s가 어두에 오고 모음이 바로 뒤에 오는 경우

  segno, salire, ecc.

- s가 어두와 중간에 오고 무성자음(c,f,q,t)이 뒤따르는 경우

  scuola, stile, spiegare, casco, ecc.

- s가 중간에 올 때, s앞에 s가 오거나 다른 자음이 올 때

  corso, cassa, falso, orso, ecc.

② 유성음 [z]의 조건

- 어두나 중간에 s가 유성음 b,d,g,l,m,n,v,z앞에 오는 경우

sveglia, sbaglio, ecc.

- 일반적으로 s가 두 모음 사이에 삽입된 경우

  base, caso, mese, musica, ecc.

단, 이것은 일반적 기준에 따른 구분일 뿐 지역과 방언의 영향에 따라 지켜지지 않는 경우도 많이 있다.

5) z : 무성음 [ts]와 유성음 [dz]의 두 가지로 발음된다.

① 무성음 [ts]의 조건

- -anza, -enza, -ezza, -zione로 종결되는 단어일 경우

  mancanza, scienza, bellezza, conversazione, ecc.

- 자음 'l' 다음에 z가 오는 경우

  alzare, calza, ecc.

- 이중모음 ia, ie, io 등이 뒤따르는 경우

  spezie, grazie, spazio, ecc.

② 유성음 [dz]의 조건

- z가 두 모음 사이에 오는 경우

  azoto, ozono, ecc.

- 접미사 -izzare를 갖는 단어의 경우

  civilizzare, organizzare, ecc.

이 경우 역시 s와 마찬가지로 통일되어 있지는 않다.

6) gl : 이 경우에는 gl 뒤에 i가 오느냐 기타 모음이 오느냐에 따라 발음이 달라질 수 있다.

① gl는 모음 i가 뒤따르고 그 뒤에 모음이 올 경우 [ʎ]로 발음한다. 이 발음은 혀 끝을 아래로 한 뒤 혀 중간을 입천장 쪽으로 하여 리와 가까운 음으로 발음한다

egli, figlio, moglie, ecc.

② 모음 i가 뒤따르지 않을 때 'gl'은 구개음[g]+유음[l]로 발음한다

gloria, globo, ecc.

③ 'gl' 다음에 i가 뒤따르더라도 그 뒤에 자음이 오면 구개음[g]+유음[l]으로 발음한다
glicerina, negligenza, ecc.

7) gn [ɲ] : 우리말의 냐, 뇨, 뉴, 니의 발음과 유사하다.

segnare, signore, signora, signorina, giugno, ogni, ecc.

8) sc : 이 발음도 뒤에 오는 모음의 종류에 따라 발음이 달라진다.

① sc+a,o,u+다른 자음 ➡ [sk]로 발음
scolaro, scala, scherzo, ecc.

② sc+e,i+다른 자음 ➡ [ʃ]로 발음
sci, lasciare, scegliere, ecc.

외래문자

그 외 외래어 등을 표기하기 위해 쓰이는 J, K, W, X, Y의 문자가 있다.

① J j [i lunga] : 20세기초까지는 반자음으로 사용되었지만, 현재는 외래어 표기에 국한하여 사용한다.

② K k [cappa] : 외래어 표기에서 [k]로 발음되며, 현대 이탈리아어 중에는 k의 표기를 c로 바꾸어 사용하는 경우도 많다.

③ W w [vu doppio] : 주로 독일어식 음가와 영어식 음가의 두 가지를 갖는다.

④ X x [ics, iks] : 외래어 표기에 쓰이며, 음가는 [ks]로 발음된다.

⑤ Y y [ipsilon, i greca] : 반자음이나 모음 [i]의 음가를 갖는다.

4. 기타 발음과 음절상의 문법적 형태들

1) 강세(accento)

이탈리아어의 대부분은 끝에서 두 번째 음절에 강세가 오는 것이 일반적이다. 여기에는 수많은 법칙과 규정들이 있지만, 이탈리아어를 처음 배우는 이들에게는 불필요한 부분이다. 보다 자세한 내용에 대한 것은 언어학자나 보다 고급 이탈리아어를 위한 과정에서 필요한 것이고 초급 과정에서는 강세 위치에 따라 뜻이 달라지는 어휘 정도를 구분할 수 있는 것이 바람직하다.

dà	dare의 3단수	da	~부터(전치사)
dì	하루(명사)	di	~의(전치사)
è	essere의 3단수	e	그리고(접속사)
là	저쪽(부사)	la	여,단 정관사
né	부정의 접속사	ne	대명사
sé	자기자신(대명사)	se	~이라면(접속사)
sì	예(긍정의 대답)	si	대명사
princìpi	원리들(명사)	prìncipi	군주들(명사)
ancòra	다시, 아직(부사)	àncora	닻(명사)
compìto	적절한(형용사)	còmpito	과제(면사)
subìto	받은(형용사)	sùbito	즉시(부사)
ambìto	갈망하는(형용사)	àmbito	분야(명사)
tè	차(명사)	te	너를(대명사)
lì	저기에(부사)	li	남성복수 목적격보어

2) 모음축약, 자모첨가

이탈리아어에는 기본적으로 모음과 모음이 서로 만나는 것을 회피하는 경향이 있는데, 이러한 경우 한쪽 음을 생략하거나 자모(d, i)를 첨가하는 것이 일반적이다.

① 모음축약 : l'amico, d'inverno, ecc. 와 같이 모음이 축약되는 현상.

② 자모첨가 : 모음과 모음이 연속해서 이어지는 경우 발음의 편의와 정확한 의미를 구분하기 위해서 사용할 수 있다. Maria ed Anna......

3) 어미단절

이것은 단어의 마지막 부분이 탈락하는 현상으로 모음축약이 뒷 단어가 모음에 한하는 반면 어미단절의 경우에는 자음일 경우에도 가능하다. 어미단절이 가능한 경우는 몇 가지가 있는데, 자세한 것은 좀더 고급 과정에서 배우기로하고 기본적인 어미절단의 형태들에 대한 예 몇 가지를 들어보면 다음과 같다.

Es. buono lavoro ➡ buon lavoro
alcuno modo ➡ alcun modo
signore Rossi ➡ signor Rossi
un tale individuo ➡ un tal individuo
grande successo ➡ gran successo
bello posto ➡ bel posto
un poco ➡ un po'
egli ➡ e'

명사 I (Nome) 2

Ⅰ.개념과 어미변화

1. 개념

문법적으로 명사에 대한 개념은 영어나 다른 언어들과 유사하다. 명사의 종류에 대한 것도 기준에 따라 고유명사/보통명사, 추상명사/구상명사, 개별명사/집합명사, 가산명사/불가산 명사 등으로 나눌 수 있지만, 보다 중요한 것은 분류의 종류와 **남성과 여성, 복수와 단수라는 개념이 확실**하다는 것이다. 특히 이탈리아어는 대부분이 모음으로 끝나는 명사가 많기 때문에 **모음의 형태에 따른 분류와 성과 수에 대한 개념**을 확실히 하는 것이 제일 중요하다.

2. 명사의 어미변화

영어나 한국어의 경우에는 복수 접미사라는 것이 있어서 단수명사를 복수명사화 하여 주지만, 이탈리아어는 단수형태와 복수형태를 구별하는 기준이 어미변화에 의한다. 따라서 명사의 어미변화 분류는 단어의 어미에 따른 분류임을 기억해 두는 것이 필요하며, 변화형 품사들(명사, 형용사, 관사) 중에서도 명사는 가장 중요하고 기준이 되는 품사이다.

1) 제 1변화

어미를 -a로 하는 명사 변화형으로 단수에서 복수로 변하는 형태를 기준으로 분류한다. 어미가 -a인 명사들은 남성명사냐 혹은 여성명사냐에 따라 변화형태가 달라지는데, 대부분 여성명사이지만, 남성명사도 가끔 볼 수 있다. 남성명사일 경우에는 어미 -a가 어미 -i로 변하며, 여성명사일 경우에는 -a가 어미 -e로 각각 변화한다.

① 여성명사일 경우 단/복수 변화

gamba ➡ gambe (다리)
speranza ➡ speranze (희망)
danza ➡ danze (춤)
penna ➡ penne (펜)
casa ➡ case (집)
carta ➡ carte (종이)
domanda ➡ domande (질문)
matita ➡ matite (연필)
parola ➡ parole (단어, 어휘)
sedia ➡ sedie (의자)

② 남성명사일 경우 단/복수 변화

problema ➡ problemi (문제)
programma ➡ programmi (프로그램)
panorama ➡ panorami (경치, 경치)
sistema ➡ sistemi (체계)
telegramma ➡ telegrammi (전신)
poeta ➡ poeti (시인)

2) 제 2변화

어미를 -o로 하는 명사 변화형으로 이 형태를 갖는 명사들은 거의 남성명사이다. 단수형의 어미 -o는 복수에서 어미 -i로 변화한다.

libro ➡ libri (책)
canto ➡ canti (노래)
tessuto ➡ tessuti (직물)
amico ➡ amici (남자친구)
tavolo ➡ tavoli (탁자)
scolaro ➡ scolari (어린 학생)
posto ➡ posti (좌석)
strumento ➡ strumenti (도구)

☞ mano(손)는 복수형에서 mani로 변하지만, 명사자체가 -o로 끝나는 여성명사이다.

3) 제 3변화

어미를 -e로 하는 명사 변화형으로 단수에서의 어미 -e는 복수형에서 어미 -i로 변화한다. 남성명사와 여성명사 모두 동일하게 변화한다.

signore ➡ signori (신사)
cane ➡ cani (개)
fiore ➡ fiori (꽃)
giornale ➡ giornali (신문)

colore ➡ colori (색깔) parete ➡ pareti (벽)

Ponte ➡ Ponti (다리) chiave ➡ chiavi (열쇠)

lezione ➡ lezioni (수업) cornice ➡ cornici (액자)

* 예외 ; *bue* ➡ *buoi(황소)* *mille* ➡ *mila(천;1,000)*

4) 제 4변화

이 형태는 수의 변화가 있을지라도 단수와 복수의 명사 형태가 동일한 명사들을 일컫는다. 모두 7가지의 유형으로 분리할 수 있다.

① 마지막 음절 모음에 악센트 표시가 있는 명사

caffè ➡ caffè (커피) città ➡ città (도시)

gioventù ➡ gioventù (청춘, 젊음) unità ➡ unità (통일)

università ➡ università (대학) virtù ➡ virtù (덕, 덕성)

② 단음절 명사

re ➡ re (왕) sci ➡ sci (스키)

③ 어미가 -i로 끝나는 명사

tesi ➡ tesi (논문) crisi ➡ crisi (위기)

zombi ➡ zombi (귀신, 악령) analisi ➡ analisi (분석)

④ 어미가 -ie로 끝나는 몇몇 여성명사

serie ➡ serie (연속) specie ➡ specie (종류)

barbarie ➡ babarie (야만, 미개) progenie ➡ progenie (자손, 후손)

⑤ 어미가 -a로 끝나는 몇몇 남성명사

pigiama ➡ pigiama (잠옷) gorilla ➡ gorilla (고릴라)

cinema ➡ cinema (영화) lama ➡ lama (라마; 동물명)

⑥ 어미가 -o로 끝나는 몇몇 명사

radio ➡ radio (라디오) dinamo ➡ dinamo (발전기)

zoo ➡ zoo (동물원) biro ➡ biro (볼펜)

⑦ 자음으로 끝나는 명사

gas ➡ gas (가스)　　bar ➡ bar

film ➡ film (영화)　　sport ➡ sport (스포츠)

autobus ➡ autobus (버스)　　tennis ➡ tennis (테니스)

☞ moto(오토바이), foto(사진), metro(지하철), auto(자동차) 등의 명사는 어미가 -o로 끝나는 제 2형 명사로 보이지만, 실제로는 이들 명사의 원형은 단수 형태에서 어미가 -a로 끝나는 형태이다. 예를 들면, moto, auto는 motocicletta, automobile의 단축형이며, foto는 fotografia의 축약된 형태이다. 따라서 단축형 어미를 복수형 어미로 변화시킬 수 없기 때문에 단축형을 사용할 경우에는 단수와 복수의 형태를 동형으로 사용한다.

단어정리 집(Casa)과 관련된 용어(1)

casa	sf. 집, 가옥.
apartamento	sm. 아파트
monolocale	sm. 하나의 공간으로 된 작은 집
bilocale	sm. 두 개의 공간으로 된 작은 집
condominio	sm. 여러 가구가 모여 사는 주택단지, 혹은 아파트 등에서 정기적으로 부담하는 공동비용(일종의 관리비)
presa	sf. 전기 콘세트
imposta	sf. 덧문
camera	sf.방
sala	sf. 작은 방
salone	sm. 거실
bagno	sm. 욕실
cucina	sf. 부엌
ingresso	sm. 현관
porta	sf. 문
cantina	sf. 지하실
ripostiglio	sm. 광
spogliatoio	sm. 탈의실
soffito	sm. 천
pavimento	sm. 마루
parete	sf. 벽
finestra	sf. 창
tetto	sm. 지붕
mansarda	sf. 다락 혹은 다락방
riscaldamento	sm. 난방장치
balcone	sm. 발코니
terrazza	sf. 테라스
garage	sm. 차고
scala	sf. 사다리, 계단
scensore	sm. 승강기

회화 인사말

Buon giorno!

영어의 아침인사 Good morning에 해당하는 인사말이다. 지방에 따라 다소의 차이가 있지만, 보통 오후 3시 정도까지 사용하는 것이 일반적이다.

Buon pomeriggio!

영어의 Good afternoon에 해당하는 인사말이지만, 이탈리아에서는 영어와 달리 오후 인사를 잘 사용하지 않고, 보통 아침과 저녁 인사를 시간대로 나누어 사용하는 것이 일반적이다. 물론 시간대를 맞추어 오후 인사를 사용하는 경우도 지역이나 사람에 따라 다소 차이가 있을 수는 있다.

Buona sera!

영어의 Good evening에 해당하는 인사말로 보통 오후부터 저녁시간과 잠자리에 들기 전까지 사용하는 인사말이다.

Buona notte!

영어의 Good night에 해당하는 인사말로 잠자리에 들기 전에 하는 인사말이다.

ArrivederLa!

헤어질 때의 인사말로 보통 존칭의 의미를 나타낼 필요가 있는 상대방에게 하는 인사말이다. 이탈리아에서는 가족들과 친구들간에는 이러한 인사말을 쓰지 않는 것이 일반적이다. 상대방을 잘 모르거나 특별한 존경의 대상인 경우에 사용하는 인사말이다. 이탈리아어에는 한국어에서 이야기하는 존칭의 의미를 갖는 인칭 대명사(Lei)가 존재하는데, 이 말을 사용할 때는 동사나 그 밖의 품사들이 이 인칭 대명사의 격에 맞게 사용된다.

Arrivederci!

위의 인사말과 달리 흔히 사용하는 헤어질 때의 인사말이다. 일반적인 친구들이나 보통 관계의 사이에서 자주 사용된다.

Ciao!

친구 사이나 가족간에 가장 많이 사용되는 인사말로 만날 때와 헤어질 때 모두 사용할 수 있다.

Piacere!(Molto piacere!)

처음 만날 때의 인사말로 '만나서 반갑습니다' 의미로 해석할 수 있다. 대답 역시 동일하다. 앞의 molto라는 부사를 함께 사용할 수도 있는데, 이는 부사로 '매우' 정도로 해석할 수 있는 말이다.

lieto(molto lieto)

위의 인사말과 같은 뜻으로 조금 더 격식 있는 인사말이다.

Scusami!(Mi scusi!)

이 말은 영어의 Excuse me!에 해당하는 말로 '실례' 혹은 '실례합니다'의 의미이다. 헤어질 때의 인사말과 마찬가지로 상대방이 누구이냐에 따라 표현이 달라지는데, 보통 친구나 가족 사이에는 앞의 표현이 그 외에는 가로 안의 표현이 사용되는 것이 일반적이다.

Come stai(sta)?

영어의 How are you?에 해당하는 표현으로 앞의 인사말과 마찬가지로 상대방에 따라 표현이 약간 차이가 있다. 가로 안의 표현은 존칭의 의미를 갖는 표현이다.

Bene.(Benissimo)

위의 인사말에 대한 대답으로 '잘 지낸다' 의미로 이야기할 경우에 사용한다. 또한 안부를 물어봐서 고맙다는 의미로 Grazie(영어의 Thank you의 의미)를 함께 덧붙임과 동시에 상대방의 안부도 함께 물어보는 것이 예의이다. 따라서 뒤에 e tu(Lei)?를 함께 하는 것이 바람직하다.

Grazie mille(molto).

감사의 표현을 나타내는 표현이다.

Prego!

이 표현은 상황에 따라 수많은 뜻으로 사용된다. Grazie라는 감사의 말을 받아 '천만에요' 라는 뜻으로도 사용할 수 있으며, 상대방에게 무언가를 권할 때에도 사용할 수 있으며, 양보의 의미를 나타낼 경우에도 사용 가능하다.

Sì

긍정의 대답으로 영어의 Yes에 해당한다.

No

부정의 대답으로 영어의 No에 해당한다.

A domani!

'내일 보자(봅시다)!' 라는 뜻으로 사용하는 인사말로, 원래 이 말의 앞에는 Ci vediamo라는 말이 생략되어 있는 형태이다.

Alla prossima volta!

'다음 번에 보자(봅시다)!' 의 의미로 앞의 표현과 마찬가지로 Ci vediamo가 생략되어 있다.

Ci vediamo alla prossima settimana!

'다음 주에 보자(봅시다)!' 의 표현이다.

Buon viaggio!

이탈리아어에서 이와 같이 영어의 Good의 의미를 갖는 Buon을 명사들 앞에 사용할 때에는 명사의 의미가 잘 되고 좋게 되기를 바란다는 기원의 의미를 갖는다. 따라서 이 표현은 '좋은 여행이 되기를 바란다' 의미의 인사말이다.

Buon divertimento!

'즐거운 시간이 되기를!' 혹은 '재미있게 보내! 의 의미를 갖는 표현이다.

Buon lavoro!

'수고해(수고하세요)!의 의미를 갖는 표현이다.

Buon appettito!

'맛있게 드세요!' 의 의미를 갖는 표현이다.

Ben venuto/a/i/e a Seoul!

'서울에 오신것을 환영합니다' 라는 의미의 표현이다.

Esercizio

① 다음 명사들의 뜻을 사전에서 찾아 써넣으시오.

1) muro :	tavolo :	finestra :
2) porta :	albero :	amore :
3) pensiero :	riso :	uovo :
4) piazza :	strada :	teatro :
5) montagna :	treno :	sole :
6) studente :	bosco :	frutta :
7) pesce :	cuore :	matita :
8) dizionario :	foglio :	piatto :
9) ascensore :	scala :	partita :
10) gente :	burro :	pesca :

② 다음의 명사들을 복수로 변화시키시오.

1) intelligenza (지력, 지식) ➡	spazio (공간) ➡	ladro (도둑) ➡
2) gita (소풍) ➡	scuola (학교) ➡	persona (사람) ➡
3) stella (별) ➡	bellezza (아름다움) ➡	parente (친지) ➡
4) umanità (인성) ➡	opera (작품, 오페라) ➡	tè (차) ➡
5) ananas (파인애플) ➡	lupo (늑대) ➡	foro (구멍) ➡
6) tribù (종족) ➡	gioia (기쁨) ➡	gru (학, 기중기) ➡
7) ipotesi (가정, 전제) ➡	polvere (먼지) ➡	amico (남자친구) ➡
8) panorama (전경) ➡	cinema (영화, 극장) ➡	cuoco (요리사) ➡
9) cenere (재) ➡	sigaretta (담배) ➡	radio (라디오) ➡
10) lingua (언어) ➡	piede (다리) ➡	giovane (젊은이) ➡

3

관사 I
(Articolo)

I. 관사의 일반적 개념 및 기능

1. 개요

관사란 한국어에는 없는 문법적 요소이지만 외국어, 특히 이탈리아어에서는 그 문법적 성격과 의미가 중요하다. 이탈리아어에는 모두 4가지 종류의 관사가 있는데, 보통 **정관사**와 **부정관사**로 크게 대별되며, 전치사와 함께 사용되는 형태로는 **전치사관사**와 **부분관사**가 있다. 이들 4가지 관사 중에서 가장 중요한 것은 정관사와 부정관사이다. 정관사와 부정관사 모두 문장 안에서 독립적인 요소로 사용하지 못하며, 항상 **명사나 혹은 형용사와 함께 사용**된다. 무엇보다 이탈리아어에서 이들 관사의 가장 중요한 용법은 명사나 형용사 앞에 위치하여 뒤에 오는 **명사나 형용사를 성과 수라는 기준에 의해 명확하게 구별**해주는 역할을 하는 품사이다. 특히 이탈리아어에서는 남성과 여성이라는 성과 단수와 복수의 형태를 구별하는데 있어 절대적인 기준이 되는 문법적 요소이다. 따라서 명사를 암기할 때는 관사(보통 정관사)를 덧붙이는 습관이 바람직하다.

2. 기능

가장 기본적인 문법적 기능은 이미 위 항에서 간략하게 설명되었다. 보다 구체적인관사의 문법적 기능과 주요 관사인 정관사와 부정관사와의 기능적 차이는 다음과 같다.

1) 명사와의 관계

이탈리아어에서 명사는 경우에 따라 단독으로 사용 가능하지만(고유명사 Maria, Seoul ecc., 혹은 문장 안에서 상황에 따라 명사 단독으로 사용할 수 있다), 관사는 절대 **단독으로 사용할 수 없고 항상 명사를 동반**한다.

2) 정관사와 부정관사의 2가지 대립적 의미

① 집합적인 것과 개별적인 것의 의미

정관사는 문장 안에서 집합적인 것(계층이나 계급)의 의미로 사용될 수 있으며, 부정관사는 개별적인 것(계층이나 계급의 일원)의 의미로 사용할 수 있다.

Es. Il cane è l'animale più fedele. (개는 가장 충실한 동물이다)

➡ il cane(개)=tutti i cani. (모든 개들)의 의미로 전체를 의미한다.

Un cane abbaia nella strada. (개 한 마리가 길에서 짖는다)

➡ un cane=un membro della classe dei cani.

(전체의 개들 중의 한 일원)의 의미로 하나의 개체를 의미한다.

② 알려진 것과 새로운 것의 의미

위의 의미보다 현대 이탈리아어에서 보다 자주 사용되는 대립적 의미는 정관사가 이미 알려진 것을 지칭하는데 사용하는 반면에 부정관사는 새로운 것을 의미할 때 사용한다. 즉, 화자나 청자 모두 이미 알고 있는 사물이나 사람을 지칭할 때에는 일반적으로 정관사를 전혀 새로운 대상물을 지칭할 때에는 부정관사를 사용한다.

Es. Il bambino è nel giardino. (아이가 정원에 있다)

➡ il bambino=아이가 이미 화자나 청자 모두에게 알려져 있는 경우.

Un bambino è nel giardino. (한 아이가 정원에 있다)

➡ un bambino=정원에 있는 아이가 누구인지 모르고 화자나 청자 모두에게 알려지지 않은 새로운 아이인 경우.

③ 일부의 명사들은 관사에 의해 명사의 성과 수를 나타내기도 한다.

Es. il nipote (남자 조카 혹은 손주; 남성) la città (도시; 단수)

la nipote (여자 조카 혹은 손녀; 여성) le città (도시들; 복수)

※ 단수형 관사와 복수형 관사의 차이

단수형 관사의 경우에는 지정되었건 지정되지 않았건 명사를 지칭할 때 사용하지만, 복수형 관사는 명사를 분명하게 지정할 때 사용한다. 지정되지 않은 복수형 명사의 경우에는 무관사나 부분관사를 사용한다.

Es. il cane/un cane ➡ 단수의 경우

i cani (특정의 개들을 의미)/cani (o dei cani ; 개 몇 마리) ➡ 복수의 경우

Ⅱ 종류

1. 정관사(articoli determinativi)

영어의 정관사와 유사한 문법적 성격을 갖지만 영어에서 차지하는 정관사의 역할보다는 훨씬 중요하며, 문장 안에서 한정하는 명사나 형용사의 성과 수를 구별하는 절대적 역할을 한다. 영어와는 달리 모두 10가지 형태를 갖는데, 이를 구별하는 기준은 관사 뒤에 오는 명사나 형용사의 첫 자모가 어떤 것이냐에 의해 성과 수에 따른 정관사의 형태가 결정된다.

구분	단수	결정기분	복수	결정기준
남성	il	예외자음 이외에 모든 자음으로 시작되는 남성 명사/형용사 앞에서	i	il 의 복수형
	lo	s impura(s+자음), gn, pn, ps, z, x, y, i(j) 등으로 시작되는 남성 명사/형용사 앞에서	gli	lo의 복수형이며, l의 복수형이기도 하다
	l'	모음으로 시작되는 남성 명사/형용사 앞에서 (모음충돌 회피현상)	gl'	오직 남성명사가 i로 시작되는 경우에 복수형에서 사용할 수 있다.
여성	la'	자음으로 시작되는 여성명사/형용사 앞에서	le	la의 복수형이며, 단수 l' 의 복수형이기도 하다
	l'	모음으로 시작되는 여성명사/형용사 앞에서(모음충돌 회피현상)	l'	오직 여성명사가 e로 시작되는 경우 복수형에서 사용할 수 있다.

① il bagno ➡ i bagni (욕실) il tavolo ➡ i tavoli (테이블)

il quadro ➡ i quadri (그림) il dente ➡ i denti (이, 치아)

il fiore ➡ i fiori (꽃) il liquore ➡ i liquori (술)

② lo sviluppo ➡ gli sviluppi (발전)

lo studente ➡ gli studenti (학생)

lo zio ➡ gli zii (삼촌)

lo zaino ➡ gli zaini (배낭)

lo pseudonimo ➡ gli pseudonimi (가명)

lo iato ➡ gli iati (모음접속)

lo gnocco ➡ gli gnocchi (뇨끼)

lo xilofono ➡ gli xilofoni (실로폰)

lo pneumatico ➡ gli pneumatici (타이어)

lo yogurt ➡ gli yogurt (요구르트)

③ l'amore ➡ gli amori (사랑)

l'articolo ➡ gli articoli (기사,관사)

l'occhio ➡ gli occhi (눈)

l'abito ➡ gli abiti (옷)

l'italiano ➡ gl'italiani o gli italiani (이탈리아인)

l'insegnante ➡ gl'insegnanti o gli insegnanti (남자 선생님, 남자 강사)

④ la donna ➡ le donne (여성)

la lampada ➡ le lampade (등)

la lavagna ➡ le lavagne (칠판)

la fiera ➡ le fiere (전시회)

la mamma ➡ le mamme (엄마)

⑤ l'onda ➡ le onde (파도)

l'anima ➡ le anime (영혼)

l'indifferenza ➡ le indifferenze (무관심)

l'uva ➡ le uve (포도)

l'esperienza ➡ l'esperienze (경험)

l'erba ➡ l'erbe (풀)

단어정리 집(Casa)과 관련된 용어(2) : 침실과 거실

letto sm. 침대
poltrona sf. 일인용 쇼파
struttura letto sf. 침대틀
poggiapiedi sf. 발받침용 의자
materasso sm. 매트리스
sedia sf. 의자
biancheria sf. 침구
biancheria per il letto 침구류
lenzuolo sm. 침대보
copriletto sm. 침대덮개
cuscino sm. 베개, 쿠션
fodera sf. 쿠션용 천
federa sf. 베개용 천
trapunta sf. 누비 이불
cassettiera - sf. 서랍장
panca - sf. 벤취형의 의자
guardaroba sf. 장롱
gruccia sf. 옷걸이
attaccapanni sm. 벽걸이용 또는 스탠드형 옷걸이
lampada sf. 전등
lampada da tavolo/da lettura 탁상용 등,
lampada da lettura 독서용 등,
lampada da terra 스탠드형 등
lampada da parete 벽걸이 등.

comodino sm. 협탁
lampadario sm. 천정용 전등
como sm. 화장대 (옷 서랍이 달린)
lampadina sf. 전구
specchio sm. 거울
cassetta sf. 서랍
sveglio sm. 자명종 시계
vaso sm. 화병
tenda sf. 커튼
bastone da tenda 커튼봉
console sf. 콘솔
tappeto sm. 카펫
porta TV sf. TV 테이블
candeliere sm. 촛대
divano sm. 소파
divano 3 posti 3인용 소파
divano da letto 침대겸용 소파.
vetrina sf. 유리 장식장
scaffale sm. 선반형 장식장
libreria sf. 책장
tavolo sm. 탁자
tavola sf. 식탁
tavolino sm. 낮은 테이블
mensola sf. 선반

회화 인사말

Pronto!

전화를 걸때나 받을 때, 가장 먼저 사용되는 표현으로 영어의 Hello(여보세요)!와 동일한 의미이다.

Senta!

길거리나 특정한 장소에서 상대방을 부를 때 사용할 수 있지만, 보통 상점이나 bar에서 종업원을 부를 때 가장 많이 사용된다.

Per favore/cortesia/piacere!

영어의 please!에 해당하는 표현으로 3가지 모두 동일한 의미를 갖는다.

Anch'io

영어의 Me too의 의미로 '나도 혹은 나 역시' 정도로 해석할 수 있는 표현으로 상대방과 동일한 행동이나 동작을 행한다는 동의의 의미를 갖는다.

D'accordo!

상대방과의 동의를 표현하는 말로 '좋습니다 그렇게 하지요' 라는 의미의 동의를 표하는 표현이다.

Certo/Certamente!

'물론이지요' 정도의 의미를 갖는 표현이다.

Permesso?(É permesso?)

길을 지날 때 상대방을 비켜가거나 추월할 경우에 그리고 집안이나 사무실 등의 건물에 들어갈 때 허락을 구하는 표현으로 '지나가도 되겠습니까? 혹은 들어가도 되겠습니까?' 의 의미이다.

Avanti!

'들어오세여 혹은 전진!' 의 의미를 갖는 표현이다.

Corraggio!

'힘내! 혹은 용기를 내라!' 라는 의미의 격려 표현이다.

Come va?

보통 안부를 묻는 인사말로 '잘 지내니?' 의 의미로 가장 많이 사용되며, 일이나 어떠한 절차 등의 진행상황을 물을 때 사용한다. 이 경우에는 일이 잘 되어가니?' 정도의 의미를 갖는다.

Va bene.

위의 안부에 대한 대답으로 '잘 되어가' 의 의미나 영어의 O.K!와 같은 의미를 갖는 표현이다.

Ecco lui/lei!

ecco는 상황에 따라 많은 뜻으로 사용될 수 있으며, 보통 ecco 뒤에 일반 사물을 나타내는 명사가 오게 되면 '여기(그것이) 있습니다' 라는 의미를 갖으며, 사람을 나타내는 lui나 lei등의 인칭 대명사 등이 오면 '(그녀)입니다' 정도의 의미를 갖는다.

Chi è Lei(Chi sei tu)?

'당신은 누구십니까(너는 누구니)?' 의 의미를 갖는 표현으로 상대방의 신분이나 이름을 물어볼 때 사용한다.

Sono Chulsoo/Mario.

'나는 철수/마리오입니다' 라는 뜻으로 상기 질문에 대한 대답이다.

Come si chiama Lei(Come ti chiami tu) ?

상대방의 이름을 물어볼 경우에 사용하는 표현으로 '당신의 성함은 무엇입니까/너의 이름은 무엇이니?' 의 의미이며, 존칭의 3인칭과 아이들이나 하대의 의미를 갖는 2인칭 표현이 있다.

Mi chiamo Chulsoo/Paola.

상기 질문에 대한 대답으로 '저는 철수/파올라입니다' 의 의미이다.

Di dove è Lei(Di dove sei tu)?

'당신은 어디 출신입니까/너는 어디 출신이니?' 의 질문으로 보통 출신 도시를 알고자 할 때 사용하는 표현이다.

Io sono di Seoul

'저는 서울 출신입니다' 라는 의미이다

Esercizio

① 정관사를 넣으시오.

1) ____ guardia (보호) ____ pigiama (잠옷)
2) ____ volume (양) ____ tuorlo (계란 노른자)
3) ____ senatore (상원의원) ____ sillabe (음절)
4) ____ giorni (날, 일) ____ cardinale (추기경)
5) ____ capitolo (장, 항목) ____ scacco (체스판의 눈)
6) ____ apparenze (표면, 모양) ____ edili (건설노동자)
7) ____ amici (친구) ____ cifra (숫자)
8) ____ psicanalista (정신분석학자) ____ parola (단어, 말)
9) ____ pettirosso (유럽산 물새) ____ suocero (장인, 시아버지)
10) ____ blasone (가문) ____ gioielli (보석)
11) ____ sceicco (족장, 지도자) ____ spirito (정신, 영혼)
12) ____ aglio (마늘) ____ colpi (타격)
13) ____ paese (국가, 지방) ____ dolore (고통)
14) ____ esercizi (연습) ____ collega (동료)
15) ____ sentimenti (감정, 느낌) ____ imbrogli (사기)
16) ____ strade (길) ____ errore (오류, 실수)
17) ____ stendardo (깃발, 상징용 기) ____ occhiali (안경)
18) ____ xenofobo (외국인 혐오증자) ____ monte (산)
19) ____ astrologi (점성술사) ____ albero (나무)
20) ____ suora (수녀) ____ antenne (안테나)

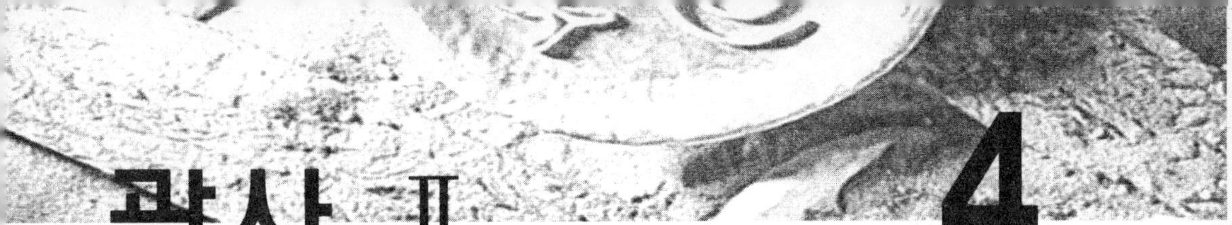

관사 Ⅱ

(Articolo)

Ⅱ 종류

2. 부정관사(articoli indeterminativi)

1) 용법

부정관사의 용법은 일반적으로 **알려지지 않은 사물이나 사람을 지칭할 때** 사용하며, 때때로 유형이나 범주 및 종류 등을 나타내기도 하고, **'각각의, 모든'** 의 의미를 갖기도 한다.

2) 형태

정관사와 마찬가지로 뒤에 오는 명사나 형용사의 **첫 자모의 성격**에 따라 부정관사의 형태가 결정된다. 정관사가 복수의 형태도 갖는 반면에, 부정관사는 성격상 단수의 형태만을 갖는다.

	형태	기준	형태	기준
남성	uno	s impura(s+자음), pn, gn, ps, x, y, z, i(j) 등으로 시작되는 남성단수 명사/형용사 앞에 사용한다	un	uno를 사용하지 않는 모든 자음 및 모음으로 시작되는 남성단수 명사/형용사 앞에서 사용한다
여성	una	자음으로 시작되는 여성단수 명사/형용사앞에서 사용한다	un'	모음으로 시작되는 여성단수 명사/형용사 앞에서 사용한다

①	uno:	uno specchio (거울)	uno scambio (교환)
		uno stile (스타일)	uno zoo (동물원)
		uno psicologo (심리학자)	uno gnomo (소인, 난장이)
②	un :	un pericolo (위험)	un nome (이름)
		un istituto (기관, 연구소)	un dentista (치과의)
		un uomo (남자, 인간)	un bacio (키스)
③	una :	una stanza (방)	una macchina (기계, 자동차)
		una difficoltà (어려움)	una sorella (여동생)
		una patata (감자)	una nonna (할머니)
④	un' :	un'asola (섬)	un'attrice (여배우)
		un'antenna (안테나)	un'anima (영혼)

3.전치사관사

1) 용법

영어에는 없는 형태이나 자세히 살펴보면 전치사와 관사가 결합된 형태라는 것을 곧 알 수 있다. **특별한 문법적 성격을 갖는다는 것보다는 사용상의 편리와 언어의 경제성**이라는 면에서 편리하게 사용하기 위한 관사이다.

2) 형태

10개의 정관사와 결합할 수 있는 전치사는 모두 7개이다; a(=to, at), di(=of), da(=from), in(=in), su(=on, about), con(=with), per(=for). 7개의 전치사에 대하여는 다시 뒤에서 배우기로 하고 여기서는 기본적인 의미만을 이해하는데 그치기로 하겠다. 그리고 con이나 per는 고어에서나 문어체에서는 정관사와 결합하여 사용하였지만, 현대어에서는 정관사와 분리하여 사용하는 것이 일반적이다.

	il	i	lo	gli	l'	gl'	la	le	l'	l'
a(=to,at)	al	ai	allo	agli	alll'	agl'	alla	alle	all'	all'
di(=of)	del	dei	dello	degli	dell'	degl'	della	delle	dell'	dell'
da(=from)	dal	dai	dallo	dagli	dall'	dagl'	dalla	dalle	dall'	dall'
in(=in)	nel	nei	nello	negli	nell'	negl'	nella	nelle	nell'	nell'
su(=on)	sul	sui	sullo	sugli	sull'	sugl'	sulla	sulle	sull'	sull'
con(=with)	col	coi	collo	cogli	coll"	cogl'	colla	colle	coll'	coll'
	cin il	con i	con lo	con gli	con l'	con gl'	con la	con l'	con l'	con l'
per(=for)	pel	pei	pello	pegli	pell'	pegl'	pella	pelle	pell'	pell'
	per il	per i	per lo	per gli	per l'	per gl'	per la	per le	per l'	per l'

4. 부분관사(Articoli Partitivi)

1) 개요

정관사나 부정관사가 단수와 복수 또는 남성과 여성의 분명한 구별을 가능케 하는데 반하여, 부분관사는 **막연한 복수**의 개념을 가질 때 사용한다. 다시 말해 **전체의 일부분이나 일정한 양**을 나타낼 때 사용하는 관사의 한 형태로 **전치사 di**와 결합된 전치사 관사와 동일한 형태를 취한다. 단수형 부분관사의 의미와 복수형 부분관사의 의미가 약간의 차이가 있는데, **단수형 부분관사**의 뜻은 일반적으로 **'약간의(=un po')'** 라는 의미로 사용하는데 반해, **복수형 부분관사**의 뜻은 존재하지 않는 부정관사 복수의 개념에 해당하는 **'몇몇의' (=qualche, alcuni, alcune)'** 라는 의미로 사용한다. **단수형 부분관사를 사용하는 경우**에는 일반적으로 명사의 성격이 **집합명사나 불가산 명사**와 함께 사용하는 것이 일반적이다. 이에 반해 **복수형 부분관사**를 사용하는 경우에는 **가산명사**들과 함께 사용하는 것이 일반적이다.

2) 형태

전치사 di와 결합한다.

구분	남성			여성	
단수	del	dello	dell'	della	dell'
복수	dei	degli	degl'	delle	dell'

Es. del pane (빵 조금) dei ragazzi (몇몇 소년들)
dello spazio (약간의 공간) degli amici (몇몇 친구들)
della carne (고기 조금) delle donne (몇몇 여인들)
dell'acqua (물 약간) dell'esperienze (몇몇 경험들)

부분관사의 사용에서 주의해야 할 사항 점을 예문들을 통해 알아보도록 하자.

*Es.*1 *del libro : '몇권의 책' 이라고 해석되는 이 표현은 문법적으로 완전히 틀린 표현이다. 이는 책이라는 명사가 하나, 둘, 셋으로 셀 수 있는 가산명사이기 때문에 필요시 항상 복수형으로 쓸 수 있기 때문이다. 따라서 '몇권의 책' 이라고 표현을 del libro로 표현하지 않고 dei libri로 표현한다.

* un libro : 마찬가지로 한 권의 책을 나타낼 때는 당연히 un libro라는 표현을 사용한다.

*Es.*2 *dei vini : 이 표현은 '포도주 조금' 이라는 의미가 아니라' 몇 가지 종류의 포도주라는 의미로 사용한 것이다. 따라서 약간의 포도주라는 의미를 이탈리아어로 표현한 것은 'del vino'이다. 이는 포도주의 의미인 vino가 불가산 명사이기 때문이다.

*un vino : 부정관사를 사용한 이 표현은 따라서 포도주의 종류 중에서 한 가지를 의미하는 것으로 볼 수 있다. 즉 un vino toscano나 un vino bianco 등과 같이 사용할 수 있는 표현인 것이다.

단어정리 집(Casa)과 관련된 용어(3) : 현관과 욕실

mobile con lavabo(=mobile per lavabo) sm. 세면기가 달린 가구
miscelatore sm. 온수와 냉수를 함께 사용하는 수도꼭지
scaffale sm. 선반
specchio sm. 거울
portaspazzolino sm. 칫솔꽂이
bicchiere sm. 컵
ripiano vetro sm. 유리선반
pomello sm. 물건 등을 걸 수 있는 고리
pensile a specchio sm. 거울이 달린 선반장
portasciugamani sf. 수건걸이
portarotolo sm. 휴지걸이
bilancia sf. 체중기
lampada da bagno sf. 욕실용 전구
asciugamano sm. 수건
lavatoio sm. 욕탕
basca da bagno sf. 목욕용 욕조
lavatrice sf. 세탁기
pensile mensolina per doccia sm. 샤워용 물품들을 두는 작은 선반
mensola vetra sf. 유리선반
portasapone sf. 비누곽
gancio sm. 걸이
scarpiera sf. 신발장
cassapanca sf. 수납박스가 달린 벤치형 의자
guardaroba sf. 옷, 신발 등을 정리하는 장
rastrelliera sf. 수납선반
rastrelliera con appendiabiti sf. 옷걸이가 달린 수납선반
rastrelliera per scarpe sf. 신발을 두는 수납선반
attaccapanni con rastrelliera sm. 수납선반이 달린 옷걸이

회화 기본적 표현

Salve!

누군가를 만났을 때 상대방에게 건네는 인사말이다. 일반적으로 전혀 모르는 사람에게는 사용하기 어려운 표현이고 어떤 특별한 관계에 있지 않더라도 상대방의 신분 정도는 알고 있을 때 사용한다. 즉, ciao 보다는 약간의 격식을 갖추면서 지나치게 격식을 차리지 않는 경우에 많이 사용하며, 친구들이나 여러 사람들에게 한꺼번에 인사를 할 경우에도 자주 사용한다.

Quant' è (quanto è)?

일반적으로 가격을 물어볼 때 사용하는 표현이다. '얼마입니까?' 정도로 해석한다.

Quanto costa questo?

상기 표현과 동일한 의미로 사용하며, '이것은 얼마입니까?' 정도로 해석할 수 있다.

Costa dieci mila lire.

'10,000리라입니다' 뜻으로 상기 표현에 대한 대답이다.

Mi dispiace(molto).

'(대단히)미안합니다, 유감입니다' 의 뜻으로 영어의 'I am sorry' 의 의미를 갖는다.

Desidera?

'무엇을 원하십니까?' 해석할 수 있으며, 주로 상점 등에서 종업원이나 주인들이 손님들에게 정중하게 물어볼 때 사용하며, 의미는 '어떤것을 찾으십니까? 혹은 무엇을 원하세요?' 정도이다.

Si accomodi!

'편히 앉으시지요!' 정도의 의미로 해석할 수 있다.

Accomodati!

'편히 앉어!' 혹은 '있어!의 의미로 상기 표현보다 친근한 사이나 하대의 의미를 갖는 표현이다.

Non importa!

'상관없어! 혹은 중요하지 않아' 의 의미로 해석할 수 있다.

Non fa niente!

상기 표현과 동일한 의미를 갖는 다른 표현이다.

La ringrazio.

'당신에게 감사드립니다' 의미로 grazie mille의 표현보다 훨씬 정중한 표현이다.

Di niente.

'천만에요' 혹은 '괜찮습니다' 의 의미로 prego와 같은 의미이다.

Chi parla?

전화 상에서 상대방의 신분을 물어볼 때 사용하는 표현이다. '누구십니까?' 정도로 해석한다.

Con chi vuole parlare?

상기 표현과 관련된 표현으로 구체적인 통화 대상자를 물어 볼 때 사용하는 표현이다. 보통 '누구와 통화를 원하십니까?' 정도로 해석 할 수 있다.

C'è la sigorina Lee(il signor Kim)?

전화 상에서 통화하고픈 이를 찾을 때 구체적으로 상대방에게 물어보는 표현이다. '이양(김씨) 있습니까?' 정도의 의미를 갖는다.

Esercizio

1 부정관사를 넣으시오.

1)	____ spavento (놀람)	____ zaino (배낭)
2)	____ agnello (어린 양)	____ pneumatico (공기타이어)
3)	____ operaio (노동자)	____ frase (문장, 절)
4)	____ artrosi (관절통)	____ balena (고래)
5)	____ capanna (작은 가옥)	____ gnocco (뇨끼, 파스타의 한 종류)
6)	____ sciatore (스키타는 이)	____ giungla (밀림)
7)	____ sciopero (파업)	____ muratore (미쟁이)
8)	____ sciocco (어리석은 이)	____ uovo (달걀)
9)	____ scudo (방패)	____ ape (꿀벌)
10)	____ elmo (헬멧, 철모)	____ anima (영혼)
11)	____ erba (풀)	____ oca (거위)
12)	____ smeraldo (에메랄드)	____ albero (나무)
13)	____ arpa (하프)	____ orso (곰)
14)	____ elica (프로펠러)	____ zio (삼촌)
15)	____ invidia (부러움)	____ trono (왕위)
16)	____ siero (혈청)	____ insidia (책략)
17)	____ gnomo (소인, 난장이)	____ autunno (가을)
18)	____ insetto (곤충)	____ zoppo (다리를 저는 이)
19)	____ archivio (기록, 문서)	____ servo (노예)
20)	____ pareggio (평균, 평형)	____ dado (다시다)
21)	____ ansia (심려, 불안)	____ identità (신분, 증명)

형용사 I 5

(Aggettivo)

Ⅰ. 일반적 개념과 종류

1.개념

이탈리아어에서 형용사는 명사와 마찬가지로 **성**과 **수**에 의해 변화하는 품사이다. 따라서 항상 **성**과 **수**라는 기준에 의해 그 형태가 결정된다는 사실이 가장 중요하며, 형용사의 성격에 따라 크게 품질 형용사와 지정 형용사로 분류할 수 있다.

2. 기능

일반적으로 형용사의 문법적 기능은 2가지로 이야기할 수 있다. 첫째는 **한정적** 기능이며, 둘째는 **술어적** 기능이라 할 수 있다. 다시 말해 한정적 기능이란 명사 등을 수식하면서 그 명사 등이 갖고 있는 성격을 한정하여 주는 기능을 말하며, 술어적 기능이란 동사와 같은 기능으로 주어나 목적어 등의 문장 요소들에 대한 설명이나 서술과 같은 기능을 하는 것을 말한다. 이외에도 형용사가 일반동사의 뒤에 위치할 경우에는 부사적 용법으로 사용한다.

Es. È l'automobile veloce (속도가 **빠른** 자동차입니다).▶한정적 기능

L'utomobile è veloce (자동차는 **빠르다**). ▶ 술어적 기능

L'utomobile corre veloce (자동차가 **빨리** 달린다). ▶ 부사적 기능

3. 형용사의 분류

이탈리아어의 형용사는 일반적으로 그 성격에 의해 품질 형용사와 지정형용사로 나눈다. 품질 형용사는 보통 어미의 형태에 따라 제 1형(-o/-a)과 제 2형(-e)의 2가지로 다시 나누며, 지정형용사는 문법적 성격에 따라 크게 지시 형용사, 수 형용사, 소유 형용사, 의문 형용사, 부정 형용사의 5가지로 구분한다.

Ⅱ. 품질 형용사

명사와 마찬가지로 성과 수에 따라 4가지의 형태를 띠며, 어미 변화형을 기준으로 -o,-a를 어미로 하는 제 1종 형용사와 -e를 어미로 하는 제 2종 형용사로 구분된다. 보통 품질 형용사의 위치는 명사 앞일 수도 있으며, 명사 뒤일 수도 있다. **명사 뒤에 올 경우에는 한정적 기능**을 하며, **명사 앞에 위치할 경우에는 부가적, 서술적 기능**을 한다. 또한 동일한 형용사라 할지라도 위치에 따라 뜻이 달라질 수도 있다.

1. 제 1종 형용사(-o, -a 형 형용사)

구분	남성	여성
단수	il libro nuovo	la penna nuova
복수	i libri nuovi	le penne nuove

▶ 제 1종 형용사에 속하는 형용사들

alto (키 등이) 큰　　basso (키 등이) 작은, 낮은　　brutto 못생긴

piccolo 작은　　vecchio 오래된　　anziano 늙은

lungo 긴	corto 짧은	largo 넓은
stretto 좁은	antico 낡은	moderno 현대적인
noioso 지겨운	faticoso 힘든	sereno 맑은
cattivo 나쁜	spesso 두터운	magro 여윈
grasso 살찐	caldo 더운	freddo 추운
chiaro 명확한	scuro 어두운	ricco 부자의
povero 가난한	caro 애정이 가는	pericoloso 위험한
simpatico 호감이 가는	carino 귀여운	antipatico 혐오스러운

2. 제 2종 형용사(-e 형 형용사)

구분	남성	여성
단수	un ragazzo felice	una ragazza felice
복수	i ragazzi felici	le ragazze felici

▶ 제 2종 형용사에 속하는 형용사들

infelice 불행한	facile 쉬운	difficile 어려운
possibile 가능한	impossibile 불가능한	forte 강한
debole 약한	maggiore 다수의	minore 소수의
grande 커다란	giovane 젊은	fedele 충실한
reale 실제의	dolce 달콤한	gentile 점잖은
intelligente 지적인	grave 심각한	sociale 사회의
breve 짧은	prudente 신중한	semplice 단순한

3.기타 형용사

① -i를 어미로 하는 극소수의 형용사들은 성과 수에 의해 변화하지 않으며, 항상 동일한 형태를 취한다. 이러한 형용사에는 pari(동등한), dispari(틀린, 유사하지 않은), impari(불공정한) 등이 있다.

② 형용사 bello(아름다운), buono(좋은, 선한), grande(커다란, 위대한), male (나

쁜, 악한) 등은 다른 형용사들과 달리 명사에 전치 할 때와 후치 할 때의 변화가 다르다. **Bello**는 **명사에 전치 할 경우에는 정관사 변화형**을 따르며, **후치 할 경우에는 제 1종 형용사 변화**를 따른다. 이에 반해 **buono는 명사에 전치 할 경우에는 부정관사 변화형**을, **후치 할 경우에는 일반 변화**를 따른다. 또한 **grande** 는 **남성이나 여성단수명사 앞에서는 -de' 가 탈락**하고, male는 남성과 여성 단수명사 앞에서는 어미 - e가 탈락한다.

③ 위치에 따른 품질 형용사의 의미 변화

구분	명사에 전치하는 bello의 형태		명사에 후치하는 bello
구분	un bel viso un bello scherzo un bell'uomo	i bei capelli i begli anni i begl'insegnanti	un viso bello i tempi belli
구분	la bella donna la bell'amica	le belle ragazze le bell'erbe	un'amica bella due donne belle

buono의 변화형태	grande의 변화형태	male의 변화형태
un buon uomo il buono zio	gran uomo (위대한 남자)	mal cuore (나쁜 마음)
buona lezione buon'amica	gran gioia (커다란 기쁨)	mal formazione (기형, 잘못된 형태)

몇몇의 형용사들은 명사에 전치하는 경우와 후치하는 경우의 의미가 달라진다.

명사에 후치하는 경우의 의미	명사에 전치하는 경우의 의미
una signora povera (가난한 부인)	una povera signora (불쌍한 부인)
un'informazione certa (확실한 정보)	una certa informazione (어떤 정보)
il ponte vecchio (오래된 다리)	il vecchio ponte (낡은 다리)
il re proprio (왕 자신)	il proprio re (바로 그 왕)

단어정리 집(Casa)과 관련된 용어(4) : 부엌용품 (1)

cucina sf. 부엌

scaffali multifunzioni 다용도 선반

cassetto sm. 서랍

credenza sf. 찬장

lavello a incasso sm. 개수대

pattumiera sf. 휴지통

dispenser per sacchetti 비닐봉투 보관함

pensile con ante sm. 다단형 조그마한 선반장

cestello portaoggetti sm. 여러 물품들을 놓을 수 있는 조그마한 바구니

portacoperchi 복명. 뚜껑 정리대

portastrofinachi 복명. 행주 걸이대

portaposate 복명. 수저나 포크 등을 정리하는 조그마한 함

contenitori in filo metallico sm. 금속 철사로 만든 용기 보관함

appenditutto 복명. 기타 물품 걸이대

portautensili 복명. 여러 공구들을 정리하는 조그마한 함

maniglia sf. 손잡이

lavastoviglie sf/sm.(무변) 식기 세척기

cucina a cas sf. 오븐 가스렌지(대개 부엌가구에 포함되지 않은 단독형)

piano di cottura sm. 조리대(여러 개의 조리구가 외부에 돌출 되어있는 부엌용 가구에 포함된 형태이며, 오븐을 제외한 윗 부분만을 일컬음)

fuoco a gas 분출되는 조리구 개조리구 개개를 일컬음

forno sm. 오븐(보통 조리대의 바로 밑 부분에 부착되어 있는 것이 일반적임)

griglia **sf.** 그릴(보통 조리대 맨 밑 부분에 부착되어 있는 것이 일반적임)

frigorifero sm. 냉장고

micronde sm. 전자렌지

회화 기본적 표현

Aspetta!

'잠깐만 기다려!' 의미를 갖는 표현으로 보통 친구나 가족과 같이 친근한 사이에서 사용된다.

Aspetti un momento, signora!

상기 표현의 존칭적인 표현이다. '잠깐만 기다려 주십시오, 부인!' 의미를 갖는다.

Un attimo, per favore!

상기의 표현과 동일한 의미를 갖는데, 잠깐만 기다려 주십시오!' 정도의 의미를 갖는다.

Ti(La) prego.

'에게(당신께) 원하건대' 의 의미로 청원의 의미가 강하게 내포되어 있다.

Pronto, qui parla casa di Kim.

전화 상에서 전화 응답자의 신분을 밝히고자 할 때 주로 사용하는 표현이다. '여보세요' 여기는 김의 집입니다' 의미를 갖는다.

Pronto, sì, sono io.

마찬가지로 '여보세요' 예, 접니다' 의 의미를 갖는다.

Sì, è vero.

'예, 정말입니다' 의 의미 언급된 사실에 대한 확인의 의미이다.

Proprio così.

'정말 그렇습니다' 의 의미로, 상기 표현과 동일한 의미이다.

Certamente/Certo.

'물론 입니다' 정도의 의미로 상기 표현과 동일한 의미이다.

Ha(Hai) ragione.

'당신이(네가) 옳습니다(옳아)' 의 의미로 상대방의 의견이 맞다라는 의미로 사용한다.

Auguri!

단어의 의미보다는 좀더 상징적으로 쓰이는데, 보통 '축하해' 라는 뜻으로 사용하거나 상대방의 행운과 행복을 기원하는 표현이다.

Chiedo scusa.

'실례를 구합니다' 의 의미로 Mi scusi 보다 정중한 표현이다.

Domando perdono.

'용서를 구합니다' 의 의미 정도로 해석할 수 있는 표현으로 상기 표현과 동일한 의미이다.

Si figuri, signora

'별 말씀을 다하십니다' 의 의미로 실례를 구한 이들에게 정중하게 대답하는 표현이다.

Figurati(Si figuri)

상기 표현의 2인칭(3인칭)적 표현으로, 실례와 미안함 혹은 감사의 말에 대한 친근한(격의 있는) 사이에 대답하며, 의미는 '천만에 혹은 걱정하지마 '이다

Esercizio

1 품질 형용사가 포함된 아래의 표현들을 여성형으로 바꾸시오.

1) un ragazzo ambizioso (야심찬 소년) ➡
2) un contadino laborioso (근면한, 일을 많이 하는 농부) ➡
3) gatti randagi (배회하는 고양이들) ➡
4) amico simpatico (정이 가는 남자친구) ➡
5) ragazzi intraprendenti (모험적인 소년들) ➡
6) un vecchio paziente (늙은 환자) ➡
7) un impiegato solerte (근면한 사무원) ➡
8) maestro severo (엄격한 스승) ➡
9) bambino vivace (활기찬 아이) ➡
10) un figlio premuroso (열심인, 친절한 아들) ➡

2 품질 형용사가 포함된 다음의 표현들을 복수로 바꾸시오.

1) signore alto (키가 큰 신사) ➡
2) fiore profumato (향기로운 꽃) ➡
3) vetro sottile (깨지기 쉬운 유리) ➡
4) bimbo paffuto (볼멘 아이) ➡
5) sentiero ripido (험한 오솔길 또는 경사가 급한 오솔길) ➡
6) lume fioco (약한 불빛) ➡
7) edificio pubblico (공공 건물) ➡
8) avversario agguerrito (곧 싸울 것 같은 적대자) ➡
9) giorno fausto (행운의 날) ➡
10) scolaro diligente (근면한 학생) ➡
11) montagna brulla (불모의 산) ➡
12) prato fiorito (꽃이 만발한 초원) ➡
13) colore tenue (연한 색) ➡
14) mare limpido (투명한 바다) ➡
15) metallo prezioso (귀중한 금속) ➡
16) cerimonia solenne (장엄한 예식) ➡
17) dio greco (그리스 신) ➡
18) pelle liscia (윤기 있는 가죽) ➡
19) lotta impari (불공정한 싸움) ➡
20) autbus carico (〈사람 등이〉 가득한 버스) ➡

문장론 I (Sintassi) 6

Ⅰ. 문장의 기본적 구성
1. 문장론의 의미
2.문의 구조

Ⅰ. 문장의 기본적 구성에 대하여

1. 문장론의 의미

흔히 구문론이라고도 하는 문장론은 보다 광의의 뜻으로 본다면, 문의 구성과 요소 및 각종 품사들에 대한 분석을 다루고 있는 문법론이다. 그러나 좀더 엄격하게 이를 구분한다면 모두 3가지 부분으로 다시 분류할 수 있는데, 논리적 분석과 문법적 분석 및 구문론 부분이다. 논리적 부분이란 문을 구성하는 각 문장 요소들, 즉 주어나 술어 및 보어 등에 대한 분석을 하는 부분이며, 문법적 분석이란 문장 안에서 사용되는 각종의 품사들(전통적으로 8품사–이탈리아어는 관사를 따로 분류하여 9품사–로 분류)에 대한 분석을 하는 부분이고, 구문론이란 문장과 문장의 관계나 문법적 기능을 밝혀 놓은 부분이라 할 수 있다. 본서의 구성이 주로 이탈리아어에 대한 품사론에 대한 문법적 관계에 대한 설명을 주로 하고 있지만, 품사론에 속하지 않는 다른 부분들에 대한 문법적 설명 역시 이탈리아어를 이해하기 위해서는 필수적 부분이기 때문에 책의 중간 중간에 이에 대한 기본적인 해설을 삽입하였다.

제 6과는 이러한 문장론에 대한 항목 중에서 가장 기초적인 사항이라 할 수 있는 단문에 대한 논리적 분석에 대하여 간략하게 설명해 놓은 부분이다. 앞의 장들에서 배웠듯이 이탈리아어가 한국어와 달리 성과 수라는 중요한 차이를 갖고 있다는 사실과 더불

어 하나의 문장을 구성할 때 또 다른 기준인 인칭과 시제 및 법이라는 3가지의 중요한 기준에 의한다는 사실에 대하여도 이번 장에서 간략하게 언급하도록 하겠다.

2. 문의 구조

1) 주어(il soggetto)

주어란 문장의 기본적인 요소 중의 하나로 동사를 지배하는 주체로서 술어의 의미를 완성하는 역할을 한다. 거의 모든 품사들이 문장 안에서 주어가 될 수 있지만, 일반적으로 명사나 대명사 등이 주로 주어의 역할을 많이 한다. 특히 대명사 중에서 주어로 사용되는 인칭 대명사의 형태가 중요하다. 또한 이탈리아어는 주어의 인칭이 몇 인칭이냐가 중요한데, 이는 술어가 되는 동사의 형태를 결정하기 때문이다. 이와 같은 사실은 주어의 인칭에 따라 동사의 형태가 다르다는 사실을 의미하며, 이는 주어를 굳이 나타내지 않더라도 동사의 형태를 보고 주어를 알 수 있다는 사실을 의미한다. 따라서 문어체이든 구어체이든 흔히 주어를 생략하는 경우를 많이 볼 수 있다.

① 주어로 사용되는 일반 품사의 경우

Es. Il ragazzo canta. (소년이 노래한다) ▶ il ragazzo는 명사

La piggia cade. (비가 떨어진다) ▶ la piggia는 명사

Mario è italiano. (마리오는 이탈리아인이다) ▶ Mario는 고유명사

I poveri non hanno i soldi. (가난한 이들은 돈이 없다) ▶ I poveri는 형용사

Errare è umano. (틀리는 것이 인간적이다.) ▶ errare는 동사

"Il" è un articolo. (il은 정관사이다.) ▶ il은 정관사

구분	남성	여성
1인칭	io(나)	noi(우리)
2인칭	tu(너)	voi(너희들)
3인칭	lui(그) /lei(그녀) /Lei(당신 ; 존칭)	loro(그들) /loro(그녀들) /Loro(당신들)

② 주어로 사용되는 인칭 대명사 주격의 경우

Es. Lui è italiano. (그는 이탈리아인이다.)

Voi parlate italiano. (너희들은 이탈리아어를 한다.)

2) 술어(il predicato)

술어란 주어의 구체적인 행동이나 동작 등을 묘사하거나 서술하는 문법적 요소이다. 동사만으로 술어의 기능이 가능한 완전 자동사인 경우에는 동사 자체적으로 술어를 구성하며, 동사만으로는 술어의 기능이 어려운 불완전 자동사는 명사나 형용사 등과 함께 술어를 구성한다. 다시 말해 영어의 be 동사에 해당하는 이탈리아어의 essere동사는 항상 명사나 형용사와 같이 **essere**동사의 기능을 완전하게 해주는 **보충어(주격보어)가 필요**하다. 여기서는 이탈리아어의 가장 기본적 단어인 essere동사를 중심으로 술어의 형태를 보기로 하겠다.

구분	단수	essere	복수	essere
1인칭	io	sono	noi	siamo
2인칭	tu	sei	voi	siete
3인칭	lui/lei/Lei	è	loro/Loro	sono

Es. Io sono studente. (나는 학생이다)
Tu sei carina. (너는 귀엽다)
Lui è simpatico. (그는 호감이 간다)
Noi siamo coreani. (우리는 한국사람이다)
Voi siete cattivi. (너희들은 나쁘다)
Loro sono stranieri. (그들은 외국인이다)

3) 보어(il complemento)

이탈리아어에서의 보어의 기능은 매우 다양하다. 문법적인 용어라는 측면에서 보면, essere동사의 보충어로서 기능 하는 명사나 형용사 등의 품사를 의미하는 술어적 보어 이외에도, 동사의 직접적 동작의 대상이 되는 기능을 하는 목적어 역시, 직접 보어로 분류할 수 있다. 또한 직접적인 보어의 기능을 하는 것이 아니라 간접적으로 다른 문장의 요소들을 보충해 주는 역할을 하는 간접보어의 형태도 보어라는 문법적 범주에 포함시킬 수 있다. 그러나 여기서는 제 3형식 문장을 이끄는 가장 대표적 완전 타동사인 avere동사와 그 직접 보어에 해당하는 목적어에 대하여만 간략하게 예시하도록 하겠다.

구분	단수	avere	복수	avere
1인칭	io	ho	noi	abbiamo
2인칭	tu	hai	voi	avete
3인칭	lui/lei/Lei	ha	loro/Loro	hanno

Es. Io ho un libro. (나는 책 한권을 갖고 있다)
Tu hai una macchina bella. (너는 멋진 자동차 한 대를 갖고 있다)
Lei ha una casa. (그는 집 한채를 갖고 있다)
Noi abbiamo due fratelli. (우리는 두명의 형제가 있다)
Voi avete una moto veloce. (너희들은 빠른 오토바이 한 대를 갖고 있다)
Loro hanno una casa grande. (그들은 커다란 집 한 채를 갖고 있다)

4) 단문의 성립과 성격

단문은 모두 5가지 형식을 갖지만, 여기서는 위에서 배운 essere동사와 avere동사로 형성되는 제 2형식 문장과 제 3형식 문장에 대하여만 알아보도록 하겠다.

① essere 동사와 제 2형식 문장

essere 동사는 영어의 be동사에 해당하는 불완전 자동사로 한국어로는 '~ 이다 , ~ 입니다' 해석할 수 있는 동사이다 ('있다 라는 의미로 사용할 때에는 완전 자동사로 술어보어가 필요 없는 동사이다). 문장에서는 술어로서의 역할을 하지만, 단독으로는 술어를 완전하게 형성하지 못하기 때문에 항상 술어보어를 동반한다. 술어보어로 사용될 수 있는 것은 명사, 형용사, 명사 상당어구, 형용사 상당어구가 있으며, 한국어와 달리 주어의 성과 수에 따라 **보어의 성과 수도 종속**된다. 이를 비교하면 다음과 같다.

구분	한국어	이탈리아어
단수	나는 한국사람이다	Io sono coreano/a
	나는 ≒ 한국사람	Io = coreano/a
복수	우리는 한국사람이다	Noi siamo coreani/e
	우리는 ≒ 한국사람	Noi = coreani/e

위의 비교에서 보면, 한국어에서는 주어가 어떤 형태이든 술어보어의 형태는 변하지 않지만, 이탈리아어의 경우에는 주어의 성과 수에 따라 술어보어의 어미가 변화하는 것을 알 수 있다. 주어가 남성단수이면 술어보어의 형태도 남성단수로, 남성복수이면 술어보어도 남성복수로, 여성단수이면 여성단수로, 여성복수이면 여성복수로 어미가 변화를 하면서 항상 성과 수를 일치시켜야 한다.

Es. Io sono alto(alta). (나는 키가 크다.)
Tu sei ricco(ricca). (너는 부자이다.)
Lui è bello. (그는 멋있다.)
Lei è bella. (그녀는 아름답다.)
Noi siamo coreani(coreane). (우리는 한국사람이다.)
Voi siete bravi(brave). (너희들은 잘한다.)
Loro sono cattivi(cattive). (그들은 나쁘다.)
Paola e Mario sono italiani. (파올라와 마리오는 이탈리아인이다.)

② avere동사와 제 3형식 문장

2형식 문장을 대표하는 essere동사와 달리 3형식 문장을 대표하는 avere동사는 사용에 있어 그 성격을 달리한다. 즉, 목적어를 필요로 하는 타동사의 경우에는 주어와 목적어의 문법적 관계가 주어와 술어보어와의 관계와는 전혀 다른 의미를 갖는 것이다. 따라서 주어와 목적어는 성과 수를 일치시켜야 하는 동일 대상이 아닌 행위의 주체와 행위의 대상이라는 관계를 갖기 때문에 주어와 목적어의 성과 수는 아무런 상관 관계도 없다.

구분	한국어	이탈리아어
단수	나는 연필 한자루를 갖고 있다	Io ho una matita
	나는 ≠ 연필 한자루	Io ≠ una matita
복수	우리는 연필 한자루 갖고 있다	Noi abbiam una matita
	우리는 ≠ 연필 한자루	Noi ≠ una matita

따라서 주어는 동사의 주체로서만 작용할 뿐 목적어의 성과 수에는 아무런 영향을 미치지 않는다는 것을 잘 알 수 있다. 그러나 **목적어를 구성하는 어구에서는 성과 수가 일치**해야 한다. 즉, **목적어구 안에서 목적어를 수식하는 형용사나 술어는 그 목적어의 성과 수에 일치**해야 한다는 의미이다.

Es. Io ho un portafoglio. (나는 지갑을 하나 갖고 있다)

Tu hai un passaporto. (너는 하나의 여권을 갖고 있다)
Lei ha due quaderni. (당신은 2권의 공책을 갖고 있다)
Noi abbiamo tre penne verdi. (우리는 세 자루의 녹색 펜을 갖고 있다)
Voi avete un dizionario italiano. (너희들은 이탈리아 사전을 갖고 있다)
Loro hanno un tavolo rotondo. (그들은 둥근 탁자를 갖고 있다)

단어정리 집(Casa)과 관련된 용어(5) : 부엌용품(2)

ceppo	sm. 칼집
casseruola	sf. 둥근 남비
strofinaccio	sm. 행주
padella	sf. 후라이 팬
coltello	sm. 칼, ~da cucina;요리용 칼, ~da pesce;생선용칼, ~da pane;빵자르는칼, ~ per sbucciare;(야채나 과일 등의)껍질을 까는 칼, ~ multiuso;다용도 칼.
binario	sm. 걸이대
coperchio	sm. 뚜껑
servispaghetti	sm. 스파게티용국자
mestolo	sm. 국자
bollitore	sm. 주전자
pentola	sm. 남비
oliera	sm. 오일통
accetiera	sm. 식초통
saliera	sm. 소금통
pepiera	sm. 후추통
baratollo	sm. 음식물 보관용기
tagliere	sm. 도마
forbici	sm. 가위
manico	sm. 손잡이
portabottiglie	sm. (포도주 등)병 보관망.
scolapiatti	sm. 접시 건조대
tazza	sm. 컵
paletta	sm. (전 등을)뒤집는 용구
tortiera	sm. 케익을 굽는 용기
presino	sm. 뜨거운 용기 등을 잡는 천
pirofila	sm. 내열그릇
tappo con guarinizione	sm. 밀봉 마개가 달린 덮개
portapane	sm. 빵 보관함

회화 택시안에서 (In tassi)

Kim : Taxi!

Tassista : Buongiorno!

Kim : Buongiorno! E' libero?

Tassista : Sì, Dove va?

Kim : Via Roma numero 5.

Tassista : Oggi è una bella giornata.

Kim : Sì, veramente una giornata splendida, ma un po' caldo.

Tassista : Ormai diciamo quasi estate. Eccoci! Via Roma è questa.

Kim : Quanto è?

Tassista : 10.000(diecimila) lire.

Kim : Eccole, buona giornata!

Tassista : Grazie mille, arrivederLa!

Esercizio

① 다음의 주어진 단어들과 여러 구를 가지고 각각의 문장들을 올바르게 완성하시오.

io, il libro, l'anno, noi, il dovere, il quaderno, ventitre, loro, essere, la scarpa, bello, studente, tu, carino, molto, uno, sincero, la gente, bianco, lei, il piede, su, il sonno, tre, verde, matita, due, lui, il fratello, voi, la sorella, avere, alto, la penna, nero, blu,ogni, cattivo, il diritto, venti, il tavolo, il braccio, felice, la casa, la moto, la borsa, la persona, la gamba, e, ma, il, padre.

1) 우리들은 학생입니다.
2) 나는 학생입니다.
3) 너희들은 키가 큽니다.
4) 너는 키가 큽니다.
5) 그녀는 아주 귀엽습니다.
6) Paola와 Clara는 아주 귀엽습니다.
7) 그들은 정직하지만, 그녀는 나쁩니다.
8) 사람들은 행복합니다.
9) 3권의 하얀 책은 탁자 위에 있습니다.
10) 나는 3자루의 연필을 갖고 있습니다.
11) 우리는 1권의 책과 녹색 가방을 갖고 있습니다.
12) 그는 2권의 흰색 공책과 한 자루의 검은색 펜을 갖고 있습니다.
13) 아버지는 파란색 구두를 갖고 있습니다.
14) 나는 2명의 형과 1명의 여동생이 있습니다.
15) 모든 사람들은 의무와 권리를 갖고 있습니다.
16) 그는 20살이고, 그녀는 23살이다.
17) 우리는 2개의 팔과 2개의 다리가 있다.
18) 그들은 아름다운 집이 하나 있습니다.
19) Francesco는 멋진 오토바이를 갖고 있습니다.
20) 너희들은 졸립다.

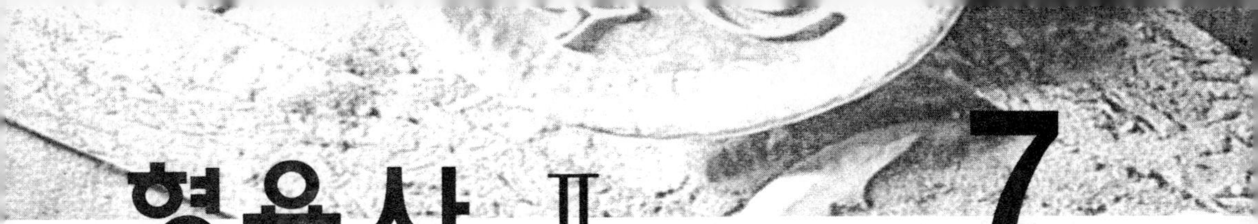

형용사 Ⅱ 7

(Aggettivo)

Ⅲ. 지정 형용사

품질 형용사와는 달리 문장 안에서 일반적으로 **명사 앞에 위치**하고, 다른 형용사와 함께 사용될 때에도 사용된 형용사에 선행하며, **명사의 성과 수에 일치**하는 것이 일반적이다. 지정 형용사는 그 성격에 따라 여러 형태로 분류할 수 있지만, 보통 5가지로 구분하는 것이 일반적인데; 지시 형용사, 소유 형용사, 수 형용사, 의문 형용사, 부정 형용사로 구분할 수 있다.

1. 지시 형용사(Aggetivi dimostrativi)

1) 개요

지시 형용사란 시간이나 공간 혹은 대화 중에 원근 관계에 의해 하나의 사물이나 사람을 지정하여 주는 역할을 하는 형용사를 말한다. 항상 명사 앞에 선행하며, 관사에 선행할 수 없다. 문장 안에서 형용사의 역할을 하느냐, 대명사의 역할을 하느냐에 따라 지시 형용사로 혹은 지시 대명사로 사용할 수 있다.

2) 종류 및 용도

가장 기본적인 지시 형용사의 형태는 3가지로 크게 분류할 수 있는데, **근칭**의 의미를 갖는 **questo**와 **원칭**의 의미를 갖는 **quello** 및 **대화의 상대자에게 가까운 사물이나 사람을 지칭하는 codesto**이다. Questo는 말하고 있는 이에게 가까운 사물이나 사람을 지칭할 때 사용하며, 말하는 이로부터 멀리 떨어져 있는 사물이나 사람은 quello를 사용한다. Codesto는 Toscana 지방이나 문어체 혹은 문학 작품 등에서 볼 수 있는 형태로 현대 이탈리아어에서는 questo로 대치하여 사용하는 것이 일반적이다.

3) 형태

Questo와 codesto는 성과 수에 따라 모두 4가지의 형태를 갖지만, quello는 다음에 오는 단어의 첫 자모의 성격에 따라 모두 10가지 형태를 갖는 정관사 변화를 따른다. Questo와 codesto는 모음으로 시작하는 단수명사 앞에서는 모음축약이 발생할 수 있다.

	questo	quello		codesto
남성단수	questo	quel/quello	quell'	codesto
남성복수	questi	quei/quegli	quegli/quegl'	codesti
여성단수	questa	quella	quelle'	codesta
여성복수	queste	quelle	quelle/quell'	codeste

Es. questo pomeriggio (이 오후) questi studenti (이 학생들)
questa bambina (이 어린아이) queste minacce (이 위협들)
quest'anno (올 해) questi anni (최근의 몇 년)
codesto ragazzo (이 소년) codesti ragionamenti (이 논의들)
quel signore (저 신사) quei signori (저 신사들)
quello scolaro (저 학생) quegli scolari (저 학생들)
quell'anno (그 해) quegli anni (당시의 몇년)
quell'individuo (저 개인) quegl'individui (저 개인들)
quella signorina (저 숙녀) quelle signorine (저 숙녀들)
quell'amica (저 여자 친구) quelle amiche (저 여자 친구들)
quell'enciclopedia (저 백과사전) quell'enciclopedie (저 백과사전들)

문장 안에서 지시 형용사로 사용할 때와 지시 대명사로 사용할 때의 형태 차이

위에서 언급한 questo와 quello 및 codesto는 문장 안에서 어떤 기능을 하느냐에 따라 지시 형용사로서 사용할 수도 있으며, 지시 대명사로 사용할 수도 있다. 특히 quello는 주어나 목적어로 사용되는 지시 대명사의 형태와 명사를 한정하는 지시 형용사의 형태가 다르기 때문에 특별한 주의가 필요하다. 다음의 문장들은 지시 형용사로 사용된 경우의 형태와 지시 대명사로 사용된 경우의 비교를 나타내고 있다.

Es.1 Questa camera è piccola. (이 집은 작습니다: 지시 형용사 여성단수)
Questa è la casa piccola. (이것은 작은 집입니다: 지시 대명사 여성단수)
Queste camere sono piccole. (이 집들은 작습니다: 지시 형용사 여성복수)
Queste sono le case piccole. (이것들은 작은 집입니다: 지시 대명사 여성복수)

*이 경우 지시 대명사와 지시 형용사의 형태가 성과 수에 따라 동일하게 사용되고 있다.

Es.2 Quel tavolo è giallo. (저 탁자는 노랗습니다: 지시 형용사 남성단수)
Quello è il tavolo giallo. (저것은 노란 탁자입니다: 지시 대명사 남성단수)
Quei tavoli sono gialli. (저 탁자들은 노랗습니다: 지시 형용사 남성복수)
Quelli sono i tavoli gialli. (저것들은 노란 탁자입니다: 지시 대명사 남성복수)

*이 경우에는 지시 대명사와 지시 형용사의 형태가 성과 수에 따라 다르게 사용되고 있는데, 특히 quelli는 지시 형용사에는 없는 형태라는 것을 알 수 있다.

2. 수 형용사(Aggettivi numerali)

1) 개념

일반적으로 수 형용사는 기수와 서수, 배수와 분수 등으로 나눈다. 이탈리아어 역시 이러한 기준을 따르지만 여기서는 기수와 서수를 중심으로 알아보도록 하고, 뒤에 다시 배수와 분수에 대하여 알아보도록 하겠다. 기수나 서수 모두 형용사의 하나이기 때문에 일반적인 형용사의 문법적 성격을 갖는다. 그러나 기수 형용사는 성이나 수에 따라 변화하지 않고(예외: uno, mille, milione, ecc.) 일반적으로 형태가 변화하지 않는 특색을 갖는다.

2) 기수 형용사

원래 기수의 의미는 수의 기본이라는 뜻인데, 실제로 기수는 하나의 정확한 수의 양을 나타내는 형용사이다. 따라서 막연한 부분을 나타내는 poco, molto, tanto 등의 부정 형용사와는 다른 의미를 갖는다. 보통 기수는 명사 앞에 위치하지만, 계량의 의미를 갖는 단위와 함께 사용할 경우에는 단위 뒤에 위치한다. 기수를 가장 많이 사용하는 경우는 시간과 날짜를 표시할 때이며, 이 경우 시간과 날짜의 단위는 일반적으로 생략된다. 다른 형용사들과는 달리 성과 수에 따라 변화하지 않지만, 1(uno/una), 1,000(mille/mila), 100만(milione/-i), 10억(miliardo/-i) 등은 성과 수에 변화하는 예외적 기수 형용사이며, 100만(milione/-i)와 10억(miliardo/-i)은 앞에 다른 기수를 덧붙여 사용할 경우에는 띄어서 사용하고 금액으로 사용할 경우에는 뒤에 화폐 단위의 전치사 di를 함께 사용한다.

Es. una tragedia in tre atti (3막으로 된 비극)

un animale a quattro zampe (네발 동물)

un segmento della lunghezza di cm 22 (22cm 길이의 조각)

un blocco di marmo del peso di chili 30 (30킬로그람의 대리석 덩어리)

Leggere a pagina 28 (28페이지에서 읽는다)

Sono le (ore) 9. (9시입니다)

L'appuntamento è fissato per il (giorno) 20 di giugno.

(약속은 6월 20일로 정해졌다)

Nacque nel(l'anno) 50 dopo Cristo. (기원 후 50년에 태어났었다)

una lira (1리라)

un litro (1리터)

un mille (1,000) ➡ 2 mila(2,000)

due milioni (2,000,000)

tre miliardi (3,000,000,000)

*유일하게 매달 초일은 서수로 표현한다.

Il primo maggio è la Festa del Lavoro. (5월 1일은 노동절이다)

3) 서수 형용사

기수와 달리 서수 형용사는 하나의 순서 혹은 차례를 의미하는 수 형용사이다. 기수가 일반적으로 성과 수에 의한 변화를 하지 않는데 반하여, 서수는 성과 수에 의한 변화를 한다. 즉, 명사의 성과 수에 의해 서수 형용사의 어미가 변화한다는 의미이다. 11이후의 기수에는 -esimo란 접미사를 덧붙이면 서수를 형성하며, 천 단위를 나타내는 기수 mille 는 서수형에서는 복수일지라도 mila로 변화하지 않는다. 서수 역시 일반적으로 명사 앞에 위치하며, 왕위/왕가를 나타낼 때는 후치하고, 장/막/반/강의실 등의 순서를 나타낼 때도 사용할 수 있다. 또한 세기를 나타낼 때에도 주로 사용한다.

Es. Abbiamo viaggiato in prima classe.

(우리는 일등 칸으로 여행했다)

Ho prenotato una poltrona di seconda fila.

(나는 2층열 좌석 하나를 예약했다)

Abito al terzo piano.	(나는 3층에 산다)
Paolo VI(파올로 6세), Enrico IV	(엔리코 4세), ecc.
capitolo nono	(제 9장)
paragrafo settimo	(제 7절)
atto quarto	(제 4막)
scena prima	(제 일막)
canto quinto	(제 5곡)
il secolo XIII = il Duecento	(13세기)
il secolo XIV = il Trecento	(14세기)
il secolo XV = il Quattrocento	(15세기)
il secolo XVI = il Cinquecento	(16세기)
il secolo XVII = il Seicento	(17세기)
il secolo XVIII = il Settecento	(18세기)
il secolo XIX = l'Ottocento	(19세기)
il secolo XXI = il Novecento	(20세기)

4) 기수와 서수 형용사의 형태 및 표기

표기	기수	표기	서수
1	uno	I	primo
2	due	II	secondo
3	tre	III	terzo
4	quattro	IV	quarto
5	cinque	V	quinto
6	sei	VI	sesto
7	sette	VII	settimo
8	otto	VIII	ottavo
9	nove	IX	nono
10	dieci	X	decimo
11	undici	X I	undicesimo
12	dodice	X II	dodicesimo
13	tredice	X III	tredicesimo
14	quattordici	X IV	quattordicesimo
15	quindici	X V	quindicesimo
16	sedici	X VI	sedicesimo
17	diciasette	X VII	diciasettesimo
18	diciotto	X VIII	diciottesimo
19	diciannove	X IX	diciannovesimo
20	venti	X X	ventesimo
21	ventuno	X X I	ventunesimo
28	ventotto	X X VIII	ventottesimo
30	trenta	X X X	trentestimo
40	quaranta	X L	quaratesimo
50	cinquanta	L	cinquantesimo
60	sessanta	L X	sessantesimo
70	settanta	L X X	settantesimo
80	ottanta	L X X X	ottantesimo
90	novanta	X C	novantesimo
100	cento	C	centesimo
200	duecento	CC	dueccentesimo
300	trecento	CCC	trecentesimo
400	quattrocento	CD	quattrocentesimo
500	cinquecento	D	cinquecentesimo
1,000	mille	M	millesimo
2,000	duemila	MM	duemillesimo
10,000	diecimila	$\overline{X}$	diecimillesimo
100,000	centomila	$\overline{C}$	centomillesimo
1,000,000	un milione	$\lvert\overline{X}\rvert$	milionesimo
10,000,000	dieci milioni	$\lvert\overline{X}\rvert\lvert\overline{X}\rvert$	duemililonesimo

단어정리 집(Casa)과 관련된 용어(6) : 부엌 용품(3)

ciotola	sm. 종지	**lattiera**	sm. 우유통
piattino	sm. 작은 접시	**salsiera**	sm. 소스를 만드는 용기
bicchiere	sm. 유리컵	**bicchiere da vino**	sm. 포도주용 유리잔, ~
insalatiera	sm. 인살라따용 그릇	**bicchiere da birra**	맥주 잔
posate da insalata	sm. 인살라따용 커다란 포크와 수저	**servizio di posate**	sm. 수저, 포크, 칼등이 포함된 수저 세트
cucchiaio	sm. 수저형 국자	**tovagliolo**	sm. 네프킨
schiumarola	sm. 거품내는 용구	**tovaglia**	sm. 테이블보
frusta	sm. 거품을 내거나 분말을 만드는 기구	**piatto**	sm. 접시
forchettone	sm. 포크형 국자	**brocca**	sm. 물병
tazzina da caffè con piattino	sm. 받침 접시가 달린 커피잔	**zuppiera**	sm. 국(주빠)용 용기
teiera	sm. 차 용기	**caraffa**	sm. (포도주 등) 담는 병
zuccheriera	sm. 설탕함	**scolapasta**	sm. 빠스타의 물기를 빼는 용기

회화 자기 소개

Buon giorno, tutti ! Mi chiamo Chulsoo KIM, coreano. Vengo in italia per studiare la musica classica. Sono di Seoul e ho 27 anni. La mia famiglia è composta da 5 persone; papà, mamma, un fratello, una sorella e io. Mio padre è ingegnere e mia madre è casalinga. E mio fratello maggiore è un impiegato della ditta straniera e mia sorella minore è ancora studentessa universitaria. Sono sincero, ma un po' timido. Molto piacere di conoscervi. E' ora finita la mia presentazione, grazie !

Esercizio

1 다음의 문장들을 복수형 문장으로 바꾸시오.

1) Quel vaso è molto pesante. ➡
2) Quell'assegno non è trasferibile. ➡
3) Quest'errore è davvero grave. ➡
4) Quel bambino è molto vivace. ➡
5) Questo tuo desiderio è realizzabile. ➡
6) Quella faccia non mi piace. ➡
7) Quest'isola è abitabile. ➡
8) Quell'esperienza è molto utile per noi. ➡
9) Quest'atteggiamento è ingiusto. ➡
10) Quello stivale è infangato. ➡
11) Quel cavallo è fuggito. ➡
12) Quell'amica è simpatica. ➡

2 다음의 문장들을 단수형 문장으로 바꾸시오.

1) Quegli alberghi sono chiusi. ➡
2) Queste valigie sono vuote. ➡
3) Quei libri sono ancora sul comodino. ➡
4) Non ricordo quelle formule. ➡
5) Questi dolci sono squisiti. ➡
6) Quegli uffici sono aperti. ➡
7) Quelle auto sono rotte. ➡
8) Questi ristoranti sono chiusi. ➡
9) Quelle emozioni non sono dimenticabili. ➡
10) Quegli zaini sono nuovi. ➡
11) Quei ragazzi sono molto simpatici. ➡
12) Siamo su quei monti. ➡

형용사 Ⅲ 8

(Aggettivo)

Ⅲ. 지시 형용사
3.소유 형용사
4. 의문 형용사

Ⅲ. 지시 형용사

3. 소유 형용사(Aggettivi possessivi)

1) 개념

소유 형용사는 영어에서 말하는 소유격과 유사한 개념을 갖는다. 그러나 이탈리아어에서는 형용사로 분류되기 때문에 일반 형용사들과 마찬가지로 성과 수에 의해 변화를 하며, 영어의 문법과는 다른 몇 가지의 문법적 특성을 갖고 있다. 지시 형용사와 마찬가지로 문장 안에서 쓰이는 용법에 따라 소유 대명사로도 쓰이며, 이 때의 형태는 동일하다.

2) 형태

인칭대명사 주격	딘수남성	단수여성	복수남성	복수여성
io	il mio	la mia	i miei	le mie
tu	il tuo	la tua	i tuoi	le tue
lui/lei	il suo	la sua	i suoi	le sue
Lei	il Suo	la Sua	i Suoi	le Sue
noi	il nostro	la nostra	i nostri	le nostre

인칭대명사 주격	단수남성	단수여성	복수남성	복수여성
Voi	il vostro	la vostra	i vostri	le vostre
loro	il loro	la loro	i loro	le loro
Loro	il Loro	la Loro	i Loro	le Loro

3) 문법적 기능과 사용

① 기능

이탈리아어의 소유 형용사는 크게 두 가지의 기능을 갖는데, 하나는 **소유자와 피소유물의 관계를 명확하게 나타내며**, 다른 하나는 **소유자를 정확하게 지칭**하는 것이다. 그러나 소유 형용사를 사용하는 기준은 소유자의 성과 수가 아니라 **피소유물의 성과 수**이다. 즉, 소유 형용사를 결정하는 것은 **소유되는 목적물의 성과 수**에 따라 소유 형용사의 형태가 변화한다.

*Es.*1 Clara è nata il 24 ago. 1974. Perciò il suo commpleanno è il 24 di agosto.

➡ 클라라가 여성이지만, 생일이라는 명사가 남성명사이기 때문에 그녀의 생일이라는 구는 피소유물에 해당하는 생일이라는 명사에 의해 소유 형용사의 성과 수를 결정한다. 따라서 해석은 '그녀의 생일은 8월 24일입니다' 라고 한다.

*Es.*2 Lui ha una borsa e i nostri libri ci sono nella sua borsa.

➡ 주어인 lui가 남성이지만, 그의 가방이라는 표현은 여성명사인 가방의 성과 수에 의해 소유 형용사가 결정된 것이며, '우리들' 이라고 해석이 가능한 nostro라는 소유 형용사가 다시 한 번 복수형의 형태를 취한 것은 libri라는 명사의 성과 수에 의해 복수형의 형태를 취한 것이다. 따라서 해석은 '우리들의 책이 그의 가방에 있습니다' 이다.

*Es.*3 Lui ha la mia matita. (그는 나의 연필을 갖고 있다)
E'difficile il Suo lavoro, sinora ? (부인, 당신의 일은 어렵습니까?)
E'bella la tua città, Franco ? (프랑코, 너의 도시는 아름답니?)
E'questo il vostro bambino ? (이 아기가 너희들의 아이이니?)

3인칭 복수 소유 형용사의 형태인 suoi나 sue와 loro는 그 의미가 다르다.

▶ **Carlo ha *i suoi terreni e le sue case*.**(카를로는 그의 땅들과 집들을 갖고 있다; **i terreni e le case di lui:** 단수로서의 카를로 자신의 땅과 집을 의미)

▶ **Carlo e Luigi hanno *i loro terreni e le loro case*.**(카를로와 루이지는 그들의 땅과 집을 갖고 있다; **i terreni e le case di loro:** 복수로서 그들을 의미)

② 사용

소유 형용사는 일반적으로 정관사와 함께 사용하나 혈연 관계를 나타내는 단수 명사와 함께 사용할 경우에나 소유 형용사가 명사에 후치 할 경우에는 정관사를 생략한다.

Es. mia madre, tuo padre, suo fratello, nostro zio, vostro nipote, vostra sorella, suo marito, sua moglie, nostro genero(우리의 사위), vostra nuora(너희의 며느리), mio suocero(나의 장인), suo cognato(그의 처형: 보통 처의 형제들이나 본인 형제들의 부인이나 그 형제들을 지칭한다), ecc.

소유 형용사와 함께 사용하는 혈연관계 명사에서 정관사를 생략하지 않는 경우

- 혈연관계 명사가 복수일 경우
  i suoi fratelli, i nostri zii, ecc.
- 소유 형용사와 다른 품질 형용사들이 함께 사용되었거나, 다른 보어에 의해 한정된 경우
  il mio nipote diletto(즐거워하는 나의 조카**), il tuo zio di Roma, ecc.**
- 혈연관계 명사가 복합명사이거나 접미사 등이 결합된 경우
  il mio bisnonno(나의 증조부**), la tua sorellina(**너의 여동생**), ecc.**
- **loro**나 **proprio**가 사용된 경우
  la loro sorella, la propria madre, ecc.
- 애칭형 가족 관계의 명사들인 경우(지방에 따라 다소 차이가 있다)
  papà, babbo, mamma, ecc.

4. 의문 형용사(Aggettivi interrogativi)

1) 개념과 형태

의문 형용사는 일반적으로 관련된 명사의 질이나 신분 및 양 등을 질문할 때 주로 사용하는 형용사의 한 형태이다. 앞에서 언급한 지시 형용사나 소유 형용사 등과 마찬가지로 문장 안에서 어떤 기능을 하는가에 따라 의문 대명사나 의문 형용사로 사용할 수 있으며, 형태는 동일하다. 자주 사용하는 의문 형용사는 che, quale, quanto의 3가지이다.

단수남성	단수여성	복수남성	복수여성
che	che	che	che
quale	quale	quali	quali
quanto	quanta	quanti	quante

2) 종류와 사용

① Che

보통 명사 앞에서 사용하여 '어떤 '혹은 '몇' 이라는 의미를 갖는다. 성과 수에 의해 변화하지 않고 항상 동일한 형태를 갖는다.

Es. Che lovoro fai? (너는 무슨 일을 하니?)
Che strada prendiamo? (우리는 어떤 길로 갈까(택하지)?)
Che libri leggi di solito? (너는 보통 어떤 책들을 읽니?)
Che numero è? (몇 번이지?)

② Quale/quali

che와는 달리 성에 의해서는 변화가 없지만, 수에 의해서는 변화를 한다. 보통 질이나 신분과 관련된 질문을 형성할 때 많이 사용하며, 단수의 경우 모음과 자음 앞에서 어미절단을 하여 qual의 형태로 사용한다. 따라서 가장 흔히 보이는 quale의 오기는 qual'è의 형태이다.

Es. Qual'è la tua opinione? (너의 의견은 어떤 것이지?)
Qual buon vento ti porta? (어떤 좋은 생각이 너에게 떠올랐니?)
Quali intenzioni hai? (너는 어떤 생각을 갖고 있니?)

③ Quanto/quanti/quanta/quante

다른 의문 형용사들과 달리 성과 수에 의해 모두 변화하는 의문 형용사로 주로 양과 관련된 질문에서 사용한다.

Es. Quanto denaro hai speso? (너는 돈을 얼마나 썼니?)
Quanta pasta vuoi? (빠스따를 얼마나 원하지?)
Quanti anni hai? (너는 몇 살이니?)
Quante persone avete invitato? (너희들은 몇 사람이나 초대했니?)

▶ 의문부사(Avverbi interrogativi)

Chi

앞에서 본 여러 의문 형용사들과 달리 영어의 who와 동일한 의미인 '누가 혹은 어떤 사람이' 라는 뜻으로 사용되는 chi는 의문 대명사로만 사용된다. 이는 문장 안에서 주어나 목적어 등으로만 사용된다는 것을 의미하며, 명사 앞에서 그 명사를 한정하여 주거나 서술하는 기능은 하지 않는다. 전치사 di와 함께 사용할 경우에는 who의 소유격인 whose와 동일한 뜻으로 사용한다.

Es. Chi è Lei? (당신은 누구십니까?)
Chi parla? (누구세요?: 보통 전화 상에서 사용)
Chi vuole caffè? (누가 커피를 원하니?)
Di chi è questa borsa? (이 가방은 누구의 것입니까?)

의문 형용사와 함께 의문문을 구성하는 주요 품사가 의문 부사이다. 주로 때, 장소, 시간, 이유, 수단이나 상태, 가치나 척도 등을 의미하는 의문 부사들이 있는데, 각각의 사용에서 대표적인 형태들만을 간략하게 살펴보기로 하겠다.

① Come

수단이나 방법 및 상태나 모양을 뜻하는 의문부사로 영어의 how에 해당하는 의문 부사로 '어떻게, 어떤' 과 같이 해석할 수 있다.

Es. Come stai? (어떻게 지내니?)
Come vanno gli affari? (사업/일은 잘되니?)
Come è tuo padre, grasso o magro?
(너의 아버지는 어떠시지, 체중이 많이 나가시니 아니면 마르셨니?)
Come dice? (뭐라구요/뭐라고 말하십니까?)
Come vai a scuola? (어떻게 학교에 가니?)

② Dove

장소를 뜻하는 대표적 의문부사로 영어의 where에 해당하며, '어디에' 로 해석할 수 있다.

Es. Da dove vieni? (너 어디에서 왔니?)
Dove abitate? (너희들은 어디에 살지?)
Dove vuoi incontrare lui? (너는 그를 어디에서 만나려 하지?)

③ Quando

시간과 때를 의미하는 의문 부사로 영어의 when과 같은 뜻으로 사용할 수 있으며, 해석은 '어제' 정도로 할 수 있다.

Es. Quando puoi partire per Corea?
(너는 언제 한국으로 떠날 수 있니?)
Non so quando lui viene a Milano?
(그가 언제 밀라노에 올지 나는 모르겠다)
Quando sei nato?
(언제 너는 태어났니?)

④ Perché

이유나 원인을 나타내는 의문 부사로 영어의 why나 because에 해당하며, '어째서' '왜냐하면' 등으로 해석할 수 있고, come mai와 동일한 의미를 갖는다. 보통 perché로 물어보는 경우에는 다시 perché로 대답하는 것이 일반적인 형태이다. 또한 perché non이나 mai 등의 부정의 의미를 갖는 단어들과 함께 사용하여, 권고나 권유를 나타내기도 한다.

Es. Perché sei venuto a casa in ritardo oggi?
(오늘 너는 왜 집에 늦게 왔니?)
Perché parla così ad alta voce?
(애 당신은 그렇게 크게 말하지요?)
Perché lei è ammalata?
(어째서 그녀는 아팠지?)
Perché non vieni stasera con noi?
(오늘 저녁에 우리와 함께 가지 않을래?)
Perché mai non esci con questo bel tempo?
(왜 이렇게 좋은 날씨에 밖에 나가지 않니?)

⑤ Quanto

정도나 척도 또는 어떤 기준을 나타내고자 할 때 사용하는 의문 부사이다. 영어의 how 와 같은 의미로 '어떤, 얼마나' 정도로 해석할 수 있다.

Es. Quanto sei alto? (너는 얼마나 크지/키가 얼마나 되니?)
Quanto beve l'acquc di solito Lei? (당신은 평소에 물을 얼마나 마십니까?)
Quanto vuoi fare le spese? (얼마나 장을 보기를 원하니?)

▶이탈리아어에서 의문사를 사용할 때

의문 형용사이건 의문부사이건 전치사와 함께 사용하는 경우에 일반적으로 전치사가 의문사 앞에 위치한다.

Es. In che senso tu parli così?
(어떤 의미에서 너는 그렇게 이야기하니?)
Di dove è lei?
(그녀는 어디 출신입니까?)
Da qunado aspetti Giorgio qui?
(여기서 언제부터 죠르죠를 기다리니?)
Con chi volete andare a vedere quel film?
(너희들은 누구와 그 영화를 보러 가길 원하니?)
A chi vuoi regalare questo libro?
(너는 이 책을 누구에게 선물하려고 하니?)
Di chi sono questi giornali?
(이 신문들은 누구 것이지?)

단어정리 사무실 용품

scrivania sf. 책상
sedia da ufficio sf. 사무실용 의자
lampada da lavoro sf. 작업용 등
sedia a braccioli sf. 팔걸이 의자
cassetta portadocumenti sf. (책상 위에 두는) 서류 보관함
portalettere sf. 편지 꽂이함
sottomano sm. (글씨 등)을 쓰는 책상 위의 판
portacorrispondenza sf. 우편물 보관 및 정리함

portapenne sf. 펜꽂이

portaviste sf. 잡지꽂이함

schedario sm. 서류철

porta cd sf. cd 보관함

cassettiera sf. 서류함/정리함

portadischetti sf. 디스켓 보관함

cestino per la carta sm. 휴지통

orologio da parete sm. 벽걸이 시계

ventilatore sm. 선풍기

aria-condizionata sf. 에어컨

tavolo computer sm. 컴퓨터 책상,

~ **per stampante**: 프린터용 책상

sedia giravole sf. 회전의자

회화 학교에서 (A scuola)

Chulsoo : Ciao! Come stai, Maria?

Maria : Bene, grazie e tu?

Chulsoo : Non c'é male. Oggi è bello.

Maria : Sì, molto bello. Ecco il professore.

Professore : Buon giorno ragazzi!

Chulsoo e Maria : Buon giorno, professore!

Professore : Questo è Tom, nuovo studente.

Tom : Sono Tom. Piacere ragazzi!

Chulsoo : Piacere! Mi chiamo Chulsoo, coreano.

Maria : Anch'io molto piacere. Sono Maria, italiana.

Tom : Sono americano, di New York.

Professore : Ragazzi, cominciamo la lezione.

Esercizio

① 다음 질문에 보기와 같이 답하시오.

Es. Questa è la casa di Filippo? - Sì, è la sua casa.

1) Questa è la casa di Silvia?

2) Questa è la macchina del professore?

3) Questa è la macchina della professoressa?

Es. Queste sono le cassette di Filippo? - Sì, sono le sue cassette.

4) Queste sono le cassette di Silvia?

5) Queste sono le valigie del professore?

6) Queste sono le valigie della professoressa?

Es. Signorina, questa è la Sua borsa? - Sì, è la mia borsa.

7) Signor Rossi, questa è la Sua valigia?

8) Signora, questa è la Sua bambina?

9) Professore, questa è la Sua chiave?

Es. Professore, queste sono le Sue chiavi? -Sì, sono le mie chiavi.

10) Signor Rossi, queste sono le Sue valigie?

11) Signora Rossi, queste sono le Sue figlie?

12) Signorina, queste sono le Sue sigarette?

② 다음의 구를 복수형이나 단수형으로 각각의 형태에 맞게 변형시키시오.

1) la sua voce ➡	i nostri amici ➡
2) il suo libro ➡	la sua perplessità ➡
3) la sua borsa ➡	i miei desideri ➡
4) i tuoi colleghi ➡	le loro conoscenze ➡
5) il vostro ricordo ➡	i suoi compiti ➡
6) tua sorella ➡	la loro amicizia ➡
7) il vostro arrivo ➡	le loro giustificazioni ➡
8) il suo programma ➡	le vostre preghiere ➡
9) la sua casa ➡	i suoi proponimenti ➡
10) i suoi occhi ➡	la loro camicia ➡

9 문장론 Ⅱ
(Sintassi)

Ⅱ. 문장의 종류

1. 단문의 종류

1) 개요

이탈리아어의 문장 구조는 제 6장에서 이미 배웠던 주어, 술어, 보어 등의 주요 요소들을 통해 간략하게 알아보았다. 따라서 이 장에서는 이러한 요소들로 구성된 문, 즉 독립 절이라고 하는 문의 종류에 대하여 간략하게 알아보도록 하겠다. 일반적으로 독립 절을 분류하는 기준은 전달하고자 하는 문의 성격에 따라 구분하는데; 평서문, 의지문, 의문문, 감탄문의 4가지이다.

2) 평서문(Le frasi enunciative)

평서문이란 단순한 서술의 의미를 갖는 독립 절로서, 어떤 사실에 대한 진술, 묘사, 표현 등을 나타내는 문이다. 성격에 따라 긍정문과 부정문으로 다시 구분할 수 있다.

① 긍정문

문의 내용이 긍정의 의미를 갖는 문으로, 주요 문장 요소들의 순서는 주어+동사+(보어/목적어 등의)보조적 요소가 일반적이다. 또한 이탈리아어는 주어를 생략하는 경우가 많고, 동사의 형태를 통해 주어를 알 수 있기 때문에 보통은 주어를 생략한다. 주어를 사용하는 경우에는 주어를 명확하게 드러내거나 주어를 강조하기 위한 경우가 많다. 어쨌든 긍정문에서 중요한 것은 문장의 각 요소들의 위치이며, 이들 문의 주 요소들이 문장 안에서 어떤 문법적 기능을 하느냐가 가장 중요한 문제이다.

문법적 체계가 다른 동양인, 특히 처음 이탈리아어를 배우는 한국인들이 가장 많이 범하는 오류 중의 하나가 이들 문법적 요소들에 대한 정확한 문법적 기능을 잘못 해석함으로써 문장 전체의 뜻을 오역하는 경우가 종종 있다는 것이다. 주어를 목적어로, 혹은 이와 반대로 목적어를 주어로 해석하는 경우, 동사의 성격을 잘못 이해하여 자동사와 타동사에 대한 구분을 정확하게 하지 못하는 경우, 전치사구나 부사 등과 같은 문장의 보조적 요소들은 일반적으로 주어로 사용될 수 없음에도 주어나 목적어로 해석하는 경우 등을 종종 볼 수 있다. 이와 같은 오역이나 잘못된 이해의 대부분은 이탈리아어 문법의 정확한 이해에 대한 결여와 기초적 문법 지식의 부족에서 연유하는 경우가 많기 때문에 처음 배우는 이들에게 기본적이고 필수적인 이들 두 언어의 문법적 차이와 사용상의 차이에 대한 정확한 습득이 중요한 것이다.

다음의 몇 개 예문을 통하여 이러한 오역의 실제에 대하여 간략하게 알아보도록 하겠다.

Es. ***Saluta professore:** 이 문장을 해석할 때 가장 많이 보이는 오역은 '교수님이 인사한다' 인데 이는 salutare 동사의 성격과 특징에 대하여 잘 모르기 때문에 발생하는 오역이다. Salutare 동사는 타동사로 '~에게 인사하다' 라는 의미를 갖으며, 한국어로는 간접 목적어를 동반하는 동사로 해석되지만 이탈리아어에서는 직접 목적어가 동반되는 동사이다. 따라서 이 문장의 정확한 해석은 '그는(혹은 그녀/당신은) 교수님에게 인사한다' 이다. 이탈리아어는 주어의 인칭 따라 동사의 형태가 결정되기 때문에 주어를 명확히 하고자 할 때를 제외하고는 대부분의 경우 주어를 생략하는 것이 일반적이다. 만약 salutare 동사가 자동사가 된다면 의미가 달라져서 '건강이 좋다' 라는 뜻이 되므로 되므로 이 문장의 해석 역시' 교수님이 건강하시다' 정도가 올바른 해석이라 할 수 있다.

***Mi ha telefonato Massimo:** 이 문장에서 흔히 보는 오역은 '내가 마씨모에게 전화했다' 인데, 이는 mi가 간접 목적어로 사용된다는 사실을 모르거나 동사의 인칭 변화에 대한 정확한 이해가 결여되었기 때문에 발생하는 오류이다. 이

문장의 정확한 해석은 '마씨모가 나에게 전화했다' 인데, 주어와 간접 목적어의 사용 그리고 시제의 구분이 가장 중요한 해석의 기준이 된다.

***La sera esce spesso con i suoi amici:** 이 문장을 해석할 때 기본적으로 알아야 할 사항은 시간을 나타내는 명사들이 관사와 함께 쓰일 때는 부사적으로 사용된다는 사실과 전치사와 결합된 명사들은 주어로 사용되지 않는다는 2가지 점이다. 따라서 '저녁은 자주 그의 친구들과 나가게 한다' 나 '그 친구들은 저녁에 자주 나간다' 라는 해석은 오역이며, 정확한 해석은 '그는(혹은 그녀는) 저녁에 자주 친구들과 나간다' 이다.

***Nella fabbrica di mio zio lavorano tanti giovani:** 이 번역은 전치사의 정확한 용법에 대한 지식과 동사의 변화형을 알아야 하며, lavorare라는 동사가 자동사라는 것을 알아야 한다. 흔히 볼 수 있는 오역은 '나의 삼촌이 공장에서 많은 젊은이들과 일한다' 나 '나의 삼촌의 공장은 많은 젊은이들을 일하게 한다' 정도이다. 이 문장은 주어와 장소의 부사구가 도치된 형태로 '많은 젊은이들이 나의 삼촌의 공장에서 일한다' 가 정확한 해석이라 할 수 있다.

***Con questo caldo è difficile stare bene:** 이 문장은 비인칭 구문으로 stare bene라는 단어가 주어의 역할을 하는 경우이다. 따라서 흔히 보는 오역은 ' 이 더위가 잘 못 지내게 한다' 라거나 ' 그가 잘 지내는 것이 이 더위에는 어렵다' 는 식의 해석들이다. 따라서 정확한 해석은 '이 같은 더위에는 잘 지내는 것이 어렵다' 정도이다.

② 부정문

긍정문과 달리 부정문은 그 구성이나 형성이 비교적 단순하고 용이한 편이다. 이탈리아어에서 부정문을 만드는 방법은 크게 두 가지로 대별할 수 있는데, 하나는 부정의 non을 삽입하여 긍정문의 반대 개념으로서 부정문을 만드는 방법이며, 다른 하나는 여러 부정의 의미를 갖는 형용사나 대명사 또는 부사 등을 첨가하여 부정문을 만드는 방법이다. 두 번째 방법은 뒤에 다시 배우기로 하고 여기서는 첫 번째 방법에 대해서만 배우기로 하겠다.

영어와 달리 이탈리아어의 일반 부정문은 훨씬 단순하다. 영어의 not에 해당하는 **non을 동사 앞에 위치**시키면 문의 전체 성격을 긍정에서 부정으로 변화시킬 수 있다. 영어의 경우에는 동사의 성격에 따라 부정문을 만드는 방법이 약간 다르지만, 이탈리아어의 경우에는 동사의 성격에 상관없이 동사 앞에 non을 위치시키기만 하면 일반 부정문이 형성되는 것이다.

Es. Non è tuo padre. (그는 너의 아버지가 아니다)
Non abbiamo i biglietti di questa partita. (우리는 이 경기의 표가 없다)
Non ne posso fare di più. (나는 더 이상 할 수 없다)

Non sta bene. (그는 잘 지내지 못한다)

3) 의지문(Le frasi volitive)

다른 언어들에서는 일반 긍정문에 포함시키기도 하는 의지문이란 명령(comando), 욕구(desiderio), 권고(esortazione), 양보(concessione) 등을 나타내는 문을 말하며, 문장의 성격에 따른 구분이라 볼 수 있다.

Es. Andate via di qui! (너희들 여기서 가버려!)
Dio te ne renda merito! (신은 너에게 은총을 베풀지라!)
Ci pensi bene. (그것에 대해 잘 생각하시오.)

4) 의문문(Le frasi interrogative)

이탈리아어에서 의문문은 문장의 성격에 따라 4가지로 분류할 수 있는데; 부분 의문문, 전체 의문문, 선택 의문문, 수사적 의문문의 4가지로 분류할 수 있다.

① 부분 의문문

문장의 여러 부분들 중에서 단지 한 부분에 대한 질문을 구할 때 사용하는 의문문이다. 대답은 긍정과 부정의 의미를 표현하는 것이 아니라 해당 질문 사항에 대한 답을 요한다. 보통 의문사를 사용하여 질문할 때 사용되는 의문문의 형태라 볼 수 있다. 이 같은 의문문을 만드는 방법은 다음과 같은데; '의문문+동사+보어/목적어?' 의 형태를 취하며, 일반적으로 주어는 생략하는 경우가 많다. 이때 사용하는 의문사는 질문의 성격에 따라 의문 형용사나 의문 대명사 또는 의문 부사이다.

Es. Chi è lui? (그는 누구입니까?)
Che cosa fai domani? (너는 내일 무엇을 할거니?)
Dove vai? (너 어디에 가니?)
Quando venite? (언제 너희들은 올 거지?)

② 전체 의문문

문장 전체에 대한 긍정이나 부정을 요하는 질문에 사용되는 의문문이다. 따라서 긍정이나 부정의 대답을 요하므로 **sì** 나 no로 대답하는 경우의 의문문이 이에 해당한다. 전체 의문문을 만드는 방법에는 크게 3가지가 있는데, 일반 평서문에 끝 부분에 억양을 주고 의문 부호를 부치면 의문문으로의 전환이 가능하다. 두 번째는 동사를 문의 앞에 위치시키고 그 뒤에 보어나 목적어를 위치시키고 주어를 위치시킨 뒤 의문 부호를 넣는 방법이다. 이 경우는 주어를 좀 더 강조하기 위하여 사용하는 방법이다. 세 번째는 보어나 목적어와 주어의 위치를 바꾸어 의문문을 만드는 방법으로 보어와 목적어를 강조하기 위하여 사용하는 방법이다.

Es. Questo è il tavolo? (이것은 테이블입니까?)
È il tavolo questo? (이것이 테이블입니까? – 주어의 강조)
È questo il tavolo? (이것이 테이블입니까? – 보어의 강조)
È coreano? (한국사람입니까?)
Vai a Milano? (너 밀라노에 가니?)
Usciamo adesso? (우리 지금 나갑니까?)

③ 선택 의문문

두 개 이상의 요소 중에서 선택을 요하는 경우에 사용하는 의문문의 형태이다.

Es. Prendi un caffè o un amaro?
(커피를 마시겠니 아니면 아마로를 마시겠니?)
Vuole fare una passeggiata o un riposo?
(당신은 산책을 하시겠습니까, 아니면 휴식을 취하시겠습니까?)

④ 수사적 의문문 ; 의문에 대한 답을 요하는 것이 아니라 이미 대답 안에 긍정 혹은 부정의 답을 예상하고 질문하는 경우에 사용하는 의문문의 형태이다.

Es. Chi non ha sofferto per amore?
(사랑 때문에 고통을 겪어보지 않았던 사람이 누가 있겠습니까?)
Sei stanco, è vero?`
(너 피곤하지, 그렇지?)

5) 감탄문(Le frasi esclamative)

감탄문의 억양은 내려간다. 문의 형식을 갖추어 감탄문을 만들 수도 있으며, 동사가 아닌 단어를 하나 혹은 두 개 이상을 사용하여 감탄문을 만들 수도 있다.

Es. Oh, mi dispiace! (오, 미안합니다!)
Come è bello! (얼마나 아름다우냐!)
Che peccato! (참 애석하군요!)
Ottima idea! (아주 좋은 생각이군요!)

C'è 와 ci sono

① 개요

먼저 ci가 의미하는 바를 알아야 하는데, 이탈리아어에는 소사라는 문법적 사항이 있는데, 이는 각각의 용법에 따라 그 의미가 약간 다른데, 일반적으로 전치사/부사/대명사들이 상황에 따라 혼용되어 사용된다고 볼 수 있다. 보통 ci와 ne가 대표적인 소사이며, ci에는 수많은 용법이 있지만 뒤에 다시 보다 자세히 다루기로 하고, 여기서는 ci가 가지고 있는 여러 용법들 중에서 기본적인 용법에 대하여만 다루도록 하겠다.

② Essere 동사와 결합하여 '존재하다/있다' 의 의미를 갖는 ci

가장 기본적인 용법 중의 하나는 ci가 essere 동사와 결합하여 사용되는 경우이다.

이때의 의미는 영어의 there is나 there are와 유사한 뜻이며, 뒤에 오는 명사의 수에 따라 단수일 경우에는 c'è로 복수는 ci sono의 형태로 사용된다. 단수의 c'è는 ci è의 축약형이며, ci sono는 복수형 명사와 함께 그대로 사용한다.

Es. 1. Ci sono dei libri qui? (여기에 책들이 있습니까?)
⇨ No, qui non ci sono dei libri. (아니오, 여기에는 책들이 없습니다)
2. Quanti libri ci sono? (몇 권의 책이 있습니까?)
⇨ Ci sono tre libri. (3권의 책이 있습니다)
3. Che cosa c'è nella borsa? (가방 안에는 무엇이 있습니까?)
⇨ C'è un libro. (책이 한권 있습니다)
4. Quante persone ci sono nella stanza? (이 방에는 몇 사람이 있습니까?)
⇨ Ci sono Dieci persone. (열 사람이 있습니다)
5. C'è la signorina Lee? (이양 있습니까?)
⇨ No, non c'è. (아니오, 없습니다)

단어정리 가정용 공구 및 용품들과 관련된 용어

trapano sm. 못이나 구멍을 뚫는 공구
aspiapolvere sm. 진공 청소기
sega sm. 톱
chiodo sm. 못
vite sf. 나사
pinza sf. 펜찌
tenaglia sf. 못이나 나사 등을 뽑는 기구
chiave fissa doppia sf. 스페너
cacciavite sf. 드라이버
martello sm. 망치
carta per confezioni regalo 선물용 포장지
mobile da stiro sm. 다리미판
lampadino sm. 전구
multipresa sf. 멀티 콘세트
avvolgicavo sm. 전기선이 달린 연결용 콘세트(보통 감을 수 있게 되어 있음)
prolunga sf. 연결 플러그 및 콘세트(긴 전기선 양쪽에 각각 콘세트와 플러그 부착)
pila sf. 건전지
adattatore sm. 어댑터
idropittura sf. 수성 페인트
colla sf. 본드 혹은 풀
stendibiancheria sf. 빨래 건조대
smalto sm. 니스
elettroradiatore sm. 전기 라디에이터
scarpiera sf. 신발장
termoconventore sm. 전기 온풍기
scopa sf. 빗자루

회화 전화 걸기

Il telefonare

Maria : Pronto?

Marco : Pronto, buon giorno. Sono Marco, c'è Claudio?

Maria : Sì, c'è. Un attimo.

Marco : Come stai, Claudio?

Claudio : Eh, chi è Lei(chi parla)?

Marco : Sono Marco.

Claudio : Ah! Marco, sto bene, grazie e tu?

Marco : Anch'io sto bene. Senti, domani c'è un concerto a scuola. Se vuoi, andiamo al concerto insieme!

Claudio : Va bene, A che ora comincia quel concerto?

Marco : Alle 7 di sera

Claudio : Ci vediamo domani sera, ciao, ciao!

Marco : D'accordo. Ciao, ci vediamo sette!

Esercizio

1. 다음의 질문에 대답하시오.

1) Che cosa c'è sul tavolo? (un libro)
2) Che cosa c'è sulla borsa? (le chiave)
3) Che cosa c'è nella camera? (un letto)
4) Che cosa c'è sul banco? (dei giornali)
5) Che cosa c'è nel cassetto? (due matite)
6) Che cosa c'è sulla sedia? (un foglio)
7) Che cosa c'è nel vaso? (dei fiori)
8) Che cosa c'è sulla scrivania? (una lettera)
9) Che cosa c'è nella scatola? (le penne)

2. 다음의 글을 한국어로 옮기시오.

Nella camera

Ecco, questa è la mia camera. C'è un comodino a destra del letto e un bel como a sinistra. Di fronte al letto c'è un armadio comodo e, davanti alla finestra, una scrivania. Sopra la scrivania c'è una lampada: se vuole studiare di sera non deve preoccuparsi: nel prezzo d'affitto è compresa anche la luce. La camera è calda perchè, come vede, sotto la finestra c'è un radiatore molto grande e il riscaldamento è acceso per molte ore al giorno. Va vene?

동사 I 10

(Verbo)

Ⅰ. 동사의 일반적 개념과 종류

1. 개념

동사는 명사와 함께 가장 중요하고 기본적인 품사이다. 특히 이탈리아어는 동사의 변화가 그 어느 언어들보다 심하기 때문에 이탈리아어를 처음 배우는 이들에게 가장 어려운 부분이 바로 이 점이라 할 수 있다. 하나의 문장에서 동사가 갖는 의미는 문의 구성에 절대적 기준이라는 점에서 특히 동사에 대한 정확한 이해야말로 말을 하거나 글을 읽을 때 가장 중요한 부분이다. 더군다나 이탈리아어는 동사에 문의 인칭, 시제, 법, 수(성이 나타날 경우도 있지만 보통 수만 정확하게 표현된다)가 명확하게 드러난다는 점에서 동사에 대한 파악이 중요한 것이다. 동사와 관련된 각각의 요소들(인칭, 시제, 법, 성과 수)에 대하여는 이미 전장에서 언급이 되었기 때문에 여기서는 타동사와 자동사에 대한 구분만을 간략하게 다루기로 하겠다.

2. 동사의 분류와 의미

자동사와 타동사의 가장 간단한 구분 방법은 목적의 대상이 되는 목적어의 유무에 의해 자동사와 타동사를 구분할 수 있다. 목적어가 있는 동사가 타동사이며, 목적어가 없는 동사를 자동사라 할 수 있다. 동사에 대한 정확한 구분은 문장을 해석하거나 말을 할 때 매우 중요한 의미를 갖는데, 특히 동사가 타동사일 경우에는 문장의 해석이나 회화에서 정확하게 이를 구분하고 사용하는 것이 중요하기 때문이다. 다음의 문장들은 자동사와 타동사를 구분한 예문이다.

Es.	Paolo incontra un professore.	(빠올로는 교수님을 만난다)
	Leggo il libro.	(나는 책을 한 권 읽는다)
	Loro comprano dei vestiti.	(그들은 옷을 몇 벌 산다)
	Devi avere pazienza.	(너는 인내해야 한다)
	Noi aspettiamo l'autobus.	(우리는 버스를 기다린다)
	Voi passate molte ore a casa.	(너희들은 집에서 많은 시간을 보낸다)
	Studiamo all'niversità.	(우리는 대학에서 공부한다)
	A che ora vai a scuola?	(너는 몇 시에 학교에 가니?)
	Lei viaggia molto in Italia.	(당신은 이탈리아를 많이 여행합니다)
	Dove lavorate?	(너희들은 어디서 일하니?)
	Cammino un po' dopo la cena.	(나는 저녁 후에 잠깐 걷는다)
	Vuoi dormire in albergo oggi?	(너는 오늘 호텔에서 자려고 하니?)

☞ 이와 같은 예에서 보듯이 동사의 구분은 정확한 언어의 사용을 위해서 매우 중요하다는 것을 알 수 있다.

Ⅱ. 동사 변화

1. 개념

언어적으로 라틴어로 분류되는 이탈리아어는 속성상 변화가 심한 편이다. 특히 동사의 변화는 위에서 언급한대로 인칭, 시제, 법, 수(성을 포함)에 의해 명확하게 변화하기 때문에 **동사의 형태를 보고 문장의 성격을 판단할 수 있다**. 그런데 이들 동사의 모양을 살펴보면 어미의 형태를 기준으로 크게 3가지로 구분하여 그 각각의 형태 변화형에 따라 -are 동사군, -ere 동사군, -ire 동사 군으로 분류하는 것이 일반적이다. 굴절어인 이탈리아어는 어형 변화가 어미를 통해 이루어지기 때문에 거의 모든 가변 품사에서 어간과 어미의 구분이 중요하다. 동사 역시 이러한 구분에 의해 변화하는 어미의 모양을 기준으로 동사의 형태를 분류하면 위에서 언급한 3가지 형태의 동사로 구분할 수 있는 것이다.

2. 직설법 현재시제 규칙 동사변화

1) 제 1군 동사형 (-are 동사군) :parlare(말하다, 이야기하다)의 변화형

io	parl***o***	noi	parl***iamo***
tu	parl***i***	voi	parl***ate***
lui/lei/Lei	parl***a***	loro/Loro	parl***ano***

Es. Parla italiano Lei a casa? (당신은 집에서 이탈리아어를 말합니까?)

➡ No, non parlo italiano. (아니오, 나는 이탈리아어를 말하지 않습니다)

Che lingua parla? (당신은 어떤 언어를 이야기합니까?)

➡ Parlo coreano. (나는 한국어를 이야기합니다)

Che lingua parla in classe?(당신은 교실에서 어떤 언어를 이야기합니까?)

➡ Parlo italiano. (나는 이탈리아어를 말합니다)

Quante lingue parli? (너는 몇 개 언어를 말하니?)

➡ Parlo spagnolo, portoghese, e un po'd'italiano.

(나는 스페인어, 포르투갈어, 그리고 이탈리아어를 조금 이야기합니다)

Che lingua parlano Loro in classe?

(당신들은 교실에서 어떤 언어를 이야기합니까?)

➡ In classe, parliamo italiano.

(교실에서 우리는 이탈리아어를 말합니다)

Che lingua parlate voi? (너희들은 어떤 언어를 말합니까?)

➡ Parliamo inglese. (우리는 영어를 말합니다)

이와 같이 규칙적으로 변하는 -are 동사형에는 다음과 같은 동사들이 속한다.

표기	io	tu	lui/lei/Lei
mandare 보내다	mando	mandi	manda
incontrare 만나다	incontro	incontri	incontra
abitare 살다	abito	abiti	abita
restare 남다	resto	resti	resta
frequentare 다니다	frequento	frequenti	frequenta
fumare 담배피우다	fumo	fumi	fuma
amare 사랑하다	amo	ami	ama
telefonare 전화하다	telefono	telefoni	telefona
insegnare 가르치다	insegno	insegni	insegna
passare 지나다	passo	passi	passa
lavare 씻다	lavo	lavi	lava
regalare 선물하다	regalo	regali	regala
ascoltare 듣다	ascolto	ascolti	ascolta
portare 가져가다	porto	porti	porta
salutare 인사하다	saluto	saluti	saluta
aiutare 도와주다	aiuto	aiuti	aiuta
preparare 준비하다	preparo	prepari	prepara
imparare 배우다	imparo	impari	impara
lavorare 일하다	lavoro	lavori	lavora
sperare 기원하다	spero	speri	spera
desiderare 원하다	desidero	desideri	desidera
comprare 사다	compro	compri	compra
guardare 쳐다보다	guardo	guardi	guarda
ricordare 기억하다	ricordo	ricordi	ricorda

표기	noi	voi	loro/Loro
mandare 보내다	mandiamo	mandate	mandano
incontrare 만나다	incontriamo	incontrate	incontrano
abitare 살다	abitiamo	abitate	abitano
restare 남다	restiamo	restate	restano
frequentare다니다	frequentiamo	frequentate	frequentano
fumare 담배피우다	fumiamo	fumato	fumano
amare 사랑하다	amiamo	amate	amano
telefonare 전화하다	telefoniamo	telefonate	telefonano
insegnare가르치다	insegniamo	insegnate	insegnano
passare 지나다	passiamo	passate	passano
lavare 씻다	laviamo	lavate	lavano
regalare 선물하다	regaliamo	regalate	regalano
ascoltare 듣다	ascoltiamo	ascoltate	ascoltano
portare 가져가다	portiamo	portate	portano
salutare 인사하다	salutiamo	salutate	salutano
aiuto 도와주다	aiutiamo	aiutate	aiutano
preparare준비하다	prepariamo	preparate	preparano
imparare 배우다	impariamo	imparate	imparano
lavorare 일하다	lavoriamo	lavorate	lavorano
sperare 기원하다	speriamo	sperate	sperano
desiderare 원하다	desideriamo	desiderate	desiderano
comprare 사다	compriamo	comprate	comprano
guardare 쳐다보다	guardiamo	guardate	guardano
ricordare 기억하다	ricordiamo	ricordate	ricordano

Es. Mario sempre guarda la TV. (마리오는 항상 텔레비젼을 본다)

Domando a Marco quando torna a casa. (나는 마르꼬에게 언제 돌아오는 지를 묻는다)

Loro imparano l'taliano da tre mesi. (그들은 이탈리아어를 3개월 전부터 배우고 있다)

Ricordi il numero di telefono di Paolo? (너는 빠올로의 전화번호를 기억하니?)

Noi compriamo dei libri. (우리는 책 몇 권을 산다)

Che cosa voi mangiate? (너희들은 무엇을 먹니?)

Sandra manda un messaggio di fax. (산드라는 팩스 메시지를 하나 보낸다)

Noi abitiamo in Via Dante. (우리는 단테가에 산다)

Carlo e Paola incontrano all'università. (까를로와 빠올라는 대학에서 만난다)

그러나 이러한 동사들과 달리 규칙동사이지만 약간 다르게 활용되는 동사가 있는데, -are어미 앞에 i가 붙는 -iare 형태이거나 c나 g가 붙는 -care, -gare 형태의 동사들이다.

	io	tu	lui/lei/Lei	noi	voi	loro/Loro
studiare 공부하다	studi***o***	studi	studi***a***	studi***amo***	studi***ate***	studi***ano***
avviare 발송하다	avvi***o***	avvi***i***	avvi***a***	avvi***amo***	avvi***ate***	avvi***ano***
giocare 놀다	gioc***o***	gioc***hi***	gioc***a***	gioc***hiamo***	gioc***ate***	gioc***ano***
pagare 지불하다	pag***o***	pag***hi***	pag***a***	pag***hiamo***	pag***ate***	pag***ano***

Es. Studio fino a tardi. (나는 공부를 늦게까지 한다)

Studiamo il francese. (우리는 프랑스어를 공부한다)

Gioco a tennis con i miei amici. (나는 나의 친구들과 테니스를 한다)

Giochiamo a carte nel salone. (우리는 거실에서 카드놀이를 한다)

Paga le tasse entro questo mese. (그는 이달 안에 세금을 지불한다)

Paghiamo il frigo in contanti / con un assegno / a rate.(우리들은 냉장고 값을 현금으로/수표로/할부로 지불한다)

iare로 끝나는 동사 중에서 -iare의 i에 악센트가 있는 경우(avviare)에는 단수 2인칭에서는 i가 생략되지 않지만, 복수 1인칭과 그 외 i로 시작되는 형태의 인칭 앞에서는 i가 생략된다. 그러나 i에 악센트가 없는 동사들의 경우에는 2인칭 단수와 복수에서 i가 중복되지 않음을 알 수 있고, -care, -gare로 끝나는 동사의 경우에는 발음의 전성을 막기 위해 2인칭 단수와 1인칭 복수에서 보조음 h를 삽입시켜 발음하는 것을 볼 수 있다. 이러한 형태로 활용되는 동사들은 다음과 같다.

	io	tu	lui/lei/Lei	noi	voi	loro/Lore
cominciare 시작하다	comincio	cominci	comincia	cominciamo	cominciate	cominciaano
viaggiare 여행하다	viaggio	viaggi	viaggia	viaggiamo	viaggiate	viaggiano
mangiare 먹다	mangio	mangi	mangia	mangiamo	mangiate	mangiano
baciare 키스하다	bacio	baci	bacia	baciamo	baciate	baciano
consigliare 충고하다	consiglio	consigli	consiglia	consigliamo	consigliate	consigliano
cercare 찾다	cerco	cerchi	cerca	cerchiamo	cercate	cercano
caricare 싣다	carico	carichi	carica	carichiamo	caricate	caricano
dimenticare 잊다	dimentico	dimentichi	dimentica	dimentichiamo	dimenticate	dimenticano
pregare 기도하다	prego	preghi	prega	pregahimo	pregate	pregano
spiegare 설명하다	spiego	spieghi	spiega	spieghiamo	spiegate	spiegano

Es. Cominciamo un discorso. (우리는 대화를 시작한다)

Mangiate o no? (너희들은 먹을거니 안먹을거니?)

Bacia la mano a una signora. (그는 한 부인의 손에 키스한다)

Consiglio gli amici. (나는 친구들에게 조언한다)

Cercate questo disco? (너희들은 이 디스켓을 찾니?)

Il professore spiego il sostantivo. (교수님은 명사를 설명하신다)

Noi carichiamo le nostre valigie sulla macchina.

(우리는 우리들의 짐을 차에 싣는다)

단어정리 인체와 관련된 용어(1)

i capelli sm. pl. 머리칼(보통 복수로 사용)
la testa sf. 머리
il viso(la faccia) sm.(sf.) 얼굴
l'orecchio(gli orecchi) sm. 귀
la membrana del timpano sf. 고막
l'occhio(gli occhi) sm. 눈
la cornea sf. 각막
il nervo ottico sm. 시신경
il naso sm. 코
la bocca sf. 입
il dente(i denti) sm.(pl.) 이, 치아
le gengive sf. pl. 잇몸 (보통 복수로 사용)
la fronte sf. 이마
la guancia sf. 뺨
il sopracciglio(le sopracciglia) sm.(pl.) 눈썹 (보통 복수로 사용)
il ciglio(le ciglia) sm.(pl.) 속눈썹 (보통 복수로 사용)
i baffi sm.(pl.) 콧수염 (보통 복수로 사용)
la pupilla sf. 동공
la barba sf. 턱수염
il mento sm. 턱
le labbra sf.(pl.) 입술(보통 복수로 사용)

회화 세친구들의 한담 (Una chiacchierata fra ter amici)

Claudia : Ciao, Paolo, come stai?

Paolo : Bene grazie, e tu?

Claudia : Non molto bene.

Paolo : C'è qualcosa che non va?

Claudia : Non trovo una camera di mio gusto. Tu sei soddisfatto della tua?

Paolo : Sì, molto.

Claudia : Davvero? Ma tu abiti solo o con altri studenti?

Paolo : Abito con una famiglia italiana.

Claudia : Convivere con altri è un po´ scomodo, no? Ho voglio di stare tranquilla per studiare.

Paolo : Però, in questa famiglia non ci sono problemi. Andiamo al bar, così continuiamo la chiacchierata?

Claudia : Sì, va bene, volentieri.

강독 Radio city(1): prima parte - La radio

A Torino sono le dieci del mattino. Paola, una ragazza di 24 anni, comicia a lavorare. Fa la D.J. a Radio City. Alla radio telefonano molte persone per parlare del rock femminile. Nel pomeriggio Paola deve fare un'intervista a Gloria, una famosa rock star. La sera c'è un concerto della cantante al teatro Verdi.

Alle dodici e trenta Paola va a mangiare in un piccolo ristorante in via Roma. Qui conosce Luca, un ragazzo piemontese. Luca lavora in un negozio di musica. I due decidono di andare insieme al concerto di Gloria.

Nel pomeriggio Paola è alla radio. Sta aspettando Gloria per l'intervista. Ma la cantante telefona e dice di essere ancora a Milano, sulla strada. La sua macchina è rotta. Un uomo con casco da motociclista dà un biglietto alla cantante. Sopra c'è scritto: "Basta con la brutta musica! Basta con il rock!, Nello stesso momento Luca sta lavorando nel negozio di dischi. A quell'ora c'è molta gente. Due ragazzi discutono con un signore.

L'uomo è un vecchio colonnello, si chiama Mario Salti; colpisce i due ragazzi con un disco e poi dice di essere stanco dei giovani e della loro musica.

La sera Paola e Luca sono al teatro Verdi per il concerto, Ma Gloria ha paura di M.S. e non vuole cantare. Dall'alto del teatro cadono molti biglietti. Sopra ci sono queste parole: "Basta con la brutta musica! Basta con il rock!, "Se Gloria non vuole morire non deve più cantare. M.S.!,

Dieci minuti dopo, Luca e Paola sono al bar di fronte al teatro. C'è anche il colonnello Mario Salti. Paola dice che il vecchio e M.S. sono la stessa persona, ma Luca non è d'accordo. Alla fine i due ragazzi decidono di andare il giorno dopo a Milano, a casa di Gloria, per fare l'intervista.

Italiano Facile 시리즈 중에서 일부 발췌

Esercizio

① 다음 질문에 답하시오.

1) Dove studi? (all'università)
2) Chi saluti? (il professore)
3) Dove lavori? (in banca)
4) Cosa guardi? (la televisione)
5) Cosa prepari? (la tesi)
6) Cosa aspetti? (l'autobus)

② 다음 문장을 복수 주어형 문장으로 바꾸시오.

1) Lui aspetta l'autobus. ➡
2) Lui passa molte ore a casa. ➡
3) Lei resta in biblioteca ➡
4) Lei parla di politica. ➡
5) Lui incontra il professore. ➡
6) Lei frequenta l'università. ➡

③ 다음 동사들을 주어의 인칭에 맞게 변형시키시오.

1) (Io-domandare) a Marco quando torna a casa.
2) Il professore Park (insegnare) all'università.
3) Luisa e Anna (parlare) la lingua italaiana.
4) Voi non (ricordare) l'indirizzo di Dino?
5) A Nina che cosa (comprare) noi?
6) Io (viaggiare) volentieri in treno.
7) Sandra (mangiare) sempre a casa.

동사 Ⅱ 11

(Verbo)

Ⅱ. 동사 변화

2. 직설법 현재시제 규칙 동사변화

2) 제 2군 동사형(-ere 동사군)

io	scriv*o*	**noi**	scriv***iamo***
tu	scriv*i*	**voi**	scrive*te*
lui/lei/Lei	scriv*e*	**loro/Loro**	scriv***ono***

Es. Io scrivo con la mano destra. (나는 오른손으로 글을 쓴다)
Tu scrivi gli esercizi. (너는 연습문제들을 쓴다)
Carlo scrive con la penna sul quaderno.
(까를로는 공책 위에 펜으로 쓴다)
Noi scriviamo una lettera a nostro zio.
(우리는 우리 삼촌에게 편지 한 장을 쓴다)
Voi scrivete una cartolina. (너희들은 엽서를 한 장 쓴다)
Loro scrivono i loro nomi sulla lavagna.
(그들은 칠판 위에 그들의 이름을 쓴다)

▶ 다음은 -ere 동사 군에 속하는 주요 동사의 변화형이다.

	io	tu	lui/lei/Lei	noi	voi	loro/Loro
vivere 살다	vivo	vivi	vive	viviamo	vivete	vivono
leggere 읽다	leggo	leggi	legge	leggiamo	leggete	leggono
conoscere 알다	conosco	conosci	conosce	conosciamo	conoscoete	conoscono
chiedere 묻다	chiedo	chiedi	chiede	chiediamo	chiedete	chiedono
prendere 잡다	prendo	prendi	prende	prendiamo	prendete	prendono
vedere 보다	vedo	vedi	vede	vediamo	vedete	vedono
spendere 쓰다	spendo	spendi	spende	spendiamo	spendete	spendono
ridere 웃다	rido	ridi	ride	ridiamo	ridete	ridono
vendere 팔다	vendo	vendi	vende	vendoiamo	vendete	vendono
chiudere 닫다	chiudo	chiudi	chiude	chiudiamo	chiudete	chiudono
crescere 자라다	cresco	cresci	cresce	crescoiamo	crescete	crescono
scendere 내려가다	scendo	scendi	scende	scendoiamo	scendete	scendono
perdere 잃다	perdo	perdi	perde	perdoiamo	perdete	perdono
credere 믿다	credo	credi	crede	crediamo	credete	credono
decidere 결정하다	decido	decidi	decide	decidiamo	decidete	decidono
temere 두려워하다	temo	temi	teme	temiamo	temete	temono
correre 뛰다	corro	corri	corre	corriamo	correte	corrono
ricevere 받다	ricevo	ricevi	riceve	riceviamo	ricevete	ricevono
discutere 토론하다	discuto	discuti	discute	discutiamo	discutete	discutono
rendere 돌려주다	rendo	rendi	rende	rendiamo	rendete	rendono
cadere 떨어지다	cado	cadi	cade	cadiamo	cadete	cadono
accendere 켜다	accendo	accendi	accende	accendiamo	accendete	accendono

Es. Paul e Mary conoscono già l'taliano.

(폴과 메리는 이미 이탈리아어를 안다)

Mario chiede a Carlo dove è la mensa.

(마리오는 까를로에게 구내식당이 어딘 지를 묻는다)

Voi leggete il giornale ogni giorno?(너희들은 매일 신문을 읽느냐?)
Io rispondo sempre alla lettere. (나는 항상 편지에 답장한다)
Che cosa prendo dalla scatola? (나는 상자에서 무엇을 잡습니까?)
➡ Lei prende una sigaretta. (당신은 담배 한 개피를 잡습니다)
Che cosa accendete voi nella sala? (너희들은 방에서 무엇을 켭니까?)
➡ Accendiamo la TV. (우리는 텔레비전을 켭니다)
Che cosa mette sul tavolo? (테이블 위에 무엇을 놓습니까?)
➡ Ci mette un quaderno. (거기에 공책 한 권을 놓습니다)
Che cosa ricevono dal loro padre? (그들은 그들의 아버지로부터 무엇을 받습니까?)
➡ Ricevono i soldi. (돈을 받습니다)
Dove vive Lei? (당신은 어디에 삽니까?)
➡ Vivo in via Roma 12. (나는 로마 가12번지에 삽니다)
Vendono i mobili usati. (그들은 중고 가구를 팝니다)
Corro tutto il giorno. (나는 하루종일 뜁니다)
Scendete con l'ascensore oppure a piedi? (너희들은 승강기로 내려가니 걸어서 내려가니?)
Loro perdono buon'occasione. (그들은 좋은 기회를 잃는다)

☞ -ere 동사형에는 -orre, -arre, -urre로 끝나는 동사들도 제 2군 변화형인 –ere 동사 군에 포함되지만, 대부분 불규칙 변화형 동사이므로 불규칙 동사를 다룬 장에서 다시 다루기로 하겠다.

3) 제 3군 동사형(–ire 동사군)의 1변화형

▶ partire(출발하다)의 변화 형태

io	**part*o***	**noi**	**part*iamo***
tu	**part*i***	**voi**	**part*ite***
lui/lei/Lei	**part*e***	**loro/Loro**	**part*ono***

위의 변화에서 보는 바와 같이 복수 2인칭의 변화형만이 -ere 동사의 변화형과 차이(-ete:-ite)가 있을 뿐 그 외의 인칭에 따른 변화형태는 -ere 동사 군이나 -ire 동사 군이 동일하다.

Es. Partiamo oggi. (우리는 오늘 떠난다)

Parti per Firenze. (너는 피렌체로 떠난다)

Partono con il treno o in pullman?

(그들은 기차로 떠납니까 혹은 고속버스로 떠납니까?)

A che ora parte Lei stamattina per Milano?

(오늘 아침 몇 시에 당신은 밀라노로 떠납니까?)

➡ Parto alle 8 di mattina. (나는 아침 8시에 떠납니다)

Con chi partite voi? (너희들은 누구와 떠납니까?)

➡ Partiamo con Paolo. (우리는 빠올로와 떠납니다)

▶ **이러한 제 1변화를 하는 동사들은 다음과 같은 동사들이다.**

	io	tu	lui/lei/Lei	noi	voi	loro/Loro
dormire 잠자다	dormo	dormi	dorme	dormiamo	dormite	dormono
servire 사용되다	servo	servi	serve	serviamo	servite	servono
aprire 열다	apro	apri	apre	apriamo	aprite	aprono
sentire 느끼다	sento	senti	sente	sentiamo	sentite	sentono
seguire 쫓다	seguo	segu	segue	seguiamo	seguite	seguono
soffrire 고통받다	soffro	soffri	soffre	soffriamo	soffrite	soffrono
coprire 덮다	copro	copri	copre	copriamo	coprite	coprono
vestire 입다	vesto	vesti	veste	vestiamo	vestite	vestono
fuggire 도망가다	fuggo	fuggi	fugge	fuggamo	fuggite	fuggono
avvertire 알리다	avverto	avvert	avverte	avvertiamo	avvertite	avvertono

Es. Io apro la finestra. (나는 창문을 엽니다)

Perché apri la porta della mia stanza?

(왜 너는 내 방문을 열려고 하니?)

Paolo apre la libreria. (빠올로는 서점을 연다)

Tutti i negozi aprono alle nove. (모든 상점들은 9시에 문을 연다)

Apriamo la finestra per vedere un bel giardino. (우리는 아름다운 정원을 보기 위해 창문을 엽니다)

Dorme alle 23 ogni giorno. (그는 매일 23시에 잠을 잡니다)

Mi serve questo libro.	(나에게 이 책이 필요합니다)
Viestite troppo elegantemente questa sera.	(오늘 저녁에 너희들은 너무 우아하게 옷을 입는다)
Non senti freddo?	(춥지 않니?)
Questa volta vi offriamo noi.	(이번에는 우리가 너희들에게 제공하겠다/우리가 너희들을 위해 돈을 내겠다는 의미)
Soffro mal di testa.	(나는 두통을 겪고 있다)
Fuggono dalla casa in fiamme.	(화재가 난 집에서 그들은 도망친다)

4) 제 3군 동사형(-ire 동사군)의 2변화형(-isc-형) : finire(끝나다)의 변화 형태

io	**fin*isco***	**noi**	**fin*iamo***
tu	**fin*isci***	**voi**	**fin*ite***
lui/lei/Lei	**fin*isce***	**loro/Loro**	**fin*iscono***

Es. Mario finisce di studiare quest'anno? (마리오는 올해에 공부를 끝내니?)

No, lui finisce fra due anni.	(아니, 그는 2년 후에 끝내)
Anche tu finisci fra due anni?	(너도 2년 후에 공부를 마치니?)
No, io finisco quest'anno.	(아니, 나는 올해에 끝내)
Quando finite il vostro lavoro?	(언제 너희들은 일을 끝마치니?)
Finiamo alle 7 di sera.	(우리는 저녁 7시에 끝냅니다)

복수 1인칭과 복수 2인칭에서만 일반형에 준하여 변화할 뿐, 그 외의 인칭에서는 -isc-가 첨가된 상태에서 일반형의 인칭 변화형과 동일하게 변화한다. 이와 같은 변화형을 취하는 동사들은 다음과 같다.

	io	tu	lui/lei/Lei	noi	voi	loro/Loro
capire 이해하다	capisco	capisci	capisce	capiamo	capite	capiscono
unire 합치다	unisco	unisci	unisce	uniamo	unite	uniscono
spedire 부치다	spedisco	spedisci	spedisce	spediamo	spedite	spediscono
obbedire 복종하다	obbedisco	obbedisci	obbedisce	obbediamo	obbedite	obbediscono
proibire 금지하다	proibisco	proibisci	proibisce	proibiamo	proibite	proibiscono

preferire	선호하다	preferisco	preferisci	preferisce	preferiscam	preferiscite	preferiscono
pulire	청소하다	pulisco	pulisci	pulisce	puliamo	pulite	puliscono
punire	벌주다	punisco	punisci	punisce	puniamo	punite	puniscono
istruire	교육하다	istruisco	istruisci	istruisce	istruiamo	istruite	istruiscono
smarrire	분실하다	smarrisco	smarrisci	smarrisce	smarriamo	smarrite	smarriscono
restituire	돌려주다	restituisco	restituisci	restituisce	restituiamo	restituite	restituiscono
aderire	부착하다	aderisco	aderisci	aderisce	aderiamo	aderite	aderiscono
agire	행동하다	agisco	agisci	agisce	agiamo	agite	agiscono
dimagrire	마르다	dimagrisco	dimagrisci	dimagrisce	dimagriamo	dimagrite	dimagriscono
abolire	폐지하다	abolisco	abolisci	abolisce	aboliamo	abolite	aboliscono

Es. Preferisce un tè o un altro caffè?
(당신은 차를 선택하시겠습니까 아니면 다른 커피를 선택하시겠습니까?)
Mario e Teresa preferiscono mangiare al ristorante.
(마리오와 떼레사는 레스토랑에서 먹는 것을 좋아한다)
Mio marito pulisce l'automobile.
(나의 아버지는 자동차를 세차하신다)
Capite l'ataliano?
(너희들은 이탈리아어를 아느냐?)
➡ Noi capiamo bene, se parlate lentamente.
(만약 당신이 천천히 말씀하시면, 우리는 잘 이해합니다)
Stamattina spedisco una lettera a mia moglie.
(오늘 아침에 나는 아내에게 편지 한 장을 부친다)
La tapezzeria aderisce alla parete.
(벽걸이용 카펫이 벽에 부착되어 있다)
Agiscono sempre insieme.
(그들은 항상 함께 행동한다)
Distribuisce le carte.
(그는 서류를 분배한다)
Le disgrazie uniscono gli uomini.
(불행이 사람들을 합치게 한다)

Ti proibisco di alzarti.
(나는 너에게 일어나지 못하도록 한다)
La mamma pulisce la casa dopo il pranzo.
(어머니는 점심 후에 청소를 하신다)

단어정리 인체와 관련된 용어(2)

il collo sm. 목

la spalla sf. 어깨

il petto sm. 가슴

il gomito sm. 팔굼치

il braccio(le braccia) sm. 팔(복수형은 불규칙)

la mano(le mani) sf. 손

la gamba sf. 다리

il dito(le dita) sm. 손가락 또는 발가락(복수형은 불규칙)

il piede(i piedi) sm. 발

il muscolo sm. 근육

il sistema circolatorio sm. 순환계

la vena sf. 정맥

l'arteria sf. 동맥

il sistema nervoso sm. 신경계

il cervollo sm. 뇌

lo schelotro sm. 골격

l'apparato respiratorio sm. 호흡기

la trachea sf. 기관

i bronchi sm. pl. 기관지(보통 복수형으로 사용)

l'apparato digerente sm. 소화기

i polmoni sm. pl. 폐

il fegato sm. 간장

lo stomaco sm. 위

i reni e apparato urinario 요도 및 비뇨기

l'antestino sm. 장

회화 집주인의 가족 (La famiglia di padrone)

Claudia : Allora, com'è questa famiglia?

Paolo : È una famiglia di tre persone : il padre, la madre e un figlio di dodici anni. Il padre lavora come commesso in un negozio di abbigliamento e lei è impiegata. Fanno una vita molto tranquila. Ogni mattina fanno colazione alle sette e mezza. E poi alle tredici pranzano insieme a casa. Dopo il pranzo il marito, di solito fa un pisolino, mentre la moglie legge il giornale. Lui di pomeriggio torna al lavoro dalle 16 alle 19; la moglie invece pulisce la casa e aiuta il bambino a fare i compiti. Di sera cenano tutti insieme. Dopo cena guardano la televisione e spesso invitano anche me. Io, però, acetto raramente perché non capisco ancora bene la lingua italiana. A volte, mentre loro guardano la T.V., io gioco con il bambino. Ah, ecco il cameriere. Cosa prendi, Claudia?

Claudia : Un cappuccino, grazie.

Paolo : Cameriere, un cappuccino e un caffè, per favore.

강독 Radio city(2) : seconda parte - Il colonnello

La mattina dopo, alla stazione, Luca domanda due biglietti per Milano. Poi, un po' in ritardo, arriva Paola.

Luca e Paola sono a casa di Gloria, nel centro della città. Silvio Bonomi, il manager della cantante, arriva con una Mercedes rossa. É molto nervoso: se Gloria non canta, lui e lei perdono molti soldi. Ma la cantante ha paura di M.S. Finalmente, dopo molte discussioni, Paola può fare l'intervista a Gloria.

Il giorno dopo, alla radio, Paola trasmette l'intervista. Poi domanda se qualcuno conosce il colonnello Mario Salti. Un uomo telefona alla radio e dà l'indirizzo del vecchio: via della Bologna, 29.

Alle nove di sera Luca e Paola sono in via della Bologna. Dopo molte discussioni, il colonnello apre la porta, ma non vuole parlare di M.S.

Poi comincia a piangere. Il colonnello è un vecchio musicista. Ora non canta più perché non sta bene, i medici dicono che ha dei problemi psichiatrici. Luca legge la sua cartella clinica.

Italiano Facile시리즈 중에서 일부 발췌

Esercizio

① 아래의 문장을 보기와 같이 완성하시오.

Es. Tu spendi troppo. ➡ *Io, invece, spendo poco.*

1) Tu cominci a lavorare alle 8.
   ➡ Io, invece, ... a lavorare alle 7.
2) Lui vive al centro.
   ➡ Loro, invece, ... in periferia.
3) Noi preferiamo il caff con lo zucchero.
   ➡ Lui, invece, ... il caffè senza zucchero.
4) Lucia abita da sola.
   ➡ Io, invece, ... con un'amica.
5) Voi mangiate molti dolci.
   ➡ Noi, invece, ... pochi dolci.
6) Io prendo sempre l'ascensore.
   ➡ Tu, invece, non .... mai l'ascensore.
7) Carlo e Lino dormono in albergo stanotte.
   ➡ Pina, invece, ... a casa della sua amica.
8) Tu ascolti sempre la radio in macchina.
   ➡ Carlo, invece, ... sempre le cassette.
9) Chulsoo spedisce una lettera.
   ➡ Io, invece, ... una cartolina.
10) I miei amici viaggiano sempre con la macchina.
   ➡ Voi, invece, ... sempre in treno.

② 괄호 안의 동사를 적절하게 활용하여 다음의 문장들을 완성하시오.

1) Il padre di Mauro (finire)............... di lavorare alle 18 e (tornare)............... a casa con l'autobus.
2) Gli amici di Cristina (frequentare)............... un corso di francese a Parigi.
3) Alla pizzeria Napoli (noi-mangiare)............... sempre delle buone pizze e non (spendere)............... molto.
4) Che fai?
   - (Telefonare)............... a Marco, ma sempre occupato.

5) (Noi-prendere)............... il caffè al bar ogni mattina.

6) Oggi (io-restare)............... a casa e (guardare)............... la partita alla TV.

7) Che fai?

(Scrivere)............... una lettera a Carlo?

- No, (scrivere)............... una cartolina a mia madre.

8) (Noi-pagare)............... 300,000 lire al mese per questo appartamento.

9) Carla (incontrare)............... il professore al bar dell'università.

10) (Io-passare)............... molte ore in biblioteca.

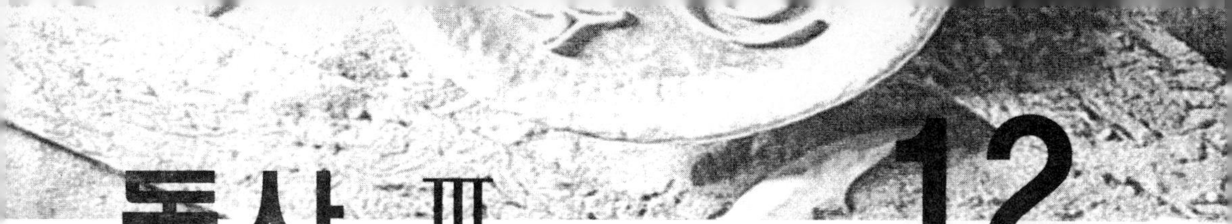

동사 Ⅲ (Verbo)

12

Ⅱ. 동사 변화
3.불규칙 동사 변화

Ⅱ. 동사 변화

3. 불규칙 동사 변화

유감스럽게도 이탈리아어의 동사들 중에서 자주 사용되고, 그 비중이 높은 동사들은 거의 불규칙적으로 변화한다. 특히 직설법 현재시제의 불규칙 활용은 앞으로 배울 여러 시제들과 법의 기준이 된다는 점에서 상당히 중요하다. 불규칙 활용 동사들을 잘 외울 수 있는 특별한 방법은 존재하지 않는다. 그러나 변화의 흐름이나 불규칙 변화 안에서도 나름대로의 규칙성을 찾아서 단위 별로 암기하면 좀더 효율적인 방법이 있을 수는 있다. 다음의 불규칙 동사들은 어미 형태에 의한 동사군 별로 구분하여 주로 일상생활에서 자주 사용되는 동사들을 중심으로 변화형을 도표화한 것이다.

1) 제 1군 변화형 -are 동사군

	io	tu	lui/lei/Lei	noi	voi	loro/Loro
fare	faccio	fai	fa	facciamo	fate	fanno
andare	vado	vai	va	andamo	an date	vanno
stare	sto	stai	sta	stiamo	state	stanno
dare	do	dai	dà	diamo	date	danno

Es. Tu fai colazione a casa di solito? (너는 보통 집에서 아침을 먹니?)

➡ No, di solito faccio colazione al bar. (아니, 나는 보통 바에서 아침을 먹어)

Carlo fa sempre tardi la sera. (까를로는 항상 저녁에 늦는다)

Anche noi qualche volta facciamo tardi. (우리 역시 가끔 저녁에 늦습니다)

Loro fanno molto sport. (그들은 운동을 많이 한다)

E, voi fate qualche sport? (그리고 너희들은 어떤 운동을 하니?)

Ogni pomeriggio andiamo in biblioteca a studiare.

(매일 오후 우리는 도서관에 공부하러 간다)

Domani Luisa va in città a fare spese. (내일 루이자는 시내에 쇼핑하러 간다)

Il mese prossimo vado in Inghilerra. (다음 달에 나는 영국에 간다)

Vai a Roma domattina? (너는 내일 아침에 로마에 가니?)

I signori Bianchi vanno prima a cena e poi a teatro.

(비안끼씨 부부는 먼저 저녁을 먹고 나중에 극장에 갑니다)

Andate da Paolo oggi pomeriggio?

(너희들은 오늘 오후에 빠올로에게 가니?)

Come stai, Chulsoo? (철수야, 잘 지내니?)

➡ Non sto molto bene: ho mal di denti.

(아니, 잘 못 지내: 이가 좀 아프거든)

Noi stiamo volentieri a Firenze. (우리는 피렌체에서 아주 잘 지내)

Luca, invece, non ci sta volentieri.(루까는 반면에 거기서 잘 못 지내)

Loro stanno da molto tempo in Italia. (그들은 오래 전부터 이탈리아에 있다)

Voi da quanto tempo ci state? (너희들은 거기에서 언제부터 있었니?)

Che esame dai? (어떤 시험을 보니?)

➡ Do l'asame di politica. (나는 정치학 시험을 본다)

2) 제 2군 변화형 -ere 동사군

	io	tu	lui/lei/Lei	noi	voi	loro/Loro
sapere	so	sai	sa	sappiamo	sapete	sanno
bere	bevo	bevi	beve	beviamo	bevete	bevono
sedere	siedo	siedi	siede	sediamo	sedete	siedono
tenere	tengo	tieni	tiene	teniame	tenete	tengono
rimanere	rimango	rimani	rimane	rimaniamo	rimanete	rimangono
scegliere	scelgo	scegli	sceglie	scegliamo	scegliete	scelgono
trarre	traggo	trai	trae	traiamo	traete	traggono
porre	pongo	poni	pone	poniamo	ponete	pongono
tradurre	traduco	traduci	traduce	traduciamo	traducete	traducono
potere	posso	puoi	può	possiamo	potete	possono
dovere	devo	devi	deve	dobbiamo	dovete	devono
volere	voglio	vuoi	vuole	vogliamo	volete	vogliono
cuocere	cuocio	cuoci	cuoce	cociamo	cocete	cuociono
parere	paio	pari	pare	paiamo	parete	paiono
piacere	piaccio	piaci	piace	piacciamo	piacete	piacciono

이외에도 불규칙 동사들은 많이 존재한다. 그런데, 여기서 기타의 불규칙 동사 변화를 인지하는데 있어 중요한 사실이 하나 있다. 일반적으로 어미 변화가 불규칙적으로 변하는 형태는 어간의 형태가 다르더라도 어미의 변화 형태는 동일하다는 점이다. 즉, 다시 말해 -gliere와 같은 형태의 동사들은 scegliere의 변화 형태와 동일하게 변화한다는것이다. 예를 들어 cogliere(모으다, 수집하다)라는 동사 역시 scegliere 동사가 인칭과 수에 따라 변화하는 형태와 동일하게 변화한다는 의미이다. 이와 같은 변화가 적용되는 동사의 어미 유형에는 -arre, -orre, -urre 등으로 끝나는 동사들이 있다. 따라서 ritrarre, suppore, proporre, introdurre, produrre 등의 동사들은 trarre, porre, tradurre 동사들과 변화하는 형태들이 동일하다는 것을 알 수 있다.

Es. Che cosa bevete a tavola? (너희들은 식탁에서 무엇을 마시니?)
⇨ Beviamo il vino rosso. (우리는 적포도주를 마신다)
Sanno guidare la macchina. (그들은 운전할 줄 압니다)
Lui sa quattro lingue. (그는 4개 국어를 압니다)
Rimango a casa fino alle 20. (나는 집에서 20시까지 남아 있다.)
Rinanete in città o in campagna questo fine-settimana?
(너희들은 이번 주말에 도시에 머물거니 교외에 머물거니?)
Lei siede sulla sedia. (그녀는 의자에 앉아 있다)
Tengo le mani in tasca. (나는 손을 주머니에 넣는다)
Chi tiene le mie chiave? (누가 내 열쇠를 갖고 있니?)
Scegli una carriera. (직업을 선택해라)
Paolo sceglie Maria per moglie. (빠올로는 마리아를 아내로 선택한다)
Loro traggono a riva la barca. (그들은 배를 강가로 끌어낸다)
Lei trae la spada dal podero. (그녀는 칼집에서 칼을 뺀다)
Pongo in te ogni mia speranza. (나는 너에게 나의 모든 희망을 건다)
Voi ponete a confronto di quella cosa.
(너희들은 저 사실에 대해서 비교한다)
Traduciamo questa frase dal francese in coreano.
(우리는 이 문장을 프랑스어에서 한국어로 번역한다)
Anche Carlo traduce ancora dall'anglese.
(까를로 역시 아직 영어를 통해 번역한다)
Quella casa vale più di 50 milioni di lire.
(저 집은 5천만 리라 이상 나간다)
I biglietti valgono ventiquattro ore. (표는 24시간 유효합니다)
Cuocio il pesce a fuoco lento. (나는 생선을 약한 불에 요리한다)
Cuoce la pasta per me. (그는 나를 위해서 빠스타를 요리한다)
Pare un bravo giovane, non è vero? (아주 훌륭한 젊은이 같다, 그렇지 않습니까?)

3) 제 3군 변화형 -ire 동사군

	io	tu	lui/lei/Lei	noi	voi	loro/Loro
venire	vengo	vieni	viene	veniamo	venite	vengono
dire	dico	dici	dice	diciamo	dite	dicono
salire	salgo	sali	sale	saliamo	salite	salgono
uscire	esco	esci	esce	usciamo	uscite	escono
udire	odo	odi	ode	udiamo	udite	odono
morire	muoio	muori	muore	moriamo	morite	muoiono
apparire	appaio	appari	appare	appariamo	apparite	appaiono
cucire	cucio	cuci	cuce	cuciamo	cucite	cuciono
empire	empio	empi	empie	empiamo	empite	empiono

Es. Loro vengono a lezione alle 8 e mezza. (그들은 8시 반에 수업에 온다)

Da dove vieni? (너는 어디에서 왔니?)

➡ Vengo dalla Corea. (한국에서 왔어)

Con chi venite al cinema? (너희들은 누구와 영화 보러 가니?)

➡ Ci veniamo con Luca. (우리는 루까와 간다)

Che cosa dice Lei all'insegnante la mattina? (아침에 당신은 선생님께 무어라 말합니까?)

➡ Dico "Buon giorno." ("좋은 아침입니다"라고 말합니다)

Che cosa dicono prima di mangiare? (그들은 식사 전에 무어라 말합니까?)

➡ Dicono "Buon appetito." ("맛있게 드세요"라고 말합니다)

Voi, udite quel rumore? (너희들, 저 소음이 들리니?)

➡ No, non udiamo nulla. (아니, 아무 것도 들리지 않아)

Io esco di casa alle otto e mezzo. (나는 집에서 8시 반에 나갑니다)

Saliamo con l'ascensore. (우리는 승강기로 올라갑니다)

Mio padre muore in guerra. (나의 아버지는 전쟁에서 돌아가셨습니다)

Cuciono a macchina. (그들은 재봉틀로 바느질합니다)

Il sole appare all'orizzonte. (태양이 수평선에 나타납니다)

La realizzazione del progetto mi appare impossibile.

(계획의 실현은 내가 보기에 불가능합니다)

I dimostranti empiono la piazza. (시위자들이 광장을 메웁니다)

▶ 시간과 날짜 표현에 관하여

시간이나 날짜는 기수로 표현한다는 사실은 앞에서 이미 배웠다. 그러나 보다 정확하게 시간과 날짜를 표현하는가에 대하여는 이번 항에서 배우기로 하겠다.

① 시간과 날짜에 관련된 단어정리

* un secondo(초) - un minuto(분; 60 secondi) - un'ora(시; 60 minuti)

- un giorno(하루; 하루나절의 의미로 정확한 개념은 una giornata가 바람직; 24 ore)

- una settimana(한주; 7 giorni) - un mese(한달; 4 settimane) - un semestre(반기; 6 mesi) - un anno(일년; 2 semestri) - un secolo(세기; 100 anni)

* oggi(오늘) - domani(내일) - dopodomani(글피) - ieri(어제) - altroieri(그저께) o avantieri(그저께)

* il mattino(오전) - il mezzogiorno(정오) - il pomeriggio(오후) - la sera (저녁) - la notte(밤) - la mezzanotte(자정); mattino, pomeriggio, sera, notte 등은 정관사와 함께 사용하여 부사 적으로 해석된다.

* una settimana(일주) : 일요일만 여성명사이고 나머지 요일은 남성명사이다.

lunedì	martedì	mercoledì	giovedì	venerdì	sabato	domenica
월요일	화요일	수요일	목요일	금요일	토요일	일요일

* 12 mesi(12개월)

gennnaio 1월 maggio 5월 settembre 9월

febbraio 2월	giugno 6월	ottobre 10월
marzo 3월	luglio 7월	novembre 11월
aprile 4월	agosto 8월	dicembre 12월

* 4 stagioni(4계)

primavera	estate	autunno	inverno
봄	여름	가을	겨울

② 시간 표현

시간을 물어보는 경우에 사용하는 표현은 che ora è(che ore sono)?이다. 시간이 몇 시인지 모르기 때문에 단수와 복수 표현 양쪽이 가능하다. 그러나 이에 대한 대답은 시간이 단수인가 복수인가에 따라 분명하게 단수와 복수의 대답을 구별해야 한다. 즉, 한시와 관련된 표현은 모두 단수로, 그 외의 시간은 복수로 표현한다. 따라서 단수로 표현하는 경우는 정오와 자정의 이탈리아 표현인 mezzogiorno, mezzanotte 및 l'una와 관련된 표현이며, 2시부터는 복수형 표현을 한다. 또한 시간의 전치사는 a이며, 항상 시간의 수 앞에 정관사 le(한 시의 경우 l')를 표시하는데 이는 정관사 le 뒤에 ore(ora)가 생략된 것임을 나타낸다. 시간을 나타낼 때는 '정관사+시간 표시 기수' 로 나타내며 15분 단위로 quarto(1/4)를 사용할 수 있고 매시 30분까지는 플러스의 의미를 갖는 접속사 e를, 매시 30분 이후로는 우리말의 몇 분전에 해당하는 meno를 사용하기도 하며, essere 동사 이외에도 mancare 동사를 사용하여 시간을 표시하기도 한다. 또한 시간을 표시하는 전치사는 a로 정확한 시간을 표현하고자 할 때 쓰인다. 흔히 쓰이는 'A che ora ...?' 라는 표현은 '몇 시에 ...을 합니까?' 라는 식으로 사용된다.

Es. A che ora è la colazione?

(=A che ora fa colazione?; 몇 시에 아침을 드십니까?)

➡ Alle otto e trenta. (➡ Faccio colazione alle sette.)

(8시 30분입니다) (저는 7시에 아침을 먹습니다)

A che ora è il pranzo? (=A che ora pranzano Loro?)

(점심은 몇 시에 하십니까?) (그들은 몇 시에 점심식사를 합니까?)

➡ All'una. (➡ Noi pranziamo alle dodici e mezzo.)

(한 시입니다)	(우리는 12시 반에 점심을 먹습니다)

A che ora è la cena? (저녁은 몇 시입니까?)

(=A che ora cena Lei?) (당신은 몇 시에 저녁을 먹습니까?)

➡ Alle nove. (9시입니다)

(➡ Io ceno alle otto.) (저는 8시에 저녁을 합니다)

A che ora cominciamo la lezione? (몇 시에 수업이 시작합니까?)

A che ora finiamo la lezione? (몇 시에 수업이 끝납니까?)

Che ore sono? È l'una e venti. (1시 20분)

È l'una e cinque. (1시 5분)

È mezzogiorno. (정오=12시 정각)

È mezzanotte (자정=24시 정각)

Sono le (ore) due e un quarto. (2시 15분)

Sono le tre e trenta. (혹은 mezza – 3시 30분)

Sono le sei e cinquantacinque. (6시 55분)

Sono le sette meno cinque. (7시 5분전=6시 55분)

Sono le nove e quarantacinque. (9시 45분)

Sono le nove e tre quarti. (9시 45분)

Sono le dieci meno un quarto. (10시 15분전=9시 45분)

Mnaca un quarto alle dieci. (10시 15분전=9시 45분)

Mancano quindici minuti alle dieci. (10시 15분전)

③ 요일 및 날짜 표현

시간과 함께 요일과 날짜도 기수로 표현하는데, 물어보는 표현이 다르다. 특히 요일은 보통 정관사를 생략하고 필요한 요일만을 사용하는데 반해, **날짜를 표현할 때는 반드시 정관사 il을 앞**에 붙여 사용한다. 이 경우 **정관사 il뒤에는 giorno가 생략**된 것이다.

Che giorno è oggi? (오늘은 무슨 요일입니까?)

➡ Oggi è giovedì. (오늘은 목요일입니다)

Che data è oggi? (오늘은 몇 일입니까?)

➡ Oggi è il (giorno) 12 maggio 1998. (오늘은 1998년 3월 12일입니다)

단어정리 의학용어(1)

la bateriologia sf. 세균학/과
la cardiologia sf. 심장학/과
la chirurgia sf. 외과/학
la dermatologia sf. 피부학/과
la farmacologia sf. 약학/과
la fisiologia sf. 생리학/과
la fisioterafia sf. 물리치료학/과
la genetica sf. 유전학/과
la ginecologia sf. 부인병학/과
l'igiene sf. 위생학/과
la laringologia sf. 후두학/과
la neurochirurgia sf. 신경외과/학
la neurologia sf. 신경과/학
l'osculistica sf. 안과/학
l'odontoiatria sf. 치과/학
l'ostetricia sf. 산과/학
l'otorinolaringoiatria sf.이비인후과/학
la pediatria sf. 소아학/과
la psichiatria sf. 정신병학/과
la radiologia sf. 방사선의학/과
la traumatologiasf. 외상학/과
la rologia sf. 비뇨기학/과

회화 두 친구간의 대화(Dialogue fra due amici)

lui : Che fai dopo la lezione ? Vuoi venire con me?
lei : Dove?
lui : Andiamo in piscina.
lei : No, mi dispiace, non posso.
lui : Perché, che devi fare?
lei : Devo vedere la mia amica Mara.
lui : Perché non porti anche lei? Posso invitare Pietro.
lei : No, oggi abbiamo un appuntamento con gli amici italiani. Forse domani.
lui : Domani vieni sola o con Mara?
lei : Vengo sola, sei contento?
lui : Va vene, allora a domani.

강독 Radio city(3) : terza parte - la conclusione

Qualche settimana dopo, a Radio City, Paola legge le notizie: il giorno dopo, l'associazione ECO organizza una grande manifestazione contro il traffico e l'inquinamento; dopo la manifestazione, in piazza Repubblica, c'è un concerto di Gloria. La cantante torna a cantare dopo molto tempo.

Luca è alla manifestazione per Radio City. Il ragazzo fa qualche intervista con la gente. Più tardi M.S. telefona alla radio e dice che Gloria non deve cantare.

Alle otto e mezza, in piazza Repubblica, più di ventimila persone aspettano l'inizio del concerto. Ci sono anche Luca e Paola. Gloria saluta la gente e prende il microfono, ma una fortissima luce bianca attraversa il suo braccio. La cantante sembra morta, nessuno sa cosa fare. Poi due poliziotti portano Gloria dietro al palco. Nella piazza c'è anche il colonnello; ha una borsa nera in mano. Dentro ci sono i biglietti di M.S. e un contratto dell'Assicurazione IRIS. Il contratto dice che se Gloria non canta più, Silvio Bonomi prende cinque miliardi.

Il manager della cantante è M.S.

Il colonnello racconta: Silvio Bonomi è il suo ex manager. Con il nome di M.S.(Massimo Salvatore) spaventa i musicisti; così quando questi smettono di cantare, lui prende i soldi dell'assicurazione. Ora è tutto chiaro. Gloria sta meglio e ringrazia il colonnello.

Il colonnello suona il pianoforte in piazza Repubblica e canta una vecchia canzone.

*Italiano Facile*시리즈 중에서 일부 발췌

Esercizio

① 다음의 보기와 같이 동사를 완성하시오.

Es. Giorgio e Maria (uscire) escono sempre insieme.

1) Che cosa (noi - fare)........... domani?
2) (sapere)............ guidare, ma non ho la macchina.
3) È vero che domani (tu - dare)............. una festa?
4) Che cosa (bere)..........., signora: caffè o tè?
5) Pietro (dire)............. che "Lo straniero" è bel film.
6) Renzo e Stefano sono stanchi: (salire)............. con l'ascensore.
7) Stasera (scegliere)............. io il programma alla televisione!
8) Ragazzi, (rimanere).............. a casa o venite con noi?
9) (voi - fare)................. spesso tardi la sera?
10) (tu - scegliere)............... un disco per Marco?
11) Domani (io - dare).............. l'asame di fisica.
12) Che ne (dire).............., Giorgio, andiamo a teatro?
13) A che ora (tu - uscire)............. di casa la mattina?
14) (voi - sapere)................ a che ora comincia lo spettacolo?
15) (salire).................. a piedi anche tu?
16) (io - rimanere)................. volentieri a casa stasera.
17) (noi - bere).............. qualcosa?
18) (noi - scegliere)................ un disco di musica classica. E voi?
19) Stasera non (noi - uscire)........... perché Mary (stare)........ male.
20) Carlo, tu (sapere)............ scrivere a macchina?

② 다음의 질문에 답하시오.

1) Che ore sono? - (3:45)
2) Che ore sono? - (14:25)
3) Che ore sono? - (18:30)
4) Che ore sono? - (20시 5분전)
5) Che ore sono? - (정 오)
6) Che ore sono? - (1:14)
7) Che ore sono? - (저녁 6시)

8) Che giorno è domani? - (목요일)
9) Che data è oggi? - (11월 30일)
10) A che ora comincia la partita di calcio? (7:30)
11) Quando è nata? (1970년 5월 23일)
12) Che giorno hai un appuntamento con Giorgio? - (일요일)
13) Quanti mesi ha un anno? - (12개월)
14) In quale mese è il tuo compleanno? - (5월)
15) In quale giorno abbiamo la lezione? - (수요일과 금요일)

동사 Ⅳ 13

(Verbo)

Ⅲ. 주요 동사의 사용과 용법

1. 개요

비교적 그 사용 면에서나 용법 면에서 중요한 이탈리아어의 동사들은 거의 대부분불규칙 변화를 하며, 그 중에서도 몇몇의 동사들은 문법적으로나 일상 회화에서의사용 빈도수가 다른 동사들에 비해 두드러 진다. 여기서는 그 중에서도 가장 중요한 동사들인 fare, andare, venire 등의 동사들과 영어의 조동사와 같은 역할을 하는 potere, dovere 및 volere 등의 양태동사들만을 따로 설명해 보기로 하겠다.

2. Fare 동사

fare 동사는 영어의 to do에 해당하는 동사로, 변화형태가 불규칙적이다. 보통 명사형과 함께 사용할 경우에는 그 명사의 동사화 형으로 사용될 수 있으며, 다른 동사들과 결합할 경우에는 사역동사로, 또한 다른 품사들과 결합하여 관용적으로 쓰이기도 하며, 날씨 등을 표시할 때에는 비인칭 동사로도 사용되는 등 그 활용 범위가 넓어 비중이 높은 동사이다.

io	faccio	**noi**	facciamo
tu	fai	**voi**	fate
lui/lei/Lei	fa	**loro/Loro**	fanno

1) 일반 동사로 사용되는 경우

Es. Che cosa facciamo stasera? (오늘 저녁에 우리 무엇을 할까?)

➡ Andiamo al cinema. (영화 보러 가자)

Che cosa fai adesso? (너는 지금 무엇을 할거니?)

➡ Faccio gli esercizi per domani (나는 내일을 위해 연습을 할거야)

Fanno colazione in albergo? (그들은 아침 식사를 호텔에서 합니까?)

➡ No, fanno colazione in un bar. (아니오, 우리는 바에서 아침을 먹습니다)

Fa le spese in città o vicino a casa Sua? (시내에서 장을 보십니까 아니면 댁 가까운 곳에서 장을 보십니까?)

➡ Faccio le spese in città. (저는 시내에서 장을 봅니다)

2) fare 를 이용한 주요 표현

Fare un numero; 번호를 돌리다(전화 등에서)

Avere molto da fare; 할 일이 많다

Non c'è niente da fare; 할 일이 없다, 임무가 없다

Fare rumore; 소음을 일으키다

Fare danno; 해를 주다

Fare il conto; 계산하다

Fare appetito; 식욕을 돋구다

Non fa niente; 상관없다

Fare la barba; 면도하다

Fare una passeggiata; 산책하다

Fare la fame; 생활이 어렵다

Fare fortuna; 성공하다, 출세하다

Fare bella; 화장하다

Fare avanti; 전진하다, 나가다

Fare dietro; 후퇴하다, 물러나다

Fare le spese; 쇼핑하다, 장보다

Fare il medico; 의사가 되다

Fare il bambino; 아이를 낳다

Fare a ql. cu. piacere inf; 무엇을 하는 것이 누구에게 기쁘게 되다

Fare benzina; 기름을 넣다

Fare del proprio meglio; 자신의 최선을 다하다

3) 사역동사로 사용되는 경우

이 경우에는 fare + 동사원형의 형태로 사용되는데, '~ 하게 하다, ~할 수 있게 하다' 의 의미로 해석할 수 있다.

Fare bere i cavalli; 말에게 물을 먹이다

La paura lo fa impallidire; 공포로 그는 새파랗게 질렸다

Non mi fare arrabiare; 나를 화나게 하지 마시오

Fammi pensare un momento; 나에게 잠깐동안 생각하게 해줘

Faccio dire la verità a Mario; 마리오에게 진실을 말하게 하였다

Fare andare la macchina; 기계를 작동시키다

Fare cadere qlco; 무언가를 떨어뜨리다

Non mi fare ridere; 나를 웃기지 말아라

Fare sapere qlco; 무언가를 알게 하다

Fare vedere; 보여주다

Fare venire; 오게 하다

4) 비 인칭동사 fare와 가감승제에서의 fare – 시간이나 기후와 관련된 표현에서

비 인칭동사로 쓰이며, 연산에서는 총계의 의미로 쓰인다.

+ più; 2+2 =4(Due piú due fa quattro)

- meno; 16-4=12(Sedici meno quattro fa dodici)

× per; 3×6=18(Tre per sei fa diciotto)

÷ diviso; 15 5=3(Quindici diviso cinque fa tre)

Che tempo fa?(Come è il tempo?)(날씨가 어떻습니까?)

Oggi fa bel tempo(Il tempo è bello)(오늘은 좋은 날씨입니다)

Fa caldo d'estate(È caldo d'state) (여름에는 덥습니다)

Fa freddo (È freddo) (춥습니다)

Fa fresco(È fresco) (서늘합니다)

5) fare 동사와 결합된 관용적 표현들

Farcela; 성공하다, 해내다 ▶ Ce l'ho fatta! (해냈다!)

Non ce la faccio più. (더이상 나는 못하겠다)

Fare caso a ql.co.; ~을 중요시하다

Fare colpo su ql.cu.; ~(사람)를 감동시키다

Fare cuore; 원기를 차리다

Fare la fortuna; 출세하다, 성공하다

Fare lezione; 수업을 하다

Fare piacere a ql.cu.; ~(사람)를 기쁘게 하다

Fare male a ql.cu.; ~(사람)를 기분 나쁘게 하다

Fare una brutta(bella) figura; 나쁜(좋은) 인상을 주다

Farla franca; (책임 등을) 회피하다

Farla sporca; 부정행위를 하다

Farla a ql.cu.; ~(사람)를 속이다

3. Andare와 Venire 동사

이 두 동사는 왕래발착의 의미를 갖는 자동사들 중에서 가장 대표적인 동사들이다. Andare는 영어의 to go의 의미를 갖고 있으며, venire는 to come의 의미를 갖고 있다. 이탈리아어에서 이 두 동사가 갖는 중요성은 다른 동사들에 비해 상대적으로 높다. 일반적인 의미의 용법뿐만이 아니라 수동태형을 만드는 동사로서도 사용되며, 특히 장소의 의미를 갖는 일반 명사나 대명사들과 결합할 때에는 그 명사나 대명사의 성격과 종류에 따라 활용되는 전치사를 결정하기 때문이다. 이는 다른 자동사들이나 장소 및 왕래발착의 의미를 갖는 자동사들도 일반적으로 이에 준하여 전치사를 사용한다는 의미이며, 장소를 뜻하는 명사나 대명사들이 어떤 전치사들과 결합하는지를 비교적 잘 알 수 있기 때문에 이 두 동사의 활

용의 예들이 중요한 것이다.

1) andare와 venire동사

동사변형	전치사	명사와 대명사의 유형
vado vai va andiamo andate vanno	a	casa, scuola, lezione, teatro, letto, cena, pranzo, piedi, 등의 명사 Roma, Firenze, Londra, New York, Seoul 등의 도시명 studiare, vedere un film, dormire, 등의 동사원형
	al	bar, ristorante, cinema, lago, mare, (centro) 등의 남성단수 명사
	alla	mensa, stazione, posta, 등의 여성단수 명사
	in	banca, biblioteca, classe, città, campagna, chiesa, ufficio, albergo, (centro,) montagna, piscina, farmacia, 등의 명사 gelateria, libreria, pizzeria, segreteria, tabaccheria, 등의 -eria로 끝나는 명사들 Germania, Australia, Toscana, Sicilia, 등의 국가 및 지역 명(negli Stati Uniti, nei Paesi Bassi 등은 복수 전치사관사의 형태로 사용) treno, autobus, metropolitana, macchina, nave, aereo, 등의 이동수단 명사앞에서 무관사로 사용
vengo vieni viene veniamo venite vengono	da	Maria, Paolo, Chulsoo, me, te, lei, 등의 사람 명이나 인칭대명사 앞에서 (그 사람이 있는 장소를 의미)
	dal	signor Kim, dottore, farmacista, medico, dentista, 신분이나 직업 등을 뜻하는 남성단수 명사앞에서
	dalla	dottoressa, professoressa em, 등의 여성 다수 명사 앞에서
	con	la macchina, l'autobus, il treno, la nave, l'aereo, la metropolitana, 등의 이동수단 명사 앞에서 관사와 함께 사용

일반적으로 사용되는 명사나 대명사 등의 유형은 위의 도표에서 정리한 것처럼 사용된다. 이동 수단을 나타내는 표현과 함께 쓰일 때에는 두 가지 전치사가 모두 사용이 가능한데, 전치사 in과 con이다. 전치사 in은 무관사로 이동수단의 명사 앞에서, 전치사 con은 정관사+이동수단의 명사 앞에서 쓰이며, 방법이나 수단을 의미하는 의문부사 come로 물었을 때 이같이 대답할 수 있다.

Es. Come vai a scuola oggi? (너는 오늘 어떻게 학교에 가니?)

➡ Vado a scuola in autobus(con l'autobus).

(나는 학교에 버스를 타고 간다)

Come viene al mare Lei? (당신은 어떻게 바다에 가니?)

➡ Vengo in macchina(con la macchina).

(저는 자동차로 갑니다)

① 장소나 사람을 뜻하는 명사들과 함께 사용할 경우, 장소나 사람은 반복해서 언급하지 않고 장소의 의미를 갖는 소사 ci를 사용한다. 이 경우 ci가 갖는 의미는 <전치사+장소명사>이며, 문법적으로는 대명사와 같은 용법으로 사용한다. 이에 대한 보다 자세한 설명은 나중에 소사 부분에서 다시 자세히 다루기로 하겠다.

Es. Quando vai a casa? (너는 언제 집에 가니?)

➡ Ci(a casa) vado subito. (나는 집에 곧 갑니다)

Quando venite da Maria? (언제 너희들은 마리아에게 가니?)

➡ Ci(da Maria) veniamo dopo la lezione.

(우리는 마리아에게 수업 후에 갑니다)

Vai in Francia l'anno prossimo? (너는 내년에 프랑스에 가니?)

➡ Sì, ci(in Francia) vado. (응, 프랑스에 가)

Vai al cinema stasera? (오늘 저녁에 영화관에 가니?)

➡ No, non ci(al cinema) vado. (아니, 거기에 안 가)

Va alla partita di calcio, dottore? (박사님, 축구경기에 가십니까?)

➡ Sì, ci(alla partita di calcio) vado. (예, 거기에 갑니다)

Viene a lezione al lunedì? (월요일에 수업에 옵니까?)

➡ No, non ci(a lezione) vengo. (아니오, 거기에 오지 않습니다)

② Andare 동사는 상대방의 행위 여부를 물을 경우, venire 동사는 함께 가자는 권유의 의미를 담고 있는 경우에 흔히 사용되며, andare 동사는 출발지에서, venire 동사는 목적지에서 사용하는 것이 일반적이다.

Es. Andate a teatro stasera? (너희들 오늘 저녁 극장에 가니?)

➡ Si, ci andiamo. (예, 거기에 갑니다)

Viene a casa di Paola stamattina? (그는 오늘 아침에 빠올라 집으로 옵니까?)

➡ No, non ci vengo. (아니오, 거기에 오지 않습니다)

③ 출신지를 물어보는 경우에는 국가 명이냐, 도시 명이냐에 따라 관사가 붙기도 하고 안 붙기도 하는데, 보통 국가 명 앞에서는 전치사관사(dal, dalla, dagli ecc.)의 형태로 도시 명 앞에서는 전치사 단독(da)으로 사용한다.

Es. Da dove vieni? (너는 어디에서 왔니?)

➡ Vengo da Zurigo(Seoul, Milano, ecc.). (쭈리히에서 왔다)

Da dove viene Lei? (당신은 어디에서 오셨습니까?)

➡ Vengo dalla Svizzera(Corea, Feancia ecc.). (스위스에서 왔습니다)

dagll' Italia(Austria, ecc.). (이탈리아에서 왔습니다)

dal Giappone. (일본에서 왔습니다)

dagli Stati Uniti. (미국에서 왔습니다)

2) Andare 동사와 결합된 표현들

Andare per ql.cu.; ~를 부르러 가다

Andare fuori strada; 길을 잃다

Andare a gara; 경쟁하다

Andare sul sicuro; 안전하게 행동하다

Andare troppo oltre; 한도를 초월하다

Andare di male in peggio; 점점 악화되다

Andare di bene in meglio; 점점 나아지다

Andare a vuoto; 아무런 결과가 없이 되다, 좌절하다

Andare in fumo; 수포로 되다

Andare su; 올라가다, 상승하다

Andare avanti; 전진하다, 계속되다

3) Venire 동사와 결합된 표현들

Venire alla conclusione; 결론에 도달하다

Venire alla luce; 태어나다

Venire a noia; 지겨워지다

Venire in fama; 유명해 지다

Venire a parole; 언쟁하다

Venire a morte; 죽게되다

Venire in simpatia a ql.cu.; ~(사람)를 좋아하게 되다

Venire in antipatia a ql.cu.; ~(사람)를 혐오하게 되다

Venire in odio a ql.cu.; ~(사람)을 미워하게 되다

Venire male(bene); 나쁘게(좋게) 되다

Venire meno; (사람이) 기운을 상실하다

단어정리 의학용어 (2)

l'alienista sm. 정신병

l'anestesista sm. 마취의

il cardiologo sm. 심장병의

il chirurgo sm. 외과의

il dentista sm. 치과의

il ginecologo sm. 부인과의

l'igneista sm. 보건과의

il laringoiatra sm. 후두과의

il neurochirurgo sm. 신경외과의

l'oculista sm. 안과의

l'ortopedico sm. 정형외과의

l'otorinnolaringoiatra sm. 이비인후과의

l'osterico sm. 산과의

il pediatra sm. 소아과의

il psichiatra sm. 정신과

il radiologo sm. 방사선과

l'urlogo sm. 비뇨기과의

il traumatologo sm. 외상전문 외과의

회화 세 친구들 간의 대화 (Dialogo fra tre amici)

A : Che cosa facciamo stasera?

B : Andiamo in discoteca!

A : Ma no! Tutte le sere in discoteca! Perché non andiamo in piscina?

C : No, io non sto molto bene. Stasera preferisco restare a casa. Però ho un' idea interessante. Se per voi va bene, facciamo una gita all'aria aperta?

A : Per me va benissimo. Anche tu puoi andare insieme a noi?

B : Certo! E' ottima idea. A che ora partiamo domani?

C : Partiamo presto, alle sei va bene? Siete d'accordo di partire domattina alle sei?

A : Non è un po' presto?

B : A che ora vuoi partire, allora?

A : Va bene alle otto?

C : D'accordo. Andiamo con la tua auto, perché la mia è dal meccanico.

A : Va bene! Ciao, ci vediamo a domattina.

B : Ciao tutti!

C : Ciao a domani.

강독 Teddy e i fiori

È una mattina di primavera ma Teddy appena sveglio vede dalla finestra un grigio paesaggio invernale. Un uccellino vola davanti alla finestra per portare un fiore al nido.

La sera, prima di andare a letto, la mamma legge a Teddy una bellissima favola che racconta la storia di una magica rosa rossa.

Durante la notte, Teddy sogna di raccogliere un cestino di fiori per la mamma. Ma i fiori sono troppo grandi.

Quando si sveglia racconta il sogno alla mamma: "mi dispiace di non poterti regalare dei fiori!". In quel momento un ucellino picchia col becco sul vetro della finestra.

Teddy corre ad aprire e vede l'albero che il giorno prima era spoglio, adesso pieno di fiori. "Ecco mamma, invece del cestino ti regalo un albero tutto fiorito!". "Grazie Teddy!". Dice la mamma e gli dà un baccio.

Esercizio

① 다음의 문장을 괄호 안의 주어를 참조하여 완성하시오.

1) (noi) Che cosa .... domani?
2) (loro) .... spesso tardi la sera?
3) (tu) Di soilito .... la colazione a casa o al bar?
4) Le mie amiche .... sempre il pranzo al bar; io, invece, ... il pranzo a casa con gli spaghetti.
5) (lui) Cosa .... generalmente dopo cena?
6) (voi) .... i compiti per domani?
7) (Lei) Dove di solito .... una passeggiata?

② 다음의 문장들을 andare 동사를 사용하여 완성하시오.

1) La mattina Piero .... in ufficio alle nove.
2) A mezzogiorno gli studenti .... alla mensa.
3) Ogni sera (io) .... in piscina con Marina.
4) (Noi) .... sempre a letto prima di mezzanotte.
5) Stasera (tu) .... in pizzeria con Marco?
6) (Tu) .... al cinema stasera?
7) (Voi) .... a cena al ristorante sabato?
8) Signor Bartoli, ... al mare questo fine-settimana?

③ 다음의 문장들을 venire 동사를 사용하여 완성하시오.

1) Dirk .... da Heidelberg.
2) Quelle ragazze .... dal Brasile.
3) Pierre, da dove ....?
4) Signor Benigni, ... al cinema con noi?
5) (Io) .... volentieri al centro con voi.
6) Ragazzi, da dove ....?
7) (Noi) .... molto volentieri alla vostra festa.

8) Sandro, ... in pizzeria con me domani sera?

4 다음의 대답들을 질문에 맞게 완성하시오.

1) Dove andate? (l'aeroporto) ➡
2) Dove va Eleonora? (l'Università) ➡
3) Dove vai? (il mercato) ➡
4) Dove vanno gli studenti? (la mensa) ➡
5) Dove andiamo? (il concerto) ➡
6) Dove andate? (il museo) ➡
7) Da dove vieni? (la Norvegia) ➡
8) Da dove vengono John e Pat? (gli Stati Uniti) ➡
9) Da dove viene Hans? (l'Olanda) ➡
10) Da dove venite? (il Messico) ➡
11) Da dove vieni? (Seoul) ➡
12) Da dove vengono quei ragazzi? (Parigi) ➡

동사 V 14

(Verbo)

Ⅲ. 주요동사의 사용과 용법

4. 양태동사

이탈리아어의 양태동사란 영어의 조동사와 유사하다고 생각할 수 있는 동사이다. 주로 가능성, 희망, 바람, 의무 등을 표현하며, 다른 동사를 수반할 때 그 동사는 항상 동사원형이 된다. 즉, '양태동사+일반동사' 의 경우 양태동사는 인칭, 수, 법, 시제에 따라 변하지만 일반동사는 원형으로 표시되는 것이다. 가장 대표적인 양태동사는 영어의 can의 의미를 갖는 potere와 must의 의미를 갖는 dovere 및 will 또는 shall의 의미를 갖는 volere 동사가 있다.

1) potere 동사

io	posso	**noi**	possiamo
tu	puoi	**voi**	poteto
lui/lei/Lei	può	**loro/Loro**	possono

Es. Puoi restare ancora? (계속 남아 있을 수 있니?)

➡ Sì, posso restare ancora un po'. (응, 아직 좀 더 남아 있을 수 있어)

Potete venire a casa mia oggi? (너희들 오늘 내 집에 올 수 있니?)

➡ No, non possiamo venirci perché abbiamo già un impegno.

(아니, 올 수 없어, 왜냐하면 이미 할일이 있기 때문이야)

Domani Sandro può dormire fino a tardi.

(내일 산드로는 늦게까지 잘 수 있다)

Luca e Fabio possono già capire un giornale italiano.

(루까와 파비오는 이미 이탈리아 신문을 잘 이해한다)

2) dovere 동사

io	devo	**noi**	dobbiamo
tu	devi	**voi**	dovete
lui/lei/Lei	deve	**loro/Loro**	devono

Es. Devi partire, Carlo? (까를로야, 너는 떠나야만 하니?)

➡ Sì, devo partire subito. (응, 나는 곧 떠나야만 해)

Dovete lavorare oggi? (너희들 오늘 일해야하니?)

➡ Sì, dobbiamo lavorare anche oggi. (응, 우리는 오늘도 일해야해)

Ugo deve tornare a casa. (우고는 집에 돌아와야만 한다)

Loro devono rimanere ancora un pò. (그들은 여전히 좀더 있어야한다)

Io devo prendere l'autobus 22. (나는 22번 버스를 타야만 한다)

Dovete venire da me fino alle 8. (너희들은 나에게 8시까지 와야한다)

Doviamo fare una telefonata a Marco.

(우리는 마르꼬에게 전화 한 통화를 해야한다)

3) volere 동사

io	voglio	**noi**	vogliamo
tu	vuoi	**voi**	volete
lui/lei/Lei	vuole	**loro/Loro**	vogliono

Es. Vuoi venire ad una festa domani?(너는 내일 축제에 오고싶니?)
E voi volete venire? (그리고 너희들도 오고싶니?)
Stasera Carlo vuole studiare. (오늘 저녁 까를로는 공부하고 싶어한다)
Domani sera voglio andare a teatro. (내일 저녁 나는 극장에 가고싶다)
Anche noi vogliamo andare a teatro domani. (우리 역시 내일 극장에 가고 싶다)
Tu vuoi organizzare una festa. (너는 파티를 열고싶어 한다)
Voglio una sigaretta. (나는 담배 한 가치를 원한다)
Gianni vuole invitare tutti gli amici. (쟌니는 모든 친구들을 초청하길 원한다)
Lei vuole il giornale di oggi. (그녀는 오늘 신문을 원합니다)
Noi vogliamo prendere un caffè. (우리는 커피 한 잔 마시기를 원합니다)
Voi volete un caffè? (너희들은 커피를 원하니?)
Volete visitare Firenze e Roma? (너희들은 피렌체와 로마를 방문하길 원하니?)
Questa bimba vuole un gelato. (이 아이는 아이스크림을 원한다)
Tutti stranieri vogliono imparare bene l'italiano. (모든 외국인들이 이탈리아어를 잘 배우길 원한다)

5. Essere와 avere 동사와 결합된 주요 표현들

동사들 중에서 가장 중요한 동사는 영어에서 말하는 be 동사와 have 동사일 것이다. 이탈리아어에서 마찬가지로 이 같은 동사에 해당하는 것이 essere와 avere이다. 물론 문장론 I에서 이들 동사의 간단한 문법적 기능을 설명했지만, 여기서는 보다 본격적으로 이들 동사들이 사용되는 중요한 표현들을 정리하여 보기로 하자. 이들 동사들은 명사나 형용사 또는 기타의 품사들과 결합하여 수많은 관용적 표현으로 사용되는데, 이 중 회화체나 문장 안에서 자주 사용되는 표현들을 중심으로 알아보겠다.

1) Essere 동사와 결합된 주요 표현들

Esserci; 목적을 달성하다, 끝내다, 이해하다
Finalmente ci siamo! (드디어 우리는 해냈다!)

Coraggio, ormai ci sei! (용기를 내, 이제 거의 끝났어!)

Essere al lavoro; 직장에 있다

Essere alla disperanza; 절망 상태에 있다

Essere alla fame; 기아 상태에 있다

Essere al sicuro; 안전한 상태에 있다

Essere in gamba; (사람이) 능력이 있다

Essere d'accordo; (의견 등이 일치할 때) 좋다

Essere in ql.cu.; ~의 입장에 있다

Essere in pericolo; 위험에 처해 있다

Essere in buona salute; 건강하다

Essere in difficoltà economiche; 경제적 어려움에 처하다

Essere in lutto; 상중에 있다

Essere in condizione di fare ql.co.; ~을 할 수 있는 상황에 있다

Essere in pena; 고통스러운 상태에 있다

Essere in dubbio; 의심의 여지가 있다

Essere in viaggio; 여행중이다

Essere in vista; 나타나다

Essere di 도시명/가문; ~도시나 가문의 출신이다

Essere di molto valore; 매우 가치가 있다

Essere di buon gusto; 향기가 좋다, 품질이 좋다

Essere di grande effetto; 대단히 효과적이다

Essere da+inf.; ~할 것이 있다

Essere dalla parte di ql. cu.; ~를 지지하다

2) Avere 동사와 결합된 주요 표현들

Avere molta esperienza; 경험이 풍부하다

Avere buona memoria; 기억력이 좋다

Avere le mani bucate; 낭비벽이 있다

Avere mal di testa/gola/denti/stomaco; 머리/목/이/배가 아프다

Avere la febbre / la tosse; 열이 있다/기침을 한다

Avere un raffreddore; 감기에 걸렸다

Avere 기수 anni; 몇 살이다

Avere una carica; 일을 얻다

Avere una promozione; 승진하다

Avere da+inf.; 해야 할 것이 있다

Avere fame; 배고프다

Avere sete; 목마르다

Avere caldo / freddo; 덥다/춥다

Avere appetito; 식욕이 있다

Avere sonno; 졸립다

Avere ragione; 옳다

Avere luogo; 열리다, 개최하다

Avere fortuna / sfortuna; 운이 좋다/운이 나쁘다

Avere importanza; 중요한 존재가 되다

Avere coraggio; 용기가 있다

Avere timore; 두려워하다, 근심하다

Avere paura; 걱정하다

Avere vergogna di; ~에 대해 창피해 하다

Avere bisogno di; ~이 필요하다

Avere voglia di; ~이 하고 싶다

6.Dare 동사

영어의 give와 유사한 뜻을 갖는 dare 동사는 수여동사로서 제 4형식 문장에 사용할 수 있는 대표적 동사이다. 특히 동사 자체가 갖는 다의성으로 관용적으로 사용되는 표현이 많기 때문에 문장을 해석할 때 가장 애를 먹이는 동사 중의 하나이다. 동사의 불규칙 변화 항에서 동사의 활용과 변형은 이미 언급했기 때문에 여기서는 관용적으로 사용되는 주요 표현들을 예로 들어보도록 하겠다.

Dare aiuto(una mano); 도움을 주다

Dare in affitto; 임대를 하다

Dare in prestito; 대부하다, 빌려주다

Dare contro a ql. cu.; ~에 반대하다

Dare del tu a ql. cu.; ~에게 '너' 라고 하다

Dare un film; 영화 한편을 상연하다

Dare una festa; 축제를 열다

Dare luogo a ql.co.; ~를 불러일으키다, ~의 원인이 되다

Dare l'addio; '안녕' 이라고 말한다

Dare alla luce; 생산하다, 태어나다

Dare nell'occhio; 주의를 요하다

Dare delle prove; 증거를 제시하다

Darsi allo studio; 공부에 전념하다

Dare ragione(torto) a qlcu.; ~의 말이 정당하다고(부당하다고) 판단하다

Dare esame.; 시험을 보다

7. Stare 동사

stare 동사 역시 문법적으로 중요한 역할을 하는데, 특히 영어의 진행형과 같은 형태를 만들 때 기준이 되는 동사이다. 또한 전치사들과 함께 사용되어 특별한 의미로 많이 사용되기 때문에, 그 용법과 사용을 알아두면 많은 활용이 가능한 동사 중의 하나이다.

1) 일반적 의미

일반적으로 장소나 위치 및 상태 등에 '있다' 라는 의미로 많이 사용되며, 경우에 따라 '보존하다' 나 '거주하다' 등의 의미로도 사용된다.

Stare al sole; 햇볕에 있다

Stare all'ombra; 그늘에 있다

Stare all'aperto(al coperto); 실내(실외)에 있다

Stare alla finestra; 방관하다

Stare in fila(attesa); 줄서 있다, 대기중이다

Stare alla pioggia; 비오는데 있다

Stare a galla; 표류하다

Stare sull'attenti; 차렷 자세로 있다

Stare attento; 주의하다

Stare in ansia; 고심하다

Stare su; 서 있다

Stare con qlcu.; ~와 살다, ~와 의견이 일치하다

Stare a(in) qlcu.; ~에 달려있다

2) 진행형을 구성하는 동사로 사용하는 경우

현재 진행형과 과거 진행형 모두 만들 수 있다. 진행형의 구성은 'stare의 현재/과거 직설법 시제+동사의 진행형(gerundio), 형태이다. 동사의 진행형에 대하여는 뒤에 부정법을 다루는 장에서 보다 자세히 보겠지만, 여기서는 간단하게 진행형을 만드는 방법에 대하여만 알아보겠다. -are 동사 군은 어미가 -ando로 변화하며, -ere와 -ire 동사 군은 -endo로 변화한다. 따라서 현재 진행형을 만드는 방법을 보면 다음의 표와 같다.

io	sto	parlando	con Luisa
tu	stai	faccendo	i compiti per domani
lui/lei/Lei	sta	scrivendo	una lettera
noi	stiamo	leggendo	un libro giallo
voi	state	uscendo	di casa
loro/Loro	stanno	venendo	da noi

※ 진행형을 사용할 때 한 가지 주의해야 할 점은 일반적으로 현재나 과거의 동작 모두 상황의 진행이 계속되지 않는 경우가 아니면 진행형을 사용하지 않는 것이 바람직하다. 동작이 현재나 과거의 진행상태가 아니면, 보통 현재나 과거형을 그대로 사용하는 것이 바람직하다.

3) 전치사들과 결합된 특별한 용법

Stare per+inf.; 이제 막 ~하려 한다.

Stanno per uscire di casa. (그들은 막 집에서 나가려 한다)

Sta per piovere. (막 비가 오려고 한다)

Sto(starei) per dire (말하자면)

Stare a+inf.; ~하고 있다

Sta a vedere questo film. (그는 이 영화를 보고 있다)

Stanno ancora lì a chiacchierare. (그들은 아직 거기에서 잡담하고 있다)

4) 관용적 표현들

Stare bene; 건강이나 상태 등이 '좋다'. '잘 지내다' 로 해석할 수 있다

Come stai? (잘 지내니?)

Sto bene, grazie e tu? (그래, 잘 지내, 고마워, 너는?)

Sta veramente bene con queste scarpe. (그는 정말 그 구두들이 잘 어울린다)

Stare alle apparenze; 외관(표면적)으로 판단하다

Stare ai fatti(al fatto); 사실에 기초하다(근거하다)

Stare alle parole di qlcu.; ~의 말을 신뢰하다

Stare al segno; 도를 넘지 않다

Stare al proprio posto; 자신의 분을 지키다

Stare ai patti; 계약을 지키다

Stare allo scherzo; 농담을 받아들이다

단어정리 은행에 관련된 용어

la banca	sf. 은행
la banconota	sf. 지폐, 은행권
la moneta	sf. 통화, 화폐(일상적으로는 동전의 의미로도 사용)
il denaro	sm. 돈, 금전(추상명사로 보통 단수로 사용하지만, 회화체에서는 잘 사용하지 않는다)
i soldi	sm. pl. 돈의 가장 일반적인 명사로 회화체에서 주로 사용한다.
l'assegno	sm. 수표(~circolare ; 은행발행 수표)
gli spiccioli	sm. 잔돈
la valuta	sf. 외환
in contanti	현금으로/
con assegno	수표로/
a rate	할부로

*위의 3가지 결제 수단은 전치사가 각각 다르게 사용됨에 유의해야 한다.

il cambio di valuta	sm. 환전
il(la) correntista	sf.(sm.) 예금자
il credito	sm. 신용, 대부
il finanziamento	sm. 융자
il prestito	sm. 대부
l'interesse	sm. 이자
il tasso	sm. 이율
l'importo	sm. 총액
il deposito	sm. 예금
il conto di deposito	sm. 예금구좌
il conto corrente	sm. 당좌예금
il versamento	sm. 입금
il libretto	sm. 통장
arrivare	intr. (돈이) 도착하다
aprire(accendere) un conto a banca.	은행에 구좌를 개설하다
ritirare	tr. (돈을) 찾다, 인출하다
depositare	tr. 저축하다, 예치하다
versare	tr. 입금하다
mandare (i soldi)	tr. 송금하다

회화 Chulsoo sta male(철수가 아프다)

Roberto : Come stai, Lita?

Lita : Sto bene, grazie. Ancora dai qualche esame?

Roberto : Devo dare l'esame di matematica in questa settimana.

Lita : Hai paura di quell'esame?

Roberto : Un po', ma non tanto. Comunque devo studiare fino a questa settimana.

Lita : In bocca al lupo! Ah! Una domanda. Puoi vedere Chulsoo stasera?

Roberto : No, da due giorni non vedo Chulsoo. Lui non sta bene; ha un forte raffreddore e un po´ di febbre. Deve stare in casa al caldo. Vado da lui dopo la lezione. Vuoi venire anche tu?

Lita : Certo! Con molto piacere!

Roberto : A che ora per te è più conveniente per andarci?

Lita : Per me va bene dopo la cena.

Roberto : Alle 9 va bene?

Lita : Va bene, ciao!

Roberto : Ciao, ci vediamo alle 9.

강독 Luca e il nonno

Spesso il nonno va a prendere Luca. Lo accompagna sul grande viale dei giardini e si siede a leggere il giornale. Luca incontra sempre qualche altro bambino, con cui si ferma a giocare. Quando arriva il mese di aprile incominciano le gare degli aquiloni e Luca, con l'aiuto del nonno, ha sempre degli aquiloni bellissimi.

Esercizio

① 보기와 같이 질문을 완성하시오.

Es. Chiedete a Paolo il permesso di fumare in macchina.

➡ *Paolo, posso fumare in macchina?*

1) Chiedete a Paolo il permesso di telefonare a casa.

➡

2) Chiedete a Paolo il permesso di andare in bagno.

➡

3) Chiedete a Paolo il permesso di prendere un bicchiere d'acqua.

➡

4) Chiedete a Paolo il permesso di accendere la TV.

➡

5) Chiedete a Paolo il permesso di entrare.

➡

6) Chiedete a Marta di abbassare la radio.

➡

7) Chiedete al professore di aspettare un momento.

➡

8) Chiedete alla signora Rosa di ripetere la domanda.

➡

9) Chiedete ai ragazzi di parlare a bassa voce.

➡

10) Chiedete ai bambini di fare meno rumore.

➡

11) Chiedete a Mario se vuole un passeggio per il centro.

➡

12) Chiedete al professore se vuole una sigaretta.

➡

13) Chiedete ai ragazzi se vogliono qualcosa da bere.

➡

14) Chiedete a Claudio se vuole venire al bar.

➡

15) Chiedete ai bambini se vogliono fare merenda.

➡

② 보기와 같이 질문을 완성하시오.

Es. Vieni in piscina? (studiare)

➡ No, non posso, devo studiare.

1) Vieni con noi al cinema? (ripassare la lezione)

➡

2) Vienite a fare quattro passi? (lavare la macchina)

➡

3) Signora, rimane a cena da noi? (tornare a casa)

➡

4) Ragazzi, venite a fare un giro in bicicletta? (finire i compiti)

➡

5) Vuoi mangiare una fetta di dolce? (stare a dieta)

➡

6) Prendi un caffè con me al bar? (andare a fare la spesa)

➡

③ 괄호 안의 동사를 활용하여 다음의 문장을 완성하시오.

1) Per imparare l'italaino tu (dovere) .... venire a scuola ogni giorno.
2) I miei vicini (stare) .... sempre da soli perché non (conoscere) .... nessuno in questa città.
3) Non (io-potere) .... ancora nuotare bene come lui.
4) Roberto (andare) .... a letto presto stasera perché (avere) .... sonno.
5) Loro (volere) .... parlare con Luisa.
6) Generalmente questo treno arriva alle 11 e un quarto, ma oggi (arrivare)......... qualche minuto di ritardo.
7) Lui non (potere)........ venire al lago con noi perché (dovere)........ finire di studiare matematica.
8) Domani Lisa (dare) .... una festa per il suo compleanno.
9) Stasera io (andare) .... a ballare con Luca, ma non (volere) .... fare tardi perché domattina (dovere)........... alzarmi presto.

명사 Ⅱ 15

(Nome)

Ⅱ. 성과수

1. 명사의 성(性)

이탈리아어의 모든 명사는 '문법적 성' 을 갖는데, 이 문법적 성이란 한국어에는 없는 개념이다. 그러나 라틴어에서 파생된 언어 군들 "이탈리아어, 프랑스어, 스페인어 등" 특히 이탈리아어에서는 대단히 중요한 의미를 갖는다. 따라서 앞장에서 배운 수와 성의 개념은 앞으로 배울 모든 문법적 요소와 관련해서도 매우 중요한 개념인 것이다. 성과 수를 결합하여 명사를 분류하면 다음의 4가지 유형으로 분류될 수 있다. 문장의 성격이나 문장 요소의 정확한 일치성을 요하는 라틴어 계열의 언어 속성에 따라 이탈리아어에서도 남성 단수, 남성 복수, 여성 단수, 여성 복수의 4가지 분류는 문장을 결정하는 주요 요소 중의 하나이기 때문에 이들이 갖는 문법적인 의미는 중요하다. 이러한 의미에서 그 중요성이 강조되는 것이며, 명사의 성이 무엇이냐에 따라 기타 다른 가변 품사들과도 중요한 연관성을 갖게 된다. 자연적으로 남성과 여성의 성을 갖는 사물은 본래의 성이 문법적 성이 되지만 그 외의 명사들은 암기하는 것이 가장 바람직하다.

1) 자연적인 성을 갖는 명사 분류

① 남성과 여성이 독립적인 성을 갖는 명사들

남성	여성	남성	여성
padre(아버지)	madre(어머니)	frate(수도사)	suora(수녀)
fratello(형제)	sorella(자매)	celibe(독신남)	nubile(독신녀)
genero(사위)	nuora(며느리)	uomo(남자)	donna(여자)
papà(아빠:애칭)	mamma(엄마:애칭)	montone(숫양)	pecora(암양)
marito(남편)	moglie(아내)	toro(숫소)	vacca(암소)
maschio(남성)	femmina(여성)	porco(수퇘지)	scrofa(암퇘지)

② 일반적인 사물과 개념을 의미하는 보통명사들은 명사에 따라 성이 구분된다

남성	여성	남성	여성
libro(책)	penna(펜)	mare(바다)	montagna(산)
sole(태양)	luna(달)	fiore(꽃)	pianta(식물)
giorno(날, 일)	notte(밤)	spirito(마음)	anima(영혼)

③ 보통명사의 의미에 따른 성 구분에서의 일반적 기준

기준	남성명사	여성명사
나무명은 남성으로 그 열매명은 여성으로 표기하는 것이 일반적이다.	abete(전나무) arancio(오렌지나무) banano(바나나나무) pino(소나무) pero(배나무) ulivo(올리브나무) pesco(복숭아나무) melo(사과나무) *예외; palma(야자수목), quercia(오크목), 등	ciliegia(버찌) arancia(오렌지) banana(바나나) albicocca(살구) pera(배) uliva(올리브) pesca(복숭아) mela(사과) *예외;limone(레몬), fico(무화과)등
금속명과 화학원소명은남성으로 과학명과추상성을 나타내는 명사는 여성으로표기하는 것이 일반적이다.	oro(금) argente(은) ferro(철) rame(구리) bronzo(동) ossigeno(산소) idrogeno(수소) uranio(우라늄) calcio(칼슘) sodio(나트륨)	matematica(수학) virtù(덕) chimica(화학) biologia;생물학 linguistica(언어학) bontà(선) politica(정치학) giustizia(정의) fede(신념,믿음) pace(평화)

기준	
남성명사 요일과 월명은 남성으로 표기하는 것이 일반적	lunedì(월) martedì(화) mercoledì(수) giovedì(목) venerdì(금) sabato(토), *예외; domenica(일). 예외; gennaio(1월) febbraio (2월) marzo(3월), aprile(4월) maggio (5월) giugno(6월), luglio(7월) agosto(8월) settembre(9월),ottobre(10월) novembre(11월) dicembre(12월)
남성명사 산, 바다, 강, 호수, 방위 명은 남성	Cervio, Etna, Po, Erevest, Pirenei, Tevere, Trasimeno, Atlantico, Garda, Nord(북, Settentrione 북부), Sud(남, Mezzogiorno, Meridione 남부) Est(동,Levante,Oriente동양),Ovest(서,Ponente,Occidente 서양)*예외; Alpi, Maiella 등과 같은 산명과Senna, Loira 등과 같은 강 명
여성명사 대륙, 국가, 지역, 도시, 섬 명은여성	Europa, Francia, Africa, Argentina, Toscana, Umbria, Marche, Napoli, Sicilia, Sardegna. *예외; Beglio, Egitto, Stati Uniti 등과 같은 국가명과 Piemonte, Lazio의 주명 및 Cairo, Madacascar와 같은 명사

2) 명사의 성전환(명사의 이동성)

이탈리아어의 대부분의 명사들이 모음으로 끝나며, 모음에 따라 그 명사의 일반적 성격이 남성과 여성으로 구분될 수 있다는 의미는 '명사의 이동성' 이라는 독특한 문법적 성질을 수반한다. 이는 명사의 성격에 따라서 **마지막 모음이나 일정한 음절의 형태를 바꿔줌으로써 남성명사를 여성명사로 전환**시킬 수 있다는 점과 명사의 어미가 중성적 성질을 갖는 -e로 끝나는 명사들, 혹은 −a로 끝나는 일부 명사들 중에서는 명사의 어미 변화에 의하지 않고 **관사의 형태에 의해 명사의 성을 결정**할 수 있다는 사실을 의미한다.

남성	여성	남성	여성
alunno(제자,생도)	alunna(여제자)	straniero(외국인)	straniera(외국인)
maestro(스승)	maestra(스승)	zio(숙부)	zia(숙모)
ragazzo(소년)	ragazza(소녀)	bambino(남자아이)	bambina(여자아이)
figlio(아들)	figlia(딸)	impiegato(사무원)	impiegata(사무원)
amico(남자친구)	amica(여자친구)	cavallo(숫말)	cavalla(암말)
contadino(농부)	contadina(농부)	gatto(수코양이)	gatta(암코양이)

① -o(남성명사)를 -a(여성명사)로 전환하는 명사들

남성	여성	남성	여성
poeta(시인)	poetessa(여류시인)	duca(공작)	duchessa(공작부인)

② -a(남성명사)를 -essa(여성명사)로 전환하는 명사들

남성	여성	남성	여성
signore(신사)	signora(숙녀)	cameriere(남종업원)	cameriera(여종업원)
padrone(남주인)	padrona(여주인)	marchese(후작)	marchesa(여후작)
infermiere(남간호사)	infermiera(여간호사)	studente(학생)	studentessa(여학생)
principe(왕자)	principessa(공주)	presidente(의장)	presidentessa(여의장)
leone(숫사자)	leonessa(암사자)	conte(백작)	contessa(백작부인)

③ -e(남성명사)를 -a(여성명사) 혹은 -essa(여성명사)로 전환시키는 명사

남성		여성	
단수	복수	단수	복수
il nipote(조카, 손자)	i nipoti	la nipote	le nipoti
il parente(친척)	i parenti	la parente	le parenti
il cliente(고객)	i clienti	la cliente	le clienti
il giovane(젊은이)	i giovani	la giovane	le giovani
il francese(프랑스인)	i francesi	la francese	le francesi
il milanese (밀라노사람)	i milanesi	la milanese	le milanesi
il cantante(가수)	i cantanti	la cantante	le cantanti
un insegnante(강사)	gli insegnanti	un'insegnante	le insegnanti
un amante(연인)	gli amanti	un'amante	le amanti
il giornalista(기자)	i giornalisti	la giornalista	le giornaliste

④ 공통의 성을 갖는 명사들 : 이들 명사는 어미의 형태나 변화에 의해 남성과 여성을 구분하는 것이 아니라 관사에 의해 성을 구별하는 명사들이다. 따라서 수를 나타낼 때에도 관사의 형태에 의해 성을 구분할 수 있다.

il pianista (피아니스트)	i pianisti	la pianista	le pianiste
un artista (예술가)	gli artisti	un'artista	le artiste
il collega (동료)	i colleghi	la collega	le colleghe

3)성에 따른 명사의 의미 변화

명사 중에는 동일한 형태를 갖더라도 어미가 남성형(-o)이냐 여성형(-a)이냐에 따라 뜻이 달라지거나, 동일한 철자를 갖는 명사라 할지라도 남성명사일 때와 여성명사일 때의 의미가 달라진다. 후자의 경우에는 정관사에 의해 남성과 여성의 구별이 가능하며, 그 성에 따라 각각의 뜻을 갖게 된다. 이러한 형태를 갖는 주요한 명사들을 보면 아래의 구분과 같다.

① 어미에 따른 동일 명사의 의미 구분

남성명사일 경우	의미	여성명사일 경우	의미
buco	구멍(인공적인소구멍)	**buca**	동굴(자연발생의미)
regolo	자	**regola**	규칙 , 규정
modo	방법, 방식	**moda**	유행
pianto	울음, 눈물	**pianta**	식물, 나무
baleno	전광, 순간의 빛	**balena**	고래
foglio	한 장의 종이, 서류	**foglia**	잎
porto	항구	**porta**	문
legno	목재	**legna**	장작, 땔감
pezzo	조각	**pezza**	천 조각
masso	암반, 암괴	**massa**	집단, 군중
banco	벤치, 작업대	**banca**	은행

② 성에 따른 동일 명사의 의미 구분

남성명사일 경우	의미	여성명사일 경우	의미
il pianeta	혹성, 유성	**la pianeta**	미사용 성의
il fine	목적	**la fine**	끝, 종말
il radio	라듐	**la radio**	라디오
il fronte	전선(전쟁의 최전방)	**la fronte**	이마
il capitale	자본	**la capitale**	수도
il fonte	원천, 정보원	**la fonte**	연못, 샘
il tema	주제	**la tema**	공포, 두려움
il cenere	유해	**la cenere**	재
il finale	종결,대미	**la finale**	결승전, 어미

단어정리 식품에 관련된 용어(1)

il cibo	sm. 음식
il nutrimento	sm. 음식물, 양분
il pasto	sm. 식사
la bevanda	sf. 음료
il condimento	sm. 양념, 조미료
la salsa	sf. 소스
l'antipasto	sm. 식욕을 돋우기 위해 식사 전에 먹는 음식
il primo piatto	sm. 첫 번째 요리
l'uovo(le uova)	sm.(pl.) 달걀(복수형은 불규칙)
il pane	sm. 빵
il pesce	sm. 생선
la carne	sf. 고기
la verdura	sf. 야채
i legumi	sm. pl. 콩류(보통 복수형으로 사용)
i funghi	sm. pl. 버섯(보통 복수형으로 사용)
il formaggio	sm. 치즈
il dolce	sm. 후식용 단 과자류
la frutta	sf. 과일
la caloria	sf. 칼로리
le proteine	sf. pl. 단백질(보통 복수형으로 사용)
i grassi	sm. pl. 지방질(보통 복수형으로 사용)
gli idrati di carbonio	sm. pl. 탄수화물(보통 복수형으로 사용)
le vitamine	sf. pl. 비타민(보통 복

수형으로 사용)

fresco;	agg. 신선한
↔ conservato;	agg. 저장용의
buono;	agg. 맛이 훌륭한
↔ cattivo;	agg. 맛없는
squisito;	agg. 맛이 좋은
↔ repellente;	agg. 맛이 나쁜
appetitoso;	agg. 식욕을 당기는
↔ ripugnate;	agg. 식욕을 없애는
gustoso;	agg. 맛이 좋은
↔ disgustoso;	agg. 맛이 없는
saporito;	agg. 향기가좋은,맛이좋은
↔ insipido;	agg. 아무 맛이 없는
magro;	agg. 기름기가 없는
↔ grasso;	agg. 기름기가 많은
leggero;	agg. 가벼운, 지방이 적은
↔ pesante;	agg. 무거운,
indigesto;	agg. 소화가 안 되는
cucinato;	agg. 조리된
↔ naturale;	agg. 자연식의
caldo;	agg. 따뜻한
↔ freddo;	agg. 찬

회화 방을 구하면서 (In cerca di una camera)

Affittacamere : Buongiorno, desidera?

Pietro : Buongiorno, signora. Mi chiamo Pietro Pezzuti. Vengo dall'Australia, ma i miei genitori sono italiani.

Affittacamere : Piacere, Francesca Rossi!

Pietro : Ha una camera libera d'affittare?

Affittacamere : Sì, ho una bella camera singola: è comoda, luminosa e tranquilla. Quanto tempo vuole rimanere?

Pietro : Studio la lingua italiana e voglio fare un corso di tre mesi.
Quant è l'affitto della camera?

Affittacamere : Non è caro, trecentocinquantamila lire al mese, ma deve dare un mese di anticipo.

Pietro : D'accordo, ma prima posso vedere la camera?

Affittacamere : Certo, si accomodi.

강독 Italia

L'Italia è una penisola, con una forma allungata simile a uno stivale. A nord la lunga ed elevata catena delle Alpi separa la penisola itaiana dal resto dell' Europa. Un'altra grande catena di montagne, gli Appennini, percorrono la Penisola da Nord a Sud per oltre 1,200 chilometri. La Sicilia e la Sardegna sono le isole maggiori. Le coste(circa 8,500 Km) hanno caratteri diversi che rendono il paesaggio molto vario. L'Italia, infatti, non è un Paese uniforme e omogeneo: la varietà del paesaggio, del rilievo del clima, della vegetazione, crea profonde differenze tra una regione e l'altra. Il Po è il fiume più lungo(652 Km).

L'Italia è una repubblica. Il suo territorio è diviso in 20 regione. La capitale è Roma; altre città importanti sono: Milano, Torino, Napoli, Firenze, Bologna, Venezia, Genova e Palermo. L'Italia ha 56,411,290 di abitanti(al 20 ottobre 1991). Le attività più importanti sono: l'industria, l'agricoltura, il turismo, l'artigianato, la pesca. Le industrie principali sono quelle tessili, automobilistiche, siderurgiche e chimiche. L'Italia esporta generi alimentari(vini, formaggi e frutta), tessuti, macchine varie, automobili, prodotti chimici e dell'artigianato. Importa cotone, lana, legname, minerali vari e petrolio.

Esercizio

① 아래의 단어들을 여성명사로 전환시키시오.

1) il pediatra ➡ il tennista ➡
2) un adolescente ➡ il cane ➡
3) l'oste ➡ l'infermiere ➡
4) il sacerdote ➡ il commerciante ➡
5) il padre ➡ il barone ➡
6) un bimbo ➡ l'uomo ➡
7) il celibe ➡ il presidente ➡
8) il lupo ➡ l'elefante ➡

② 다음의 단어들에 대하여 각각 남성복수/여성단수/여성복수로 전환시키시오.

1) l'autore ➡
2) lo psichiatra ➡
3) il flautista ➡
4) il marchese ➡
5) il collega ➡
6) il turista ➡
7) il commesso ➡
8) il barista ➡
9) il ragazzo ➡
10) il maestro ➡
11) il giovane ➡
12) il cantante ➡
13) un amico ➡
14) il parente ➡

16

전치사 I

(Preposizione)

Ⅰ. 개요와 종류

1. 개요

전치사란 문의 구성요소들이나 하나 혹은 그 이상의 문장들을 연결시켜 주는 기능을 하는 가변 품사이다. 일반적으로 가장 많이 사용되는 전치사는 di, a, da, in, su, per, con, tra(fra) 등이 있으며, 문장 안에서 단독으로 사용하는 단순 전치사와 관사와 결합된 전치사 관사라는 형태가 있다.

2. 일반전치사

1) Di

가장 일반적인 기능은 문의 요소와 요소들을 연결하는 기능이며, 소유의 의미를 나타내기도 하고, 명사를 특정화하거나 꾸며주는 역할을 담당하기도 하며, 명사나 대명사를 보조하는 등의 여러 가지 보어의 역할을 한다.

① 특정화

l'albero dell'ulivo; 올리브 나무

gli impiegati del comune; 시청 직원들

il timore della guerra; 전쟁의 공포

il palazzo di giustizia; 사법부

il maestro di mia figlia; 내 딸의 스승

la crisi di economia; 경제 위기

i fiori di pero; 배꽃

② 부분

una parte della squadra; 분대원, 팀의 일원

alcuni di loro; 그들 중의 몇몇

pochi di noi; 우리 중의 소수

③ 장소로부터의 이동(moto da luogo)

Esco di casa presto; 나는 집에서 빨리 나간다

Girare di città in città; 이 도시 저 도시를 돌다

Andare di male in peggio o di bene in meglio; (상황 등이)점점 악화되거나 혹은 점점 나아지다

④ 출신

Sono di Seoul; 나는 서울 출신이다

un giovane di buona famiglia; 좋은 가문의 젊은이

⑤ 주제

un libro di storia; 역사책

il tratto di pace; 평화조약

Discutere di politica; 정치에 대하여 논의하다

⑥ 재료

il muro di cemento; 시멘트 벽

l'anello di diamante; 다이아몬드 반지

le scarpe di pelle; 가죽 신

una statua di marmo; 대리석 상

⑦ 때, 시간

di notte, di giorno, di mattina, di sera; 밤의, 낮의, 아침의, 저녁의

d'estate, d'inverno; 여름에, 겨울에

di giorno in giorno; 매일 매일

di ora in ora; 매시매시

2) A

전치사 a는 일반적으로 방향을 의미하는 전치사로 가장 많이 사용된다. 보통 전치사 di보다는 좀더 광범위한 방향성을 나타내며,모음으로 시작하는 명사나 동사 앞에서 ad로 많이 쓰이고 연음시켜 발음한다. 전치사 a는 다음과 같은 기능을 한다.

① 대상

Lo chiedi a me?; 너는 그것을 나에게 묻느냐?

A chi regali quel disco?; 저 디스켓을 누구에게 선물할거니?

Regalare un disco ad un amico; 친구에게 디스켓 한 장을 선물하다

② 장소에서의 상태(stato in luogo)

Abitare a Roma; 로마에 살다

Restare a casa; 집에 남다

Sono impiegato al ministero degli Esteri; 나는 외무성 직원이다

③ 장소로의 이동(moto a luogo)

Vado a Genova; 나는 제노바에 간다

Non vengo al cinema; 나는 영화관에 가지 않는다

④ 때, 시간

Svegliarsi all'alba; 새벽에 잠이 깨다

Dorme a mezzanotte; 그는 자정에 잔다

al tuo arrivo; 너의 도착에

a Natale; 크리스마스에

al mio compleanno; 나의 생일에

⑤ 수단

Andare a piedi; 걸어서 가다

Andare a cavallo; 말 타러가다

barca a vela; 돛단 배

Scrivere a macchina; 타자 치다

Giocare alla carta; 카드놀이 하다

⑥ 목적

Uscire a passeggio; 산책하러 나가다

Andare a pesca; 낚시하러 가다

É destinato a grandi imprese; 커다란 사업에 목적을 두다

⑦ 가격, 계량

tutto a mille lire; 모두 천 리라

Andare a 130 chilometri l'ora; 시간당 130킬로미터를 가다

due mila lire al chilo; 1킬로그램에 2천 리라

tre pasti al giorno; 하루에 세끼

3) Da

전치사 da는 일반적으로 출신지, 기원, 유래 등을 나타낼 때 가장 많이 사용된다. 또한 장소와 관련하여 대상에 따라 전치사 a와 유사하게 사용되기도 한다. 이 경우 한 가지 유의해야할 사항은 전치사 a가 일반적으로 방향성을 나타내는데 반하여, 전치사 da는 의도하는 장소나 목적지 등을 표현한다. 그러나 이 경우에 있어서도 단순히 장소명과 함께 사용하는 경우는 문법적으로 틀린 용법이다. 다음은 이에 대한 명확한 예문들이다.

Es. 1. Vado dal medico. (나는 의사에게 간다; O)

2. Abito da mia madre. (나는 어머니 집에서 산다; O)

3. Vado dal cinema. (나는 영화관에 간다; X)

4. Abito da via Garibaldi. (나는 가리발디 가에서 산다; X)

5. Faccia recapitare la lettera dal direttore.

(사장님 **방에** 편지를 발송해 주십시오)

6. Faccia recapitare la lettera al direttore.

(사장님**께** 편지를 발송해 주십시오)

*1과 2의 예문은 장소를 명확하게 표현하고 있다. 즉, dal medico는 lo studio del medico로 간다는 의미를, da mia madre는 la casa di mia madre에서 산다는 의미

를 표현한 것이다. 이에 반해 3과 4의 문장에서 사용된 극장과 거리 명은 단순한 장소를 나타내기 때문에 전치사 da를 쓰지 않고, 보다 일반적인 방향성을 나타내는 전치사 a를 쓰는 것이 올바른 표현이다. 또한 5의 예문에서 dal direttore는 nella stanza del direttore의 의미를 나타낸 것이고, 6의 예문 al direttore는 al direttore in persona, nelle mani del direttore, 즉 사장에게 직접 보낸다는 의미를 담고 있는 것이다. 다음은 보다 세분된 전치사 da의 용도이다.

① 장소로부터의 이동(moto da luogo)

Vengo da Milano; 나는 밀라노에서 온다

Si è trasferito da Roma a Firenze; 그는 로마에서 피렌체로 이사했다

Cadere dalla padella nella brace; 프라이 판에서 불로 떨어지다(악화되다)

② 장소로의 이동(moto a luogo)

Arrivo subito da te; 나는 너에게 곧 도착한다

③ 시간

Non lo vedo da molti anni; 나는 그를 오래 전부터 보지 못했다

Lavorare dalla mattina alla sera; 아침부터 저녁까지 일한다

Aspetto l'amico da tanto tempo; 나는 오래 전부터 친구를 기다린다

④ 목적

sala da pranzo; 식당

spazzolino da denti; 칫솔

abito da sera; 야회복(외출복)

carte da gioco; 놀이용 카드

servizio da caffè; 커피 세트

occhiali da sole; 선글라스

costume da bagno; 수영복

⑤ 가격, 평가

cravatta da 10 mila lire; 만 리라 짜리 넥타이

automobile da dieci milioni; 천만 리라 짜리 자동차

- giacche da cinquantamila in su; 5만 리라 이상의 자켓
- Sarà dai quaranta ai cinquanta anni; 40살에서 50살 사이일 것이다

4) In

일반적으로 전치사 in은 공간이나 시간상에서의 위치를 나타낼 때 사용하는 경우가 많다. 또한 장소를 나타내는 많은 명사들 중에서는 전치사 a가 아닌 in을 사용해야 하는 경우가 많으며, 이런 용법들은 반드시 암기를 요한다. 다음은 자주 사용되는 전치사 in의 용법들이다.

① 장소에서의 상태(stato in luogo)

Sto in ufficio; 나는 사무실에 있다

Vivo in città; 나는 시내에 산다

Abito in via Cairoli; 나는 카이롤리 가에서 산다

Ha una casa in Sardegna; 그는 사르데냐에 집이 하나 있다

Essere in prigione; 투옥상태이다

② 장소로의 이동(moto a luogo)

Quest'estate vado in Francia; 나는 이번 여름에 프랑스에 간다

Scendo in cantina; 나는 지하실에 내려간다

Andare in collega; 동료에게 간다

③ 지정된 시간

Sono nato nel 1950; 나는 1950년에 태어났다

Verrò in estate; 나는 여름에 갈 것이다

Ci rivediamo nel mese di maggio; 5월에 봅시다

④ 수단

andare in treno; 기차로 가다

pagare in contanti; 현금으로 지불하다

⑤ 재료

mobili in noce; 호두나무로 만든 가구

sculture in bronzo; 동으로 만든 조각

rilegare in cuoio; 가죽으로 잇다

5) Con

일반적으로 전치사 con은 첨가, 참여, 동반, 부대상황 등의 의미를 갖는다.

① 동반, 결합

vado con lui; 나는 그와 함께 간다

arrosto con patate; 감자와 함께 구운 고기

farò il viaggio insieme con un amico; 나는 친구와 함께 여행을 할 것이다

esci con ombrello; 우산을 가지고 나가라

② 관련, 관계

ho un appuntamento con il medico; 나는 의사와 약속이 있다

sposarsi con una straniera; 외국여자와 결혼하다

sei gentile con me; 너는 나에게 친절하다

paziente con i bambini; 어린이에게 인내하는

6) Perx

전치사 per는 일반적으로 '~통하여'란 의미로 사용되며, 수단이나 목적의 의미로 가장 많이 사용한다.

① 경유장소에의 이동(moto per luogo)

passare per Milano; 밀라노를 경유하다

uscire per uscita; 출구로 나가다

② 장소, 혹은 목적지로의 이동(moto a luogo)

partire per l'America; 미국으로 떠나다

l'autobus per la stazione; 역으로 가는 버스

una lettera per te; 너에게 온 편지

ha una grande passione per la musica; 그는 음악에 커다란 열정을 갖고 있다

③ 계속된 시간

per due ore; 2시간 동안

per sei mesi; 6개월간

ho lavorato per tutta la notte; 나는 밤새 일했다

④ 목적

combattere per la libertà; 자유를 위해 투쟁하다

un impianto per la lavorazione della seta; 실크 가공을 위한 공장시설

per esempio; 예를 들면

7) Su

기본적으로 전치사 su는 유사함, 인접, 상위의 위치 등을 나타낸다.

① 주제

conferenza sul disarmo; 비무장에 대한 회의

una mostra sul futurismo; 미래주의에 대한 전시회

hanno discusso sulla situazione economica; 그들은 경제상황에 대하여 논의했다

② 나이

un uomo sui trent'anni; 30살 가량의 남자

una donna sulla quarantina; 40세 가량의 여자

8) Fra(=Tra)

발음의 편의상 선택하여 사용하며, 일반적으로 두 요소 사이의 관계나 연관성을 나타낸다.

① 장소에서의 상태(stato in luogo)

una casa tra gli alberi; 나무 사이의 집

tra due monti si stende una vallata; 두 산 사이로 계곡이 하나 뻗어 있다

② 거리

fra cinquecento metri; 500미터 사이(혹은 후)

tra due chilometri c' é un benzinaio; 2킬로미터 이후에 정유소가 하나 있다

③ 시간

fra una settimana; 일주일 후

- arriverò tra un'ora; 1시간 후에 도착할 것이다
- sono libero tra le otto e le nove; 나는 8시와 9시 사이에 한가하다
- parlare tra il sonno; 졸음 속에서 이야기하다

단어정리 식품에 관한 용어(2)

il desinare sm. 정찬 또는 동사로도 사용

la merenda sf. 간식

i maccheroni sm. pl. 이탈리아 파스타의 일종

gli gnocchi sm. pl. 파스타의 한 종류로 모양이 경단과 비슷하게 생김

gli spaghetti sm. pl. 가늘면서 둥글고 긴 이탈리아식 국수

le tagliatelle sf. pl. 편편하면서 긴 칼국수 면처럼 생긴 이탈리아식 국수

i tortellini sm. pl. 조그마한 만두와 같이 생긴 파스타의 한 종류

le lasagne sf. pl. 라쟈냐(달걀과 치즈 등으로 만든 파스타의 한 종류)

il risotto sm. 이탈리아식 쌀 요리

la farina sf. 밀가루

il riso sm. 쌀

l'apertivo sm. 식욕을 돋우기 위해 마시는 음료

il vino rosso(bianco) sm. 적색(흰색)포도주

il brodo sm. 우리 식의 국과 같은 종류

la zuppa sf. 우리 식의 탕과 같은 종류

la minestra sf. 스프

l'orzo 보리

il contorno sm. 주 요리에 곁들여 나오는 야채 요리

il prosciutto crudo(cotto) sm. 건조한 생(훈제) 살코기

il panino sm. 빵 속에 여러 재료들을 넣은 이탈리아식 햄버거

l'insalata sf. 샐러드와 유사

il salame sm. 생고기를 말리거나 훈제하여 만든 소세지와 유사

le salsicce sf. pl. 창자껍질 안에 혼성 육을 넣어 만든 생 소세지

lauto; agg. 호사한, 잘 차린

=abbondante; agg.↔parco; agg. 간소한

la golosità: sf. 탐식, 진미

↔la sobrietà: sf. 절제, 절주

picante agg. 매운

cuocere tr. 요리하다, 조리하다

cucinare tr. 요리하다

arrostire tr. 불에 굽다

friggere tr. 튀기다

bollire tr. 끓이다

tritare	tr. (고기 등을) 가늘게 갈다	**frullare**	tr. 젓다, 저어서 섞다
macinare	tr. 가루가 되게 하다	**riscaldare**	tr. 데우다
grattugiare	tr. 가루를 내다	**schiumare**	tr. 거품을 내다

회화 이탈리아에 있는 두명의 외국학생 (Due studenti stranieri in Italia)

Ivan : Signorina, parla italiano?

Greta : No, non ancora bene.

Ivan : Però capisce quando io parlo?

Greta : Sì, capisco un po', ma non tutto.

Ivan : Che lingue parla?

Greta : Il tedesco, il russo e lo spagnolo. E Lei, quante lingue parla?

Ivan : Parlo un po' francese e inglese, ma preferisco parlare italiano.

Greta : Quando Lei parla italiano, pensa direttamente in italiano, senza tradurre dalla Sua lingua?

Ivan : No, traduco dalla mia lingua È difficile pensare direttamente in una lingua straniera.

Greta : Per Lei l'italiano è una lingua facile o difficile?

Ivan : Per me è abbastanza facile. Posso capire e dire quasi tutto in italiano.

강독 Come gli italiani salutano il nuovo anno

Per gli italiani festeggiare il Capodanno è molto importante. La sera del 31 dicembre tutti fanno qualcosa per aspettare il nuovo anno e per accoglierlo nel modo migliore. C'è chi lo festeggia con un bel cenone dove non devono mancare, oltre ad alcuni dolci tradizionali come il torrone e il panettone, le lenticchie: queste infatti sono di buon augurio perché rappresentano i soldi. C'è chi nell' attesa si diverte giocando a carte o a tombola con parenti o amici. C'è chi lo aspetta in un locale pubblico dove si balla e si fa baldoria fino alla mattina.

Ci sono poi alcune cose che si fanno a Capodanno perché portano fortuna, come ad esempio: indossare qualcosa di rosso, buttare dalla finestra qulcosa di vecchio, sparare i cosidetto "botti."

Tutti, comunque, a mezzanotte in punto aprono una bottiglia di spumante e brindano con le persone care, scambiandosi gli auguri di un felice anno nuovo.

Esercizio

① 다음의 빈칸에 올바른 전치사를 넣으시오.

1) Giovanni è greco, ... Atene.
2) Alì è .... Italia .... studiare l'italiano.
3) La professoressa è .... Università.
4) Enrico è studente .... medicina.
5) Valeria è commessa .... un grande magazzino.
6) Gli studenti sono .... aula.

7) La borsa di Cornelia è .... sedia.

8) Il libro .... Karl è .... tavolo.

9) Le penne .... Hiroko sono .... borsa.

10) Marta è .... piedi, Filippo è seduto.

11) I fogli sono .... cassetto.

12) .... banco ci sono le sigarette .... Ingrid.

13) Paul vive .... Stati Uniti.

14) Marco abita .... Milano .... famiglia.

15) La finestra .... mia camera dà .... un giardino.

16) Torniamo .... casa .... nove.

17) Abito .... via Mazzini 28.

18) I negozi chiudono .... una.

19) .... camera .... letto c'è uno specchio.

20) La segretaria è .... ufficio tutto il pomeriggio.

21) I signori Rossi abitano .... periferia vicino .... stazione.

22) I libri sono .... tavolo.

23) Le chiavi .... .macchina sono .... borsa.

24) Elena scrive una cartolina .... Paolo.

2 다음의 글 중에서 괄호 안에 적절한 전치사를 넣어서 문장을 완성하시오.

Paolo deve preparare un esame. Perciò studia 1)( ) giorno e 2)( ) notte 3)( ) molte ore. Spesso gli amici lo invitano ad andare 4)( ) pizzeria 5)( ) loro, ma lui dice sempre 6)( ) no. Preferisce cenare in casa 7)( ) solo e mangiare 8)( ) fretta un piatto 9)( ) spaghetti 10)( ) burro.

문장론 Ⅲ 17

(sintassi)

Ⅲ. 인칭과 시제 및 법

1. 인칭

영어와 달리 이탈리아어에서 인칭이 갖는 의미는 더욱 중요하다. 이는 동사의 형태나 주어의 성을 결정하는데 있어서 중요한 하나의 기준이 되기 때문이다. 단수와 복수의 1/2/3 인칭이 있어, 모두 6가지의 인칭 형태를 갖는다. 특히 이러한 인칭이 문장에서 주어로 사용될 경우에는 동사의 형태가 각각의 인칭에 따라 변하기 때문에 보통 문장 안에서 주어를 생략하는 경우가 많다.

단수	**1인칭**	'나'를 지칭하는 인칭으로 주어로 사용되는 인칭대명사의 형태는 io이다.
	2인칭	'너'나 '상대방'을 지칭하는 인칭으로 주격 인칭대명사의 형태는 tu이다.
	3인칭	1인칭과 2인칭을 제외한 모든 삶과 사물을 지칭하는 인칭이다. 특히 사람을 지칭하는 대표적 주격 인칭대명사의 형태는 lui(그), lei(그녀), Lei(당신) 등이 있다.

복수	**1인칭**	'우리'에 해당하는 복수 인칭으로 주격 인칭대명사의 형태는 noi이다.
	2인칭	'너희들'에 해당하는 복수 인칭으로 주격 인칭대명사의 형태는 voi이다.
	3인칭	1인칭과 2인칭을 제외한 모든 복수 품사들이 이에 해당하며, '그들/그녀들'에 해당하는 형태는 loro이고, 존칭의 의미를 갖는 '당신들'에 해당하는 형태는 Loro이다.

2. 시제

시제란 하나의 문장이 나타내는 시점을 의미한다고 볼 수 있다. 특히 동사와 가장 관련이 깊은 부분으로 시제에 따라 동사의 형태가 변하기 때문에 이탈리아어는 동사의 형태를 보면 시제를 판단할 수 있다. 다른 언어들과 마찬가지로 현재/과거/미래의 3가지 기본 시제를 갖지만, 각각의 세분된 시제 구분은 약간의 차이가 있다. 또한 시제는 항상 법과 함께 결합하여 구분되는데, 이는 각각의 법에 따라서 시제의 종류가 다르기 때문이다. 그러므로 시제를 구별할 때에는 그 기준이 시제와 법이라는 두 가지 요소를 함께 고려하여 사용하는 것이 바람직하다.

▶ 현재시제는 일반적으로 가장 많이 사용되는 시제로 현재의 사실이나 동작 및 상황 등을 표현할 때 사용한다.

Es. Gabriella canta. (가브리엘라는 노래한다)

Vado a Torino. (나는 또리노로 간다)

Loro abitano in via Roma. (그들은 로마 가에 산다)

▶ 미래시제는 앞으로 일어날 사건이나 상황을 표현하는데, 현대 이탈리아어에서는 주로 미래의 사실이라는 기준에 의해 미래시제를 사용하기보다는 미래의 사실 중에서도 실현 가능성에 대한 정확한 예측이 어려울 경우에 더 많이 사용한다. 단순시제인 단순미래와 복합시제인 선립미래의 두 가지 시제가 있다.

Es. Lui partirà per Corea fra dieci giorni. (그는 한국으로 10일 뒤에 떠날 것이다)

Dopo che avrò mangiato, uscirò con Anna.

(나는 식사를 한 뒤에 안나와 함께 나갈 것이다)

▶ 이에 반해 과거의 시제 구분은 좀더 세분화된다. 모두 5가지로 구분되는데; 근과거, 반과거, 원과거, 대과거, 선립과거이다. 각각의 사용에 대하여는 이러한 시제를 다루게 될 장에서 보다 자세히 취급하기로 하고 간략하게 전체적인 개요만을 언급하도록

하겠다. 과거시제 중에서 가장 중요한 시제는 근과거와 반과거이다. 근과거는 과거에 발생한 동작이나 사건 등을 주로 표현하며, 반과거는 과거의 상황이나 사실 등을 나타내고자 할 때 주로 사용한다. 원과거는 시점 상으로 앞의 두 시제보다 더 이전의 과거를 표현하며, 일반적으로 피렌체 지방을 제외하고는 일상 생활에서 자주 사용되지 않고 책이나 신문 등에서나 사용되는 시제이다. 대과거는 반과거와 관련된 복합시제로, 선립과거는 원과거와 관련된 복합시제로 사용한다.

Es Mario mi ha telefonato ieri. (마리오는 나에게 어제 전화했었다)

Quando arrivai a casa, Marco non era ancora uscito.

(내가 집에 도착했을 때, 마르꼬는 아직 나가지 않았었다)

▶ 이와 같은 시제 중에서 사용되는 동사의 수와 보조동사의 유무에 따라 다시 단순시제와 복합시제로 구분할 수 있는데, 현재/미래/반과거/원과거 시제는 단순시제이며, 근과거/대과거/선립과거/선립미래 시제는 복합시제이다. 단순시제와 복합시제의 사용상의 차이에 대하여는 여러 가지 기준이 있겠지만 이탈리아어에서 **복합시제를 사용하는 가장 커다란 기준은 완료의 의미를 갖는 점**이다. 영어의 시제보다 이탈리아어는 시제 구분이 비교적 단순한 편이므로 경우에 따라서는 정확한 시제의 선택이 어려울 때도 있다. 그러나 사용상의 차이는 비교적 뚜렷하기 때문에 비교적 시제 선택이 용이한 편이지만, 각각의 시제에 다른 동사 변화가 심하기 때문에 이를 정확하게 사용하는 것이 어려운 부분이라고 볼 수 있다.

Es. Ho amato lui. (나는 그를 사랑했다)

Avevamo avuto una bella casa. (우리들은 아름다운 집을 가지고 있었다)

Fu arrivato. (그는 도착했다; Fu는 essere 동사의 원과거의 형태)

Loro saranno partito. (그들은 떠났을 것이다)

3) 법

화자의 말하는 방법을 나타내는 법은 모두 5가지가 있다. 직설법, 명령법, 접속법, 조건법, 부정법의 5가지는 각각의 상황이나 조건에 따라 그 사용이 결정되기 때문에 똑같은 표현이라 할지라도 어떤 법을 사용하느냐에 따라 그 느낌이나 어감이 전혀 다를 수가 있다.

Es. '나에게 전화해라!' 라는 표현은 다음의 3가지 법으로 표현이 가능한데, 그 각각의 표현에서 전달하는 어감이나 느낌이 조금씩 다르다는 것을 알 수 있다.

Telefonami! (명령법; 보다 직접적이고 직설적인 표현)

Mi puoi telefonare! (직설법; 위의 표현보다는 부탁이나 요청을 구하는 표현)

Mi potresti telefonare! (조건법; 보다 간곡하고 정중한 의미의 표현)

▶ 직설법은 말 그대로 있는 사실을 직접 설명하는 법으로 가장 많이 사용되며, 객관적인 사실을 나타내는 법이다.

▶ 명령법은 명령이나 충고 등을 나타낼 때 사용하는 법으로 직설법과 함께 처음 언어를 배우는 이들이 가장 먼저 배워야할 법인데, 이는 어린아이가 언어를 습득하는 과정에서 자연스럽게 자신의 의지나 욕구 등을 표현할 때 배우는 방법이기 때문에 외국어를 접하는 이들이 가장 먼저 배워야할 법인 것이다.

▶ 접속법은 간략하게 정의하자면, 주관적인 법이다. 즉, 이 말은 직설법이나 명령법 등이 하나의 객관적인 사실을 표현하는 법이라면, **접속법이란 화자의 주관적인 사고나 의지 등을 표현할 때 사용**되는 법인 것이다.

▶ 조건법은 **문장 안에 희망이나 기원 등의 조건을 표현**하고자 할 때 사용되는 법으로, 단독으로 사용할 때에는 일반적으로 보다 정중한 표현의 의미를 갖으며, 접속법과 함께 사용되어 가정문으로 표현될 수 있다.

▶ 앞의 4가지 법이 각각의 인칭이나 시제 성과 수들을 비교적 명확히 드러내는 법인데 반하여, **부정법은 이러한 기본적 문장의 구성 기준들이 드러나지 않거나 부분적으로 밖에는 나타나지 않는 형태의 법을 의미한다.**

결론적으로 이탈리아어의 문장들은 그 어떠한 문장이라도 위에서 언급된 성/수/인칭/시제/법이라는 5가지의 기준에 의해 문장이 성립되기 때문에 이들 중 어느 하나라도 문법적으로 틀릴 경우에는 정확한 표현이 아닌 것이다. 또한 문장 안에서 이들 요소들이 드러나는 품사는 동사이기 때문에 동사에 대한 정확한 구별이 문장을 해석하거나 말을 할 때의 기준 품사라는 사실을 명심해야 한다. 따라서 그 어느 경우라도 이 같은 5가지 문장 구성의 기준을 염두하고 언어를 사용해야 한다.

※ 동사의 시제와 법의 구분에 대한 표

법(modo)	단순시제 (tempo semplice)	복합시제 (tempo composto)	복합시제를 만드는 방법 조동사 (essere나 avere)+p.p.
직설법 (indicativo)	현재 (presente)	근과거 (passato prossimo)	조동사(직설법 현재)+과거분사
	반과거 (imperfetto)	대과거 (trapassato prossimo)	조동사(직설법 반과거)+과거분사
	원과거 (passato remoto)	선립과거 (trapassato remoto)	조동사(직설법 원과거)+과거분사
	단순미래 (futuro semplice)	선립미래 (futuro anteriore)	조동사(직설법 미래)+과거분사
접속법 (congiuntivo)	현재 (presente)	과거 (passato)	조동사(접속법 현재)+과거분사
	반과거 (imperfetto)	대과거 (trapassato)	조동사(접속법 반과거)+과거분사
조건법 (condizionale)	현재(presente)	과거(passato)	조동사(조건법 현재)+과거분사
명령법 (imperativo)	현재(presente)		
부정법(infinitivo)			
부정사 (infinito)	현재(presente)		조동사(부정사 현재)+과거분사
분사 (participio)	현재(presente) 과거(passato)		조동사(부정사 현재)+과거분사
동명사 (gerundio)	현재(presente)	과거(passato)	조동사(동명사 현재)+과거분사

※ 인칭과 시제 및 법에 따른 essere와 avere 동사의 변화표

① Essere 동사

인칭	직설법			
	현재	근과거	반과거	대과거
io	sono	sono stato(a)	ero	ero stato(a)
tu	sei	stato(a)	eri	eri stato(a)
lui/lei/Lei	stato(a)	è stato(a)	era	era stato(a)
noi	siamo	siamo stati(e)	eravamo	eravamo stati(e)
voi	siete	stati(e)	eravate	eravate stati(e)
loro/Loro	sono	sono stati(e)	erano	erano stati(e)
	원과거	선립과거	미래	선립미래
io	fui	fui stato(a)	sarò	sarò stato(a)
tu	fosti	fosti stato(a)	sarai	sarai stato(a)
lui/lei/Lei	fu	fu stato(a)	sarà	sarà stato(a)
noi	fummo	fummo stati(e)	saremo	saremo stati(e)
voi	foste	foste stati(e)	sarete	sarete stati(e)
loro/Loro	furono	furono stati(e)	saranno	saranno stati(e)

인칭	접속법			
	현재	근과거	반과거	대과거
io	sia	sia stato(a)	fossi	fossi stato(a)
tu	sia	sia stato(a)	fossi	fossi stato(a)
lui/lei/Lei	sia	sia stato(a)	fosse	fosse stato(a)
noi	siamo	siamo stati(e)	fossimo	fossimo stati(e)
voi	siate	siate stati(e)	foste	foste stati(e)
loro/Loro	siano	siano stati(e)	fossero	fossero stati(e)

인칭	조건법		명령법	부정법
	현재	과거	현재	
io	sarei	sarei stato(a)	-	부정사 /현재essere
tu	saresti	saresti stato(a)	sii	과거essere stato/a
lui/lei/Lei	sarebbe	sarebbe stato(a)	sia	분사 /현재essente
noi	saremmo	saremmo stati(e)	siamo	과재stato
voi	sareste	sareste stati(e)	siate	동명사/현재essendo
loro/Loro	sarebbero	sarebbero stati(e)	siano	과재 essendo stato/a

② Avere 동사

인칭	직설법			
	현재	근과거	반과거	대과거
io	ho	ho avuto	avevo	aveo avuto
tu	hai	hai avuto	avevi	avevi avuto
lui/lei/Lei	ha	ha avuto	aveva	aveva avuto
noi	abbiamo	abbiamo avuto	avevamo	avevamo avuto
voi	avete	avete avuto	avevate	avevate avuto
loro/Loro	hanno	hanno avuto	avevano	avevano avuto
	원과거	선립과거	미래	선립미래
io	ebbi	ebbi avuto	avrò	avrò avuto
tu	avesti	avesti avuto	avrai	avrai avuto
lui/lei/Lei	ebbe	ebbe avuto	avrà	avrà avuto
noi	avemmo	avemmo avuto	avremo	avremo avuto
voi	aveste	aveste avuto	avrete	avrete avuto
loro/Loro	ebbero	ebbero avuto	avranno	avranno avuto

인칭	접속법			
	현재	근과거	반과거	대과거
io	abbia	abbia avuto	avessi	avessi avuto
tu	abbia	abbia avuto	avessi	avessi avuto
lui/lei/Lei	abbia	abbia avuto	avesse	avesse avuto
noi	abbiamo	abbiamo avuto	avessimo	avessimo avuto
voi	abbiate	abbiate avuto	aveste	aveste avuto
loro/Loro	abbiano	abbiano avuto	avessero	avessero avuto

인칭	접속법		명령법	부정법
	현재	근과거	현재	
io	avrei	avrei avuto	-	부정사/현재 avere
tu	avresti	avresti avuto	abbi	과재avere avuto
lui/lei/Lei	avrebbe	avrebbe avuto	abbia	분사/현재 avente
noi	avremmo	avremmo avuto	abbiamo	과재avuto
voi	avreste	avreste avuto	abbiate	동명사/현재 avendo
loro/Loro	avrebbero	avrebbero avuto	abbiano	과거 avendo avuto

☞ 이 두 동사는 이탈리아어의 기본 동사로 단독으로 사용하거나 조동사로 사용하는 경우에도 문장의 구성에서 상당히 중요하다. 위의 도표는 이탈리아어의 시제와 법에 대한 전형적인 하나의 예로 제시함과 동시에 가장 기본적인 동사의 변화 형태라는 의미에서 도표화한 것이다.

단어정리 식품에 관련된 용어(3)

il sale fine(grosso)	sm. 가는(굵은) 소금	**il burro**	sm. 버터
lo zucchero	sm. 설탕	**il dado**	sm. 다시다
il pepe	sm. 후추	**la salsa di soia**	sf. 간장
l'aceto	sm. 식초	**il sugo di pomodoro**	sm. (흔히 스파게티용)토마토 소스
i polveri di peperoncino	sm. pl. 고추가루	**la salsa(di pomodoro)**	sf. (토마토)장
il peperoncino	sm. 고추	**la salsa verde**	sf. 야채장
il zenzero	sm. 생강	**il maionese**	sf. 마요네즈
l'aglio	sm. 마늘	**la ragù**	sm. 라구(고기나 야채 등을 섞어 만든 소스의 일종)
la cipola	sf. 양파	**la salsa d'acciughe**	sf. (멸치 등의) 액젓
il cipolino	sm. 파	**il vino da cucina**	sm. 요리용 포도주
l'olio d'oliva	sm. 올리브유		
l'olio di sesamo	sm. 참기름		
l'olio di semi	sm. 식용유		
la grappa di riso	sf. 청주(흔히 요리에 사용되는 청주)		
la panna	sf. 판나		

회화 이 책은 얼마입니까? (Quanto costa questo libro?)

A : Quanto costa questo libro?

B : É un'edizione rara; costa 28,000 lire.

A : Non è troppo caro? Sa, io sono uno studente con pochi soldi. Posso avere il libro per un po' meno.

B : Quanto può spendere?

A : Posso spendere al massimo 23,000 lire.

B : Ma, è troppo poco. Non voglio fare un gran guadagno, ma capisce bene, una riduzione di 5,000 lire è troppo forte!

A : Va bene, signore, quale riduzione può fare?

B : Posso vendere il libro a 25,000 lire, va bene?

A : Lei fa un buon affare. Non voglio contrattare più; Lei è molto gentile. Siamo d'accordi. Ecco 25,000 lire.

B : Grazie! Arrivederci!

A : ArrivederLa!.

강독 Roma,là città dell' eternità

Roma, città di storia, di arte e di tradizione, è la capitale d'Italia. Ha circa tre milioni di abitanti. Sede del parlamento Nazionale (Montecitorio e Palazzo Madama), e del Governo(Palazzo Chigi), è il centro della vita politica italiana. Il Quirinale, residenza del Presidente della Repubblica. Il Campidoglio, dove ha sede il Comune di Roma.

Migliaia di turisti da ogni parte del mondo sono ogni anno a Roma per visitare i suoi monumenti più celebri: Piazza Navona, il Foro Romano, il teatro Marcello, Trinità dei Monti, Piazza di Spagna.

Il Colosseo è forse il monumento più famoso di Roma. Costruito dall'imperatore Vespasiano e dal figlio Tito, ha duemila anni di vita. È lungo 156 metri, alto circa 50. È il simbolo dell'eternità di Roma.

La Fontana di Trevi. è una delle più belle fontane di Roma e fra le più celebri del mondo. Secondo una tradizione popolare, i turisti che gettono una moneta nella fontana sono sicuri di ritornare ancora a Roma.

Piazza San Pietro è una piazza monumentale, capolavoro del Bernini. Ci sono 284 colonne che chiudono una grande superficie, come due grandi braccia. Al centro c'è un obelisco alto 25 metri. Ai lati dell' obelisco ci sono due bellissime fontane. In fondo, la più imponente basillica della Cristinità, cuore del mondo cattolico.

Esercizio

1 다음의 문장들을 해석하시오.

1) Ho una borsa di pelle.
2) Quella casa è veramente bella.
3) Lui accende la lampada.
4) Apro la finestra, invece chiudi la porta.
5) Vogliamo invitare Anna.
6) Andate a mangiare una pizza dopo la lezione?
7) Vengo a scuola alle 9 di ogni mattina.
8) Non sono insegnanti d'italiano, ma studenti.
9) Facciamo una passeggiata dopo la cena.
10) Quando vuoi incontrare Francesca?

2 다음의 문장들을 작문하시오.

1) 우리는 책을 덮고, 가방을 엽니다.
2) 나는 연필을 하나 갖고 있지 않고, 펜을 하나 갖고 있습니다.
3) 우리들은 마리오와 이야기하기를 원합니다.

4) 나는 아직 이탈리아어를 잘 말하지 못합니다.
5) 이탈리아어를 배우기 위해서는 매일 학교에 와야합니다.
6) 나는 내일을 위해 연습을 합니다.
7) 너희들은 누구와 이야기하니?
8) 나는 공책을 의자 위에 놓습니다.
9) 나는 창문에서 많은 나무들을 봅니다.
10) 그는 가방에서 연필을 꺼냅니다.

③ 다음의 괄호 안에 적당한 전치사를 넣으시오.

1) Ogni mattina Marco va .... ufficio .... otto.
2) Stasera andiamo .... mangiare .... ristorante .... i nostri amici francesi.
3) Laura mangia sempre .... mensa.
4) Sabato parto .... Parigi......... aereo.
5) Tutte le sere vado .... letto .... mezzanotte.
6) Giorgio va .... piscina .... nuotare e .... prendere il sole.
7) Andiamo .... posta .... spedire una lettera.
8) Oggi Francesca ha lezione .... italiano.
9) Anna esce .... Luca e vanno .... cena .... pizzeria.
10) Sono stanco .... lavorare: ho voglia .... uscire .... prendere un po' .... aria.

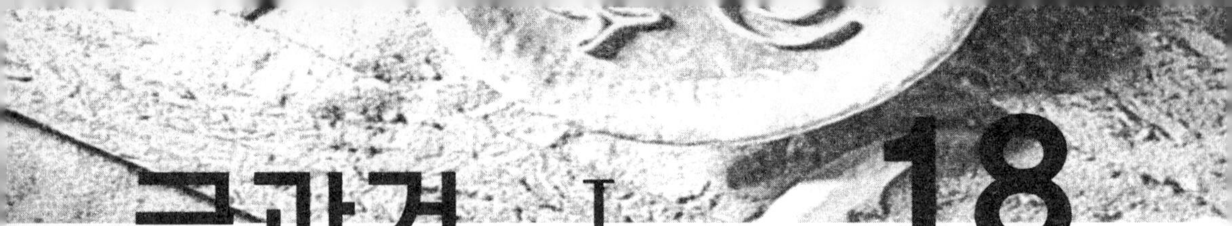

근과거 Ⅰ 18

(Passato prossimo)

Ⅰ. 개념

지금까지 배운 동사들은 직설법 현재라는 가장 기본적인 형태의 법과 시제에 대한내용들이었다. 이번 장에서는 과거시제의 기본이며, 복합시제의 기준이 되는 근과거에 대하여 배워보도록 하겠다. 근과거는 과거에 발생한 사실이나 동작을 표현하는 시제로 굳이 영어와 비교하자면, 현재완료 시제에 해당한다고 볼 수 있다. 그러나 영어의 현재완료와는 약간의 차이가 있기 때문에 이 두 시제를 동일시할 수 없음을 미리 밝힌다. 다만 근과거가 과거시제로 완료의 의미를 갖는다는 점에서 이를 비교할 수는 있을 것이다.

이미 밝혔듯이 완료의 의미를 갖는 근과거는 복합시제를 구성한다. 즉, 동사를 구성할 때 조동사(verbo ausiliare)라는 새로운 동사의 형태가 필요한 시제이다.

이탈리아어에서 조동사로 사용하는 동사는 앞에서 배운 기본 동사인 essere와 avere 동사이다. 따라서 근과거의 구성은 이들 조동사와 본동사가 결합된 복합시제인 것이다. 보통 과거시제를 구분할 때 자주 비교가 되는 시제는 근과거와 반과거인데, 이 부분은 다음의 반과거를 다룬 장에서 배우도록 하고, 이번 장에서는 근과거를 사용할 때 주의해야 할 사항과 형태에 대한 것만을 배우기로 하자.

현대 이탈리아어에서 근과거는 회화체에서 자주 사용된다는 점에서 뿐만 아니라 복합시제를 사용해야 할 상황에서 가장 간단하게 사용되는 과거시제라는 점에서 매우 중요하다. 근과거의 사용에서 가장 유의해야 할 점은 **조동사를 선택하는 문제**로, 본동사의 성격에 따라 essere와 avere의 두 조동사 중에서 어느 것을 사용할 지가 결정되는 것이다. **본동사의 성격에 따라 조동사가 결정**이 되면, essere 동사를 조동사로 사용하는 경우에는 주어의 성과 수를 본동사의 형태인 과거분사형의 어미와 일치시키는 문제가 중요하며, avere 동사를 조동사로 사용하는 경우에는 직접 목적격 보어와 본동사의 형태인 과거분사형의 어미일치 문제가 중요하다. 그러나 avere 동사와 결합하는 직접목적격 보어의 문제는 뒤의 목적격 보어를 다룬 장에서 다시 자세히 보도록 하고, 여기서는 위의 기본적인 두 가지 문제에 대하여만 살펴보도록 하겠다.

Ⅱ. 형태

1. 근과거의 구성

조동사(essere/avere) 직설법 현재+본동사의 과거분사형

인칭	essere를 조동사로 사용하는 형태		avere를 조동사로 사용하는 형태	
	현재	과거	현재	과거
io	sono	andato(a)	ho	avuto
tu	sei	sia stato(a)	hai	avuto
lui/lei/Lei	è	andato(a)	ha	avuto
noi	siamo	andati(e)	abbiamo	avuto
voi	siete	andati(e)	avete	avuto
loro/Loro	sono	andati(e)	hanno	avuto

2. 과거분사를 만드는 방법(규칙변화)

① - are 동사군 : 어미인 -are가 -ato로 변화한다

mandare	보내다	mandato	lavorare	일하다	lavorato
fumare	담배피우다	fumato	preparare	준비하다	preparato
parlare	말하다	parlato	imparare	배우다	imparato
amare	사랑하다	amato	tornare	돌어오다	tornato
incontrare	만나다	incontrato	arrivare	도착하다	arrivato
telefonare	전화하다	telefonato	dare	주다	dato
abitare	살다	abitato	presentare	출석/소개하다	presentato
insegnare	가르치다	insegnato	frequentare	다니다	frequentato
restare	남다	restato	entrare	들어오다	entrato
passare	지나다	passato	pregare	기도하다	pregato
regalare	선물하다	regalato	spiegare	설명하다	spiegato
guardare	쳐다보다	guardato	pagare	지불하다	pagato
ascoltare	듣다	ascoltato	cercare	찾다	cercato
comprare	사다	comprato	giocare	놀다	giocato
portare	가져가다	portato	dimenticare	잊다	dimenticato
desiderar	원하다	desiderato	studiare	공부하다	studiato
salutare	인사하다	salutato	viaggiare	여행하다	viaggiato
sperare	기원하다	sperato	mangiare	먹다	mangiato
aiutare	도와주다	aiutato	consigliare	충고하다	consigliato

② - ere 동사군 : 어미인 -ere가 -uto로 변화한다. 불규칙 변화가 가장 많은 동사 군이다

vendere	팔다	venduto	credere	믿다	creduto
avere	갖다	avuto	dovere	해야 한다	dovuto

temere	두려워하다	temuto	sedere	앉다	seduto
potere	할 수 있다	potuto	piovere	비가 오다	piovuto
ricevere	받다	ricevuto	tenere	유지하다	tenuto
sapere	알다	saputo	cadere	떨어지다	caduto
godere	즐기다	goduto	volere	하기를 원하다	voluto

③ - ire 동사군 : 어미인 -ire가 -ito로 변화한다

vestire	입다	vestito	abolire	폐지하다	abolito
dormire	자다	dormito	distribuire	분배하다	distribuito
fuggire	도망가다	fuggito	istruire	교육하다	istruito
servire	사용되다	servito	obbedire	복종하다	obbedito
avvertire	알리다	avvertito	agire	행동하다	agito
sentire	듣다	sentito	proibire	금지하다	proibito
capire	이해하다	capito	punire	벌주다	punito
seguire	쫓다	seguito	preferire	선호하다	preferito
unire	합치다	unito	pulire	청소하다	pulito
spedire	부치다	spedito			

3. 조동사의 선택 기준

1) Essere 동사와 결합하는 동사 유형

일반적으로 자동사들은 근과거에서 essere 동사를 조동사로 사용하며, 자동사들 중에서도 다음과 같은 몇몇 유형들과 특수한 동사의 형태들은 essere 동사를 조동사로 사용한다.

	partire(출발하다)		alzarsi(일어나다)	
io	sono	partito(a)	mi sono	alzato(a)
tu	sei	partito(a)	ti sei	alzato(a)
lui/lei/Lei	è	partito(a)	si è	alzato(a)
noi	siamo	partiti(e)	ci siamo	alzati(e)
voi	siete	partiti(e)	vi siete	alzati(e)
loro/Loro	sono	partiti(e)	si sono	alzati(e)

① 왕래발착과 이동성을 내포하는 동사류 : andare, venire, partire, arrivare, giungere, tornare, entrare, uscire, salire, scendere, cadere 등.

Es. Sono andato al cinema con i miei amici.
(나는 나의 친구들과 영화관에 갔었다)
È venuto dai suoi genitori in macchina ieri.
(그는 어제 자동차로 그의 부모님에게 왔다)
Loro sono partiti per Parigi ieri sera. (그들은 어제 저녁 파리로 떠났다)
A che ora sei tornata a casa? (너는 몇 시에 집에 돌아왔느냐?)

② 존재와 상태를 뜻하는 동사 : essere, esistere, stare, diventare, crescere, rimanere, restare 등.

Es. Quando siete stati in Italia? (너희들은 언제 이탈리아에 갔다 왔니?)
Dove sei rimasto ieri sera? (너는 어제 어디에 있었니?)
Sono restato da Paolo fino alle 9. (나는 9시까지 빠올로네 집에 있었다)

③ 그 외 일반 자동사 : nascere, morire, succedere, costare, piacere, riuscire, sembrare 등.

Es. Quando è nato Lei? (언제 당신은 태어났습니까?)
➡ Sono nato il 25 ago. 1973. (나는 1973년 8월 25일에 태어났습니다)
Il suo padre è morto in guerra. (그의 아버지는 전쟁 때 죽었다)
Non siamo riusciti a trovare una casa d'affitto.
(우리는 임대용 집을 찾지 못했다)

④ 재귀동사 및 재귀동사와 같은 형식을 취하는 동사 : lavarsi, svegliarsi,

alzarsi, prepararsi 등.

Es. Mi sono alzato alle sei ieri mattina. (나는 어제 아침에 6시에 일어났다)

⑤ 타동사의 수동태

Es. Un ragazzo è salvato dai poliziotti. (한 아이가 경찰들에 의해 구출되었다)

2) Avere 동사와 결합하는 동사 유형

보통 타동사의 근과거 시제는 조동사로 avere 동사를 사용하는데, 자동사들 중에서 이미 동사 안에 동작이 포함되어 있는 자동사들, 예를 들면 '잠을 자다' 라는 dormire 동사나 '꿈을 꾸다' 라는 sognare와 같은 동사들은 자동사이지만 조동사로 avere 동사를 사용한다.

	mangiare(먹다)		dormire(잠자다)	
io	ho	mangiato	ho	dormito
tu	hai	mangiato	hai	dormito
lui/lei/Lei	ha	mangiato	ha	dormito
noi	abbiamo	mangiato	abbiamo	dormito
voi	avete	mangiato	avete	dormito
loro/Loro	hanno	mangiato	hanno	dormito

① 타동사 능동태 전부

mandare, frequentare, amare, credere, leggere, ordinare, odiare, scrivere, prendere, mandare, dare, fare 등의 타동사.

Es. Ho mandato una lettera a mio padre.

(나는 아버지에게 편지 한 장을 부쳤다)

Abbiamo letto un libro giallo. (우리는 추리소설 한 권을 읽었다)

Lui ha dato i giochi ai suoi nipoti. (그는 조카들에게 장난감을 주었다)

② 일부 자동사들

piangere, ballare, assistere, camminare, cantare, fiorire, giocare, gridare, nuotare, parlare, passeggiare, pranzare, cenare, ridere, sedere, sognare, viaggiare, soffrire, sorridere, tacere 등의 자동사가 여기 속한다.

Es. Avete viaggiato con la macchina di Paolo in Italia?

(너희들은 이탈리아에서 빠올로의 자동차로 여행했느냐?)

Hai già cenato? (너는 벌써 저녁을 먹었니?)

Luca e Carla hanno nuotato in piscina ieri sera.

(루까와 까를라는 어제 저녁에 수영장에서 수영했다)

4. 근과거 형에서 주어의 성과 수에 따른 과거분사형 어미의 일치

essere 동사의 보어로 사용하는 형용사는 주어의 성과 수에 그 어미를 일치시켜 사용한다는 것을 이미 배운 바 있는데, 근과거 시제에서도 마찬가지로 **과거분사의 형태를 주어의 성과 수에 일치**시켜 주어야한다. 이는 과거분사형이 형용사적으로 사용된다는 점을 명심하면 쉽게 이해될 수 있다.

Es. **andare 동사를 사용한 경우**

Io sono andato a scuola.	(나는 학교에 갔다)
Tu sei andato al bar con noi.	(너는 우리와 함께 바에 갔다)
Lui è andato a casa alle sei.	(그는 집에 6시에 갔다)
Lei è andata alla stazione in autobus.	(그녀는 역에 자동차로 갔다)
Noi siamo andati in Italia per lavoro.	(우리는 이탈리아에 일 때문에 갔다)
Voi siete andati a Roma per turismo.	(너희들은 로마에 여행 때문에 갔다)
Loro sono andati al cinema stasera.	(그들은 오늘 저녁에 영화관에 갔다)
Paola e Francesca sono andate a letto.	(빠올라와 프란체스까는 잠자러 갔다)

☞ Avere 동사를 조동사로 사용하는 근과거의 형태에서 주어의 성과 수는 본동사의 형태인 과거분사의 어미와 일치시킬 필요가 없다. 이는 avere 동사의 경우 주어와 목적어의 성과 수가 일치하지 않기 때문이다. 다만, 목적격 보어(lo, la, li, le, ne)가 조동사 앞에 오는 경우에는 목적어의 성과 수는 과거분사의 어미와 반드시 일치시켜야 하는데, 이러한 일치 형태는 목적격 보어를 다루는 장에서 다시 다루기로 하겠다.

단어정리 식품에 관련된 용어(4)

la cicoria	sf. 잎이 넓은 상추와 같은 형태의 녹색과 하얀 색의 잎을 가진 야채 류를 총칭하는 말
la rucola	sf. 채소의 일종으로 잎이 고소한 맛이 난다.
il cavolo	sm. 양배추
il cavolo cinese	sm. 배추
il porro	sm. 대파
il cavolfiore	sm. 꽃양배추
il broccolo	sm. 브로콜리
la rapa	sf. 무
la cima di rapa	sf. 무잎파리
il ravanello	sm. 샐러드용 빨간 무
l'asparago	sm. 아스파라가스
la carota	sf. 당근
il carciofo	sm. 카르쵸피(주로 먹는 꽃 부분이 좀 질기나 이탈리아에서 가장 많이 사용하는 요리용 야채 중의 하나)
il finochio	sm. 아래 부분은 희고 줄기가 녹색인 채소로 샐러드용이나 전채로 먹으며 향이 강하다.
la patata	sf. 감자
il pomodoro	sm. 토마토
il peperone	sm. 피망
la melanzana	sf. 가지
la zucca	sf. 황색의 비교적 큰 호박
la zucchina	sf. 녹색의 작은 호박
il cetriolo	sm. 오이
i piscelli	sm. 소두의 일종으로 녹색임
i fagioli	sm. 완두콩의 일종
gli spinaci	sm. 시금치

회화 즐거운 저녁 나절(Una serata interessante)

Insegnate : Buongiorno a tutti! Come va? Come avete passato il fine-settimana? Tu, Piero, che cosa hai fatto sabato e domenica?

Piero : Domenica è stata una giornata tranquilla. Sono rimasto tutto il giorno in casa e così ho avuto la possibilità di fare tante piccole cose: ho scritto alcune lettere, ho messo in ordine la mia camera e ho anche studiato un po' l'italiano.

Insegnate : Sei rimasto a casa anche sabato?

Piero : Oh no, sabato sera ho passato una serata veramente bella e interessante. Sono andato a Spoleto ed ho ascoltato un bellissimo concerto all'aria aperta.

Insegnate : E' vero, nel mese di Luglio, come ogni anno, a Spoleto c'è il Festival dei mondi che comprende rappresentazione di opere liriche, teatrali, balletti ecc.... e che è iniziato nel 1958. Ci sei andato da solo, Piero?

Piero : No, ci siamo andati in quatro, con la macchina di Claudia. Per fortuna, perché il concerto è finito molto tardi ed a quell'ora non ci sono mezzi per tornare a Perugia.

강독 Che cosa ha fatto Paolo Rivera l'estate scorsa?

Ha finito la scuola a giugno. Ha cercato un lavoro per guadagnare un po' di soldi. Ha lavorato un mese ed ha risparmiato centomila lire. Così ha noleggiato un automobile assieme ad un suo amico e ha fatto un giro in Europa. Ha girato la Francia, il Belgio, l'Olanda, la Germania e la Svizzera. Ha visitato città e luoghi famosi, ha conosciuto molti ragazzi e ragazze della sua età e ha gustato cibi nuovi. Ha passato dei giorni meravigliosi ed interessanti. Durante questo viaggio ha parlato molto francese e tedesco e ha migliorato così la conoscenza di queste due lingue e ha imparato anche qualche frase di olandese.

Esercizio

① 다음의 현재형 문장들을 근과거 형으로 전환시키시오.

1) Parto per Milano alle 9. ➡
2) Lucia frequenta un corso di francese. ➡
3) Facciamo un viaggio all'estero. ➡
4) Ivo e Carlo passano la serata in casa. ➡
5) Lavorate fino a tardi? ➡
6) Prendiamo il treno delle 8. ➡
7) Faccio una passeggiata al centro. ➡
8) Il treno per Bologna arriva in ritardo. ➡
9) Laura ha l'influenza. ➡
10) Compri una macchina nuova? ➡
11) I bammbini dormono fino alle 10. ➡
12) Andiamo al cinema con Antonio. ➡

② 보기와 같이 주어진 단어를 활용하여 다음 질문에 답하시오.

Es. Dove sei andato?(ad Assisi)

➡ ***Sono andato ad Assisi.***

1) A che ora sei partito?(a mezzogiorno) ➡
2) Quando sei arrivato?(nel pomeriggio) ➡
3) Quando sei entrato in classe?(alle nove) ➡
4) Giulia, Con chi sei uscita?(con Marco) ➡
5) Quanto tempo sei rimasta ad Assisi?(una giornata) ➡
6) Come sei venuta a lezione?(a piedi) ➡
7) Dove sei stata?(a cena fuori) ➡

③ 보기와 같이 다음 문장을 근과거 형으로 바꾸시오.

Es. (finire) Gianni ha finito i suoi risparmi.

1) (ricevere) Ieri Silvia .... una lettera da Carla.
2) (capire) Noi non .... bene la lezione di ieri.
3) (trovare) Signora, ... una camera?
4) (conoscere) Signorina, dove .... quel ragazzo?
5) (finire) Carlo, quando .... l'università?
6) (cambiare) I Rossi .... il numero di telefono.
7) (cercare) Chi .... Anna, ieri sera?
8) (vendere) Voi .... il vostro appartamento?
9) (dormire) Questa notte io .... poco.
10) (lavorare) Ieri sera noi .... fino a tardi.

④ 다음의 빈칸에 적절한 전치사를 넣으시오.

1) Simone è stato .... vacanza .... mare.
2) Maria è andata .... campeggio .... un gruppo .... amici.
3) Ho preferito passare le ferie .... estero.
4) Sono andata .... montagna .... Sandro.
5) Il treno è partito .... Milano .... 16,30 ed è arrivato .... Venezia .... 19.
6) .... Firenze abbiamo fatto un giro .... centro.
7) I ragazzi sono partiti .... Parigi sabato scorso.
8) Siamo tornati .... casa .... mezzanotte.
9) Il treno .... Firenze è arrivato .... ritardo.
10) Ieri sera sono andato .... discoteca .... la mia ragazza.
11) Siamo saliti .... quarto piano .... ascensore.
12) Vanessa è andata .... Spagna .... imparare lo spagnolo.

근과거 Ⅱ 19

(Passato prossimo)

Ⅱ. 종류
5. 불규칙 과거분사의 종류
6. 근과거의 사용

Ⅱ. 종류

5. 불규칙 과거분사의 종류

규칙동사의 과거분사 형태 외에 자주 사용하는 동사 중에는 불규칙적으로 변화하는동사들이 상당히 많은데, 특히 -ere 동사군의 동사들이 많다. 다음은 불규칙 과거분사형 중에서 자주 사용되는 동사들만 간추려 다음의 표에 정리하였다.

1) -ere 동사군 동사들

동사	과거분사형	용례
essere	stato	Claudio non è stato mai a Roma.
accendere	acceso	Chi ha acceso il televisore?
accorgersi	accortosi	Non si è accorto di me.
assumere	assunto	Il direttore ha assunto una nuova segretaria.
bere	bevuto	Ieri sera abbiamo bevuto tre bottiglie di vino.

chiedere	chiesto	Mario ha chiesto scusa a Carla.
chiudere	chiuso	Hai chiuso la porta a chiave?
cogliere	colto	Ho colto una mela dall'albero.
conoscere	conosciuto	Abbiamo conosciuto nell'università.
correre	corso	Sono stanco perché ho corso tutto il giorno.
crescere	cresciuto	In un anno sono cresciuto di sei centimetri.
cuocere	cotto/cociuto	Abbiamo cotto troppo la pasta.
decidere	deciso	Ho deciso di partire in aereo.
difendere	difeso	Lui ha difeso la patria dai nemici.
dipingere	dipinto	Loro hanno dipinto una parete in azzurro.
dirigere	diritto	Ho diritto una grande ditta 5 anni fa.
discutere	discusso	La legge è discussa in Parlamento.
distinguere	distinto	Lui ha distinto bene il vero dal falso.
dividere	diviso	Abbiamo diviso questi soldi in due.
emergere	emerso	Una figura è emersa dall'ombra.
esplodere	esploso	La bomba è esplosa in piazza centrale.
fingere	finto	Per non salutarmi, ha finto di non avermi visto.
giungere	giunto	Oh, finalmente siamo giunti a casa!
invadere	invaso	Il Giappone ha invaso la nostra patria.
leggere	letto	Ho letto tutto il libro.
mettere	messo	Ho messo già lo zucchero nel caffè.
muovere	mosso	Chi ha mosso quel tavolo?
nascere	nato	La mamma di Anna è nata ad Atene.
nascondere	nascosto	Loro hanno nascosto la verità.
parere	parso	Mi è parso tempo di partire.
perdere	perso/perduto	Mario ha perso(perduto) il passaporto.
piacere	piaciuto	Vi sono piaciuti questi quadri?
piangere	pianto	La donna è pianta ad un tratto.

porre	posto	Le ha posto gli occhi addosso.
prendere	preso	Chi ha preso il mio ombrello?
proteggere	protetto	Quel generale ha protetto il suo castello dai nemici.
rendere	reso	Hai reso i soldi a Franco?
ridere	riso	Ha riso come matti.
rimanere	rimasto	Sono rimasto a casa di Giulio fino a tardi.
rispondere	risposto	Hai risposto alla lettera di Bruno?
rompere	rotto	La gamba di questo giocatore è rotta durante la partita.
scegliere	scelto	Che disco avete scelto?
scendere	sceso	Sei sceso con l'ascensore o a piedi?
scrivere	scritto	Ho scritto a macchina una lettera.
sorgere	sorto	Al suo apparire tutti sono sorti in piedi.
spegnere	spento	Avete spento la luce prima di uscire?
spendere	speso	Hai speso molto per far riparare la macchina?
spingere	spinto	Loro hanno spinto la porta per uscire.
succedere	successo	Stamattina è successo un grave incidente in Via Verdi.
tacere	taciuto	Ho taciuto dalla domanda di Paolo.
togliere	tolto	Questa bevanda mi ha tolto la sete.
trarre	tratto	Il ladro ha tratto in questura.
uccidere	ucciso	Il gelo ha ucciso questo albero.
vedere	visto/veduto	Avete visto(veduto) il film fino alla fine?
vincere	vinto	La Roma ha vinto il campionato nel 1983.
vivere	vissuto	Lorenzo è vissuto due anni a Parigi.

2) -are와 -ire 동사군

동사	과거분사형	용례
fare	fatto	Che cosa avete fatto ieri sera?
aprire	aperto	Perché non avete aperto la finestra?
dire	detto	Che cosa ha detto quell'uomo?
morire	morto	Il padre di Carlo è morto in guerra.
offrire	offerto	Il signor Rossi ha offerto la cena a tutti.
venire	venuto	Perché non siete venuti dentro?

6. 근과거의 사용

1) 과거 일정기간에 계속되었던 동작이나 상황은 근과거로 표현할 수 있다. 즉, 과거의 일정한 시점이 아닌 한정된 기간에 발생한 동작이나 상황을 의미하며, 보통 다음과 같은 시간이나 기간을 표현하는 부사구들과 함께 사용된다.

'tutto il giorno(il mese, l'anno, ecc., 'per un anno(una settimana, due mesi, ecc.), 'da .... a), 'fino a ....), 'una volta, 'molte volte, ecc.

Es. Ieri siamo rimasti tutto il giorno a casa.
(어제 우리는 하루종일 집에 있었다)
Ho seguito il corso d'italaino per un anno.
(나는 이탈리아어 강좌를 1년간 들었다)
Lui sono stato in Inghilterra da gennaio a marzo.
(그는 영국에 1월부터 3월까지 있었다)
I nostri bambini hanno dormito fino alle 10.
(우리 아이들은 10시까지 잤다)
In quel periodo abbiamo mangiato insieme a loro molte volte.
(그 당시에 우리는 그들과 함께 여러 번 식사를 했다)

2) 과거의 두 개 이상의 동작을 표현할 때, 동작의 동시성을 나타내는 것이 아니라 동작의 순차성, 즉 하나의 동작이 끝난 뒤 다른 하나의 동작을 표현하고자 할 때, 그 동작이 과거의 습관성을 나타내는 동작이나 상황이 아닌 경우 근과거를 사용할 수 있다.

Es. Ogni domenica è andata dai amici diversi.

(매주 일요일에 각기 다른 친구들에게 갔었다는 의미로 사용한 표현이다)

Da giovane Carlo ha cambiato spesso lavoro.

(젊었을 때부터 까를로는 직업을 자주 바꾸었다)

Ieri sera prima abbiamo cenato con Luca, e poi siamo usciti insieme.

(어제 저녁 우리는 먼저 루까와 저녁을 했고, 그리고 함께 나갔다)

▶ 조동사로 essere와 avere 동사 모두를 함께 사용할 수 있는 경우

① 날씨를 표현하는 동사들은 조동사로 essere와 avere를 모두 사용할 수 있다.

Es. E' piovuto. (비가 왔다)

Ha piovuto. (비가 왔다)

E' grandinato ad un tratto. (갑자기 우박이 내렸다)

Ha nevicato molto ieri sera. (어제 저녁에 많은 눈이 왔다)

② 양태동사인 potere, dovere, volere 동사들은 함께 사용되는 동사의 성격에 따라 조동사로 essere나 avere를 선택하여 사용한다. 즉, 함께 사용된 동사가 essere를 취하는 동사일 경우에는 조동사로 essere를 취하며, avere를 취하는 동사일 경우에는 avere동사를 취한다.

Es. E' voluto andare via.

(그는 가버리고 싶었다)

Loro sono dovuti arrivare fino alle 6.

(그들은 6시까지 도착해야 했었다)

Ha potuto studiare per l'esame di matematica.

(그는 수학 시험에 대비해 공부할 수 있었다)

Noi abbiamo dovuto fare i compiti.

(우리는 숙제를 해야만 했었다)

③ Finire, cominciare, terminare 등의 동사들은 주어가 사람일 경우에는 일반적으로 avere 동사를 조동사로 취하지만, 주어가 사물일 경우에는 수동태나 비인칭적으로 사용되어 essere 동사를 조동사로 취한다.

Es. Il vino è finito. (포도주는 다 마셨다)

Ho finito il vino. (나는 포도주를 다 마셨다)

Lo spettacolo è cominciato alle 10. (공연은 10시에 시작했다)

Loro hanno cominciato lo spettacolo alle 10.

(그들은 10시에 공연을 시작했다)

La lezione è terminata verso le 7. (수업은 7시경에 끝났다)

Quell' insegnante ha terminato la lezione un po' tardi.

(그 선생님은 수업을 약간 늦게 끝냈다)

이탈리아어에서 조동사를 essere로 사용하느냐 혹은 avere로 사용하느냐는 것은 매우 중요하다. 이는 근과거가 완료형 시제, 즉 복합시제 중에서 가장 먼저 배우는 시제이며, 근과거에서 essere와 avere 중에서 조동사를 어떤 동사로 결정하느냐의 기준이 다른 복합시제에도 그대로 적용되기 때문이다. 즉, 대과거나 선립과거 및 선립미래 시제 모두 이에 준하여 조동사를 결정한다는 의미인 것이다.

Es. Ero andato dai nonni.

(나는 조부 댁에 갔었다)

Loro avevano fatto una gran esperienza in Corea.

(그들은 한국에서 커다란 경험을 했었다)

Noi avemmo capito bene quella situazione.

(우리는 그 상황을 잘 이해했었다)

Lui fu arrivato a casa sua dopo il lungo viaggio.

(그는 오랜 여행 끝에 집에 도착하였다)

Lei sarà stata contenta di vederti.

(그녀는 너를 보아서 매우 기뻤을 것이다)

Carlo e Anna avranno avuto molta confusione.

(까를로와 안나는 매우 혼동스러울 것이다)

단어정리 식품에 관련된 용어 (5)

la pera	sf. 배	**moscia**	agg. 물렁물렁한
la mela	sf. 사과	**ammaccata**	agg. 상처가 있는
la mandorla	sf. 아몬드	**marcia=fradicia**	agg. 상한, 썩은
la pesca	sf. 복숭아	**saporita=fragrante**	
l'albiccoca	sf. 살구		agg. 향기가 좋은
la cilegia	sf. 버찌	**sugosa**	agg. 즙이 많은, 수분이 많은
l'uva	sf. 포도	**stopposa**	agg. 과즙이 적은, 질긴
la fragola	sf. 딸기		
il cocomero=l'anguria			
	sf. 수박		
il melone	sm. 멜론		
il caco	sm. 감		
la castagna	sf. 밤		
la noce	sf. 호두		
la nocciola	sf. 노치올라		
l'arancia	sf. 오렌지		
la mandarina	sf. 귤		
il pompelmo	sm. 자몽		
l'ananas	sm. 파인애플		
la banana	sf. 바나나	**selvatica**	agg. 야생의
vizza	agg. 시든	**esotica**	agg. 열대의

fresca: agg. 신선한

↔**secca:** agg. 말린

acerba: agg. 쓴, 설익은

↔**matura:** agg. 잘익은

dura: agg. 딱딱한

↔**molle:** agg. 부드러운

aspra=allappante: agg. 신, 시큼한

↔**dolce:** agg. 단, 달콤한

primaticcia=precoce:

agg. 조생의, 설익은

↔**tardiva:** agg. 발육이 늦은

회화 빠올로는 집을 바꾸었다 (Paolo ha cambiato casa)

Gianni : So che hai cambiato casa. Dove sei andato ad abitare?

Paolo : Ho comprato un appartamento in centro.

Gianni : È grande?

Paolo : Non tanto: due camere più servizi; ma in compenso ci sono una bella terrazza e un garage.

Gianni : Hai speso molto?

Paolo : Abbastanza! Ho finito quasi tutti i miei risparmi.

Gianni : In ogni caso sei stato fortunato! Di questi tempi è un vero affare trovare un appartamento in centro.

Paolo : Adesso vado via a mettere in ordine quella casa nuova. Ciao!

Gianni : Ciao! Ci vediamo alla prossima volta.

강독 Teddy e le stelle

Teddy sta andando a letto. Prima però ha messo accanto a sé il suo coniglietto di pezza. "Lascerò la finestra aperta. Questa sera non fa freddo". Nel cielo pieno di stelle c'è n'è una piccola poccola che nessuno ha mai visto.

Questa stellina ha sette figlie. Piccolissime anche loro e un po' matte.

La notte cercano di scappare dal cielo per entrare nelle case degli uomini. Eccole arrivate nella stanza di Teddy che dorme. Ogni salto sul pavimento è come una nota musicale.

Il coniglietto di pezza non sa resistere a una musica così bella e si mette a ballare con le stelline. Teddy dorme ma sente in sogno questa musica magica.

Le stelline saltano sul pavimento e Teddy sogna di essere in un grande campo pieno di fiori. Fiori che suonano e che invitan a ballare. Teddy ha trovato anche un'amica che balla con lui.

La notte sta per finire e le stelline scappano veloci per ritornare lontano nel cielo. Teddy racconta alla mamma il sogno e la musica che ha sentito.

Esercizio

① 보기와 같이 다음 질문에 답하시오.

Es. ***Che cosa hai fatto?(una gita) ➡ Ho fatto una gita.***

1) Che cosa hai scritto?(una lettera) ➡
2) Che cosa hai letto?(il giornale) ➡
3) Che cosa hai risposto?(di no) ➡
4) Che cosa hai preso al bar?(un caffè) ➡
5) Chi hai visto al centro?(gli amici) ➡
6) Quanto avete dovuto pagare?(un milione) ➡
7) Che cosa avete avuto in regalo?(un orologio d' oro) ➡
8) A chi avete scritto?(al dottore) ➡
9) Quando avete risposto alle lettera?(ieri) ➡
10) Quanto avete speso dal libraio?(molto) ➡

② 보기와 같이 주어진 동사의 근과거 형으로 다음 문장을 완성하시오.

Es. ***(tornare) Maria è tornata da Milano ieri sera.***

1) (andare) A vent'anni Luisa .... a vivere da sola.
2) (riuscire) Mario, ... a finire gli esami?
3) (succedere) L'incidente .... sull'autostrada.
4) (costare) Quanto ti .... quella gonna?
5) (rimanere) Ragazzi, ... fino alla fine dello spettacolo?
6) (diventare) Come .... difficile trovare lavoro oggi!
7) (nascere) Dante Alighieri .... a Firenze nel 1265.
8) (arrivare) Quando .... i tuoi genitori?
9) (restare) Signora Rosa, ... a casa tutto il giorno?
10) (scendere) Mio padre .... a prendere il vino.
11) (mettere) Fabrizio, dove .... la lettera di Giorgio?

12) (chiedere) .... voi il numero di telefono a Carlo?

13) (rispondere) Marcello, non .... ancora alla mia domanda!

14) (leggere) Signorina, ... già questo libro?

15) (dire) Che cosa .... Maria e Franca?

16) (bere) Ieri sera .... troppo e ora sto male.

17) (scegliere) .... tu questo disco?

18) (aprire) Giovanni e Carla .... un ristorante a Parigi.

19) (accendere) Mariella ed io .... la televisione per vedere un film giallo.

20) (chiudere) Chi .... la cassaforte a chiave?

③ 다음의 문장들을 보기와 같이 근과거 형 문장으로 변형시키시오.

Es. Di solito posso leggere il giornale la mattina.

➡ ***Ieri ho potuto leggere il giornale***

1) Stamattina posso prendere la macchina di mio padre.

➡

2) Oggi Elena può uscire con Sebastino.

➡

3) Di solito possono lasciare il bambino a mia madre.

➡

4) Stamattina Giorgio e Marco possono andare al parco.

➡

5) Stasera devo studiare molte ore.

➡

6) Di solito Daniella deve uscire di casa alle 8.

➡

7) Oggi pomeriggio dobbiamo preparare il pranzo in fretta.

➡

8) Oggi i ragazzi devono tornare a casa presto.

➡

9) Di solito devo lavorare fino a tardi.

➡

10) Stasera le ragazze vogliono restare a casa.

➡

11) Stamattina posso fare colazione da solo.

➡

12) Di solito Luca vuole rimanere a letto fino a tardi.

➡

4 다음의 빈칸에 근과거 형으로 동사를 변형시키시오.

1) Colombina racconta: La sera di carnevale (ballare) .... fino a mezzanotte. Poi, senza un motivo, la musica (finire)............... e un amico mi (chiamare).............. . "Tuo padre (morire)..............," mi (dire)............. . Io (andare)............. subito nell'afficio di papà, ma non (trovare)............ nessuno. Per un momento (pensare) .... ad un brutto scherzo. Poi tutti (cominciare)............. a ripetere le stesse parole e la festa (diventare)............ un funerale. Senza capire, (ballare)............. la gente. Così (arrivare)........... nella camera di Arlecchino. Là, su una sedia, (vedere)............ mio padre morto. 2) Arlecchino racconta: La sera di carnevale io e Pantalone (entrare)............ nella mia camera verso le dieci. (Parlare) .... del quadro, poi lui (tornare)........... nel suo ufficio ed io (scendere)............ alla festa. (Bere)............, (leggere).............. poesie e (discutere)............ un po´ con tutti. Prima delle undici (incontrare)........... Brighella; gli (chiedere)........... di salire a vedere il mio quadro ma lui non (volere)............ . Mi (dire).......... di avere un appuntamento importante.3) Brighella racconta: Dopo la sera di carnevale (ricevere).............. molte lettere da

Colombina e Arlecchino. I due giovani mi (scrivere) .... la loro opinione sulla morte del banchiere e così io (potere) .... capire la verità: nessuno (uccidere)........... . Pantalone, la sua morte (essere).......... un suicidio. Dopo il fallimento della sua banca, il mio amico non (avere)............ la forza per continuare.

5 다음의 빈 칸에 적절한 전치사를 넣으시오.

Il direttore ha finito 1).......... leggere e ora guarda Altiero 2).......... curiosità:

- Perché mi hai chiesto 3).......... guardare questa lettera? 4).......... me le storie 5).......... amore non interessano. - Ma, direttore, Lei sa bene che Pantalone èstato un grande banchiere e che la sua banca è molto importante 6).......... Venezia. - E' vero, Altiero. Questa Colombina però non parla certo 7).......... banche e 8).......... affari.

- Ha ragione, ma 9).......... MONDO-NET ho trovato molte altre lettere: e non tutte parlano 10).......... amore. Guardi questa, 11)......... esempio: dice cose molto interessanti 12).......... quella morte!

- Senti Altiero, ho mloto 13).......... fare. Se tu pensi 14).......... conoscere la verità sulla morte 15).......... Pantalone, scrivi un articolo. Adesso, però, vai 16).......... lavorare 17)......... piacere. 18).......... Venezia comincia 19).......... piovere. Il direttore 20)......... Gazzettino prende il telefono 21).......... mano. Altiero Ranelli capisce che il tempo è finito. Si alza, saluta e torna 22)......... lavorare.

대명사 Ⅰ 20

(Pronomo)

Ⅰ. 대명사의 일반적 개념과 분류

문법적인 의미에서 대명사란 직접적으로 사람이나 사물을 지칭하지 않고 이를 나타낼 수 있는 여러 가지 형태를 의미하며, 양이나 질 및 공간에 대한 몇몇의 기초적 특징들을 정확하게 나타내는 일군의 형태들의 의미를 갖기도 한다. 그러나 실제로 대명사의 의미보다는 이들 대명사가 갖는 문법적인 기능이 더욱 중요한데, 주로 다음과 같은 세 가지의 주요한 기능을 한다. 첫째는 대화상에서 **언어적 경제성을 위하여 명사의 중복을 피할 때** 사용한다. 둘째는 문장이나 대화 중에 흔히 **무언가를 지시하거나 지칭하기 위하여** 대명사는 사용된다. 셋째는 대명사가 문장의 주요 요소를 구성할 때에도 많이 사용되는데, 특히 **주어나 목적어 및 술어보어로서도** 사용될 수 있다는 것을 의미한다.

대명사는 흔히 문법적 기능과 형태에 따라 인칭 대명사, 소유 대명사, 지시 대명사, 부정 대명사, 의문 대명사, 관계 대명사로 분류할 수 있는데, 소유 대명사, 지시 대명사, 의문 대명사 부분은 형용사를 배우면서 언급했던 형태들이다. 이탈리아어에서 이들 형태가 같은 부분은 문장 안에서 어떤 문법적 기능을 하느냐에 따라 형용사로 혹은 대명사로 분류할 수 있다. 단순히 명사나 다른 형용사들을 한정하거나 서술해주는 경우에는 형용사로 분류하지만, 문장의 주어나 목적어 등으로 사용되는 경우에는 대명사로 분류할 수 가 있는 것이다. 따라서 이 장에서 보다 정확한 설명을 요하는 부분은 인칭 대명사와 관계 대명사인데, 관계 대명사 부분은 나중에 따로 한 장을 할당하여 배우기로 하고, 인칭 대명사에 대한 부분만을 설명하도록 하겠다.

Ⅱ. 인칭 대명사

인칭 대명사는 크게 주격과 보격으로 구분하는데, 주격은 각각의 인칭에 따라 문장의 주어나 술어보어로 사용되는 형태들을 의미한다. 이에 반해 보격은 전치사의 목적격이나 타동사의 목적어 등으로 사용되는 형태로 이탈리아어에서는 이를 강세형(Forma tonica o forte)과 약세형(Forma atona o debole)으로 구분한다.

1. 인칭 대명사 주격

주격의 형태에 대하여는 이미 간략하게나마 essere 동사와 avere 동사에 대한 기본적 문형을 설명하면서 언급이 되었다. 인칭에 다른 대표적 대명사의 형태로 각각의 인칭에 따라 그 형태를 달리하며, 1인칭 단수와 복수, 2인칭 단수와 복수에서의 형태는 한 가지뿐이지만, 3인칭의 경우에는 각각의 성과 수 및 대상의 차이 등에 의해 보다 세분화시킬 수 있다. 다음의 표는 이를 간략하게 나타낸 것이다.

단수 복수	단수		복수		
1인칭	io;나		noi;우리		
2인칭	tu;너		voi;너희		
3인칭 남성	egli, lui, esso	Lei 존중의 의미	essi	loro- 남성/	Loro-
3인칭 여성	ella, lei, essa	(남성/여성공용)		여성공용	Lei의 복수형

1) lui와 egli 및 esso

3인칭 남성 단수에 사용하는 형태이지만, 그 사용에 있어서는 약간의 차이가 있다. Egli는 좀더 문어체적 형태로 사람과 관련된 남성 3인칭 단수만을 나타내는데 반하여, lui는 보다 구어체(회화체)적이고 보통 사람뿐만이 아니라 사물이나 짐승을 지칭할 때에도 사용한다. 그러나 esso는 인간에게는 사용하지 않고 동물이나 사물에만 사용하는 것이 일반적이다.

2) ella와 lei 및 essa

남성형 3인칭 주격 대명사와 달리 여성형의 경우에는 essa가 사람에게도 사용될 수 있지만, 너무 문학적 형태의 표현이며 회화체에서는 잘 사용하지 않는다. Ella 역시 현대 이탈리아 구어체에서는 거의 사용되지 않는 문어체적 형태의 인칭 대명사이다.

3) essi와 esse 및 loro

essi와 esse 모두 사람과 사물 및 동물을 지칭할 때 사용할 수 있지만 문어체적인 형태이며, 회화체에서는 loro를 많이 사용한다.

4) Lei와 Loro

이 형태의 인칭 대명사는 우리말의 존칭형과 유사한 의미를 갖는다. 즉, 의미상으로는 2인칭의 개념이지만, 사용하는 동사의 인칭은 3인칭으로 사용하는 점이 다르다. 일반적으로 tu가 친구나 가족관계 및 좀더 밀착된 인간관계에서 사용되는 인칭이라면, Lei는 보다 공식적이며, 상하의 인간관계 혹은 잘 모르는 대인관계 상에서 많이 사용된다.

항상 egli, essa, ella, essi, esse를 사용하지 않고 lui, lei, loro만을 사용하는 경우가 몇 가지가 있는데 이 중 중요한 경우만을 이야기하면 다음과 같다:

첫째, 주어를 강조하여 동사 뒤에 위치시킬 때.

Es. Dice lui. (그가 말한다)

Ci va lei. (그녀가 간다)

Sono stati loro. (그들이었다)

둘째, 대명사가 술어적 기능을 할 때, 즉 불완전 자동사의 보어 역할을 할 경우.

Es. Noi non siamo loro. (우리는 그들이 아니다)

Non sembra più lui. (더 이상 그 같지 않다)

셋째, come나 quanto 뒤에서 사용하는 경우.

Es. Sei bravo come lui. (너는 그만큼 훌륭하다)

Ho studiato quanto lei. (나는 그녀만큼 공부했다)

넷째, anche, neanche, pure, neppure, nemmeno 뒤에서 사용하는 경우.

다섯째, 성의 대조적 표현 등에서 사용하는 경우.

Es. Lui dice di no, lei di **sì.**

(그는 아니라고 말하고, 그녀는 그렇다고 말한다)

2. 인칭 대명사 보격

여기서 의미하는 보격의 의미는 우리 식의 문법으로는 목적어에 해당하는 문법 용어인데, 이탈리아어에는 이 같은 보격의 형태를 문법적 기능에 따라 크게 두 가지로 분류할 수 있다. 강세형(Forma tonica o forte)과 약세형(Forma atona o debole)이라는 것인데, 강세형이란 문장 안에서 대명사를 보다 강조하고자 할 때 사용하는 형태이며, 약세형은 대화 중에 동사에 기초하여 사용하는 형태이다. 이외에도 lo, ci(vi), ne의 특별 용법의 보격의 형태가 있다.

1) 강세형(Forma tonica o forte)

	1인칭		me	cercano me, vieni con me, stanno parlando di me, ecc.
	2인칭		te	vogliono te, ho paura di te, esco con te, amo te, ecc.
단수	3인칭	남성형	lui/esso	vado con lui, vedo lui stasera, ecc.
		여성형	lei/essa	non mi dimentichi mai di lei, tutti cercano lei, ecc.
		재귀형	sé	ha troppa stima di sè, ecc.
	1인칭		noi	ridono di noi, vogliono noi, ecc
	2인칭		voi	hanno fiducia in voi, posso venire con voi, ecc.
복수	3인칭	남성형	loro/cssi	fai pure affidamente su di loro, ecc.
		여성형	loro/esse	voglio andare da loro, ecc.
		재귀형	sé	pensano solo a sè, ecc.

이 형태는 문법적으로 크게 두 가지 용법으로 많이 사용되는데, 하나는 **직접 목적어**로 동사 뒤에서 사용되는 경우와 **전치사의 목적어**로 전치사와 함께 사용되는 경우이다.

☞ Esso, essa, essi, esse는 보통 동물이나 사물을 지칭할 때 많이 사용되며, 회화체에서는 잘 사용하지 않는다.

2) 약세형(Forma atona o debole)

단수	1인칭 직.목	mi	mi chiamano
	간.목	mi(=a me)	mi racconta tutto
	2인칭 직.목	ti	ti accompagno
	간.목	ti(=a te)	ti mando una lettera
	3인칭		
	직.목 남성	lo	lo vedono spesso ?
	여성	la(La)	la invita stasera ? La ringrazio molto
	간.목 남성	gli(=a lui)	gli scrivo una cartolina
	여성	le/Le (= a lei/Lei	le danno un bel regalo, Le inviano un fax
	재귀형	si	si guarda allo specchio
복수	1인칭 직.목	ci	ci inganna
	간.목	ci(=a noi)	ci danno qualche notizia sua
	2인칭 직.목	vi	vi ascolto
	간.목	vi(=a voi)	vi do il mio numero di telefono
	3인칭		
	직.목 남성	li	li ho seguito
	여성	le	le saluto
	간.목 남성	loro/gli (= a loro)	gli comunico stasera
	여성	loro/gli (= a loro)	gli dice la verità
	재귀형	si	si lavano con l' acqua calda

강세형과 달리 약세형은 그 사용이나 기능 면에서 몇 가지 차이점을 갖고 있으며, 형태상에도 많은 차이점을 갖고 있다.

위의 표를 기준으로 강세형과 약세형의 몇 가지 차이에 대하여 간략하게 정리하면 다음과 같다;

– 첫째 강세형이 몇몇의 형태에서 주격과 동일한 형태를 취하는 반면에 약세형은 주격과 전혀 다른 형태를 갖는다.

– 둘째, 약세형은 보통 동사에 선행하여 사용하는 것이 일반적이지만, 동사에 후행하여 사용하는 경우에는 동사의 마지막 모음 -e를 탈락시킨 뒤 바로 끝에 덧붙여 사용한다. 또한 동사와 약세형 사이에는 어떤 다른 품사도 삽입하여 사용할 수 없으며, 단지 다른 보격의 대명사만을 중간에 사용할 수 있다.

– 셋째, 의문문에 대한 대답에서 동사를 생략한 채, 약세형만으로 대답할 수 없다.

– 넷째, 강세형은 직접 목적어의 형태만을 취하며, 간접 목적어로 사용하고자 할 때는 전치사 a와 함께 사용된다. 이에 반해, 약세형은 1인칭과 2인칭의 경우에는 간접 목적어와 직접 목적어의 형태가 동일하며, 3인칭의 경우에는 각각의 형태를 달리한다.

– 다섯째, 현대 이탈리아어에서는 강세형보다는 약세형을 회화체에서 선호하며, 약세형의 남성단수 간접 목적격 gli와 여성단수 간접 목적격인 le의 복수형인 loro는 gli로 대치되는 경향이 있다.

이상이 일반적인 인칭 대명사의 형태와 기능에 대한 개요이다. 각각의 형태와 그에 따른 사용은 좀더 자세하게 분류하여 하나씩 살펴보도록 하겠다.

Ⅲ. 직접 목적격 보어

1. 개념

직접 목적격 보어란 타동사의 목적어로 쓰이는 명사나 명사구 및 명사절 등을 다시 한번 받아서 사용할 경우 그 명사나 명사구의 성과 수를 일치시키면서 정확하게 지정하는 대명사의 역할을 하는 문장 요소이다. 영어의 one이나 it와 의미가 비슷하지만, 영어와는 달리 성과 수에 대한 구별이 뚜렷하고 동사 앞에서 위치하여 직접 목적어로 사용된다는 문법적 차이점을 갖고 있다. 사람과 **사물 및 동물 등의 모든 명사들을 대신**할 수 있지만, 그에 따른 **성과 수는 항상 일치**하여야 한다.

2. 종류

1) Lo

남성 단수의 명사나 명사구를 받는 목적보어로 동사 앞에 위치한다.

Es. Lei vede il ragazzo ? (당신은 소년을 봅니까?)

➡ Sì, io vedo il ragazzo (il ragazzo=lo). (예, 나는 소년을 봅니다)

➡ Sì, io lo vedo. (예, 나는 그를 봅니다)

➡ Sì, lo vedo. (예, 그를 봅니다)

Legge il giornale? (당신은 신문을 읽으십니까?)

➡ Sì, lo leggo. (예, 읽습니다)

Cerca il libro? (당신은 책을 찾습니까?)

➡ No, non lo cerco. (아니오, 그것을 찾지 않습니다)

2) La

여성 단수의 명사나 명사구를 받는 목적보어로 동사 앞에 위치한다.

Es. Conosce la signorina Lee? (이양을 아십니까?)

➡ Sì, io conosco la signorina Lee.(la signorina Lee=la)

(예, 이양을 압니다)

➡ Sì, io la conosco. (예, 나는 그녀를 압니다)

➡ Sì, la conosco. (예, 그녀를 압니다)

Legge la rivista? (잡지를 읽습니까?)

➡ Sì, la leggo. (예, 그것을 읽습니다)

Vede quella casa piccola? (저 조그마한 집을 봅니까?)

➡ No, non la vedo. (아니오, 그것을 보지 않습니다)

3) Li

남성 복수의 명사나 명사구를 받는 목적보어로 동사 앞에 위치한다.

Es. Compra questi quadri? (이 공책들을 삽니까?)

➡ Sì, io compro questi quadri (questi libri=li). (예, 이 공책들을 삽니다)

➡ Sì, io li compro. (예, 저는 그것들을 삽니다)

➡ Sì, li compro. (예, 그것들을 삽니다)

Vedi i libri? (책들을 봅니까?)

➡ Sì, li vedo. (예, 그것들 봅니다)

Cercano i soldi? (당신들은 돈을 찾고 있습니까?)

➡ No, non li cerchiamo. (아니오, 우리는 그것들을 찾지 않습니다)

4) Le

여성 복수의 명사나 명사구를 받는 목적보어로 동사 앞에 위치한다.

Es. Capisce le lezioni? (수업들을 이해합니까?)

➡ Sì, io capisco le lezioni. (le lezioni=le; 예, 나는 수업을 이해합니다)

➡ Sì, io le capisco. (예, 나는 그것들을 이해합니다)

➡ Sì, le capisco. (예, 그것들을 이해합니다)

Vedete le stelle? (너희들은 별들을 봅니까?)

➡ Sì, le vedo. (예, 그것들을 봅니다)

Prende le penne? (펜들을 집습니까?)

➡ No, non le prendo. (아니오, 그것들을 집지 않습니다)

5) Mi와 ci/ti와 vi

1인칭과 2인칭의 약세형 직접 목적격으로 강세형 me/noi 나 te/voi와 달리 동사 앞에서 사용하며, 회화체에서 많이 사용되는 형태이다.

Es. Paolo, mi senti? (빠올로야, 내가 들리니?)

➡ Sì, ti sento bene. (응, 네가 잘 들려)

A che ora ci venite a prendere? (몇 시에 너희들은 우리를 데리러 오니?)

➡ Vi veniamo alle 6. (나희들에게 6시에 올께)

Che mi consigli di fare? (너는 나에게 무엇을 하라고 충고하니?)

➡ Ti consiglio di accettare quel lavoro.

(너에게 그 일을 받아들이라고 충고한다)

Dove ci aspettano Marco e Mara? (마르꼬와 마라는 우리를 어디서 기다립니까?)

➡ Vi aspettano al bar. (너희들을 바에서 기다린다)

양태동사와 함께 목적격 보어를 사용할 경우의 어순 - 문장 안에서 양태동사가 결합된 경우에는 목적격 보어의 위치는 양태동사 앞에 위치시킬 수도 있으며, 동사의 맨 뒤에 마지막 모음 -e를 탈락시키고 덧붙여 사용할 수 있다. 또한 동사에 따라서 문의 맨 앞에 위치시킬 수도 있고, 목적어를 요하는 동사 뒷부분에 마지막 모음 -e를 탈락시키고 덧붙여 사용할 수 있다.

Es. Il direttore vuole vederci domani. (사장님이 우리를 내일 보기를 원합니다)

Il direttore ci vuole vedere domani. (사장님이 우리를 내일 보기를 원 합니다)

Passo a prenderti alle sei. (나는 6시에 너를 데리러 들릴께)

Ti passo a prendere alle sei. (나는 6시에 너를 데리러 들릴께)

Puoi chiamarmi a qualsiasi ora. (너는 아무 때나 나에게 전화할 수 있다)

Mi puoi chiamare a qualsiasi ora. (너는 아무 때나 나에게 전화할 수 있다)

단어정리 식품에 관련된 용어(6)

la bevanda = la bibita	sf. 음료, 마실것
la birra alla spina	sf. 생맥주
la birra bionda(=chiara)	sf. 일반맥주(노란색이나 투명한 맥주를 의미)
la bira scura	sf. 흑맥주
la birra in bottiglia	sf. 병맥주
il vino bianco	sm. 백포도주
il vino rosso	sm. 적포도주
il vino frizzante	sm. 가스가 들어있는 포도주
lo spumante	sm. 샴페인과 유사한 포도주의 한 종류
la cantina	sf. 지하의 포도주 보관소(보통 지하 창고를 의미)
il liquore	sm. 술
il caffè	sm. 커피
il tè	sm. 홍차
il tè al limone	sm. 레몬을 넣은 홍차
il tè al latte	sm. 우유를 넣은 홍차
il tè verde	sm. 녹차
il latte	sm. 우유
la cioccolata	sf. 코코아
la camomilla	sf. 카모밀라(숙면하는데 도움을 주는 이탈리아 차의 한 종류)
l'acqua minenale naturale	sf. 생수
l'acqua minerale frizzante(gassata)	sf. 가스가 들어있는 생수
l'aranciata	sf. 오렌지 쥬스
il succo di frutta	sm. 과일쥬스
la spremuta di arancia	sf. 오렌지 과즙(보통 생과즙을 의미)
la spuremuta di limone	sf. 레몬 과즙(보통 생과즙을 의미)
alcolica	agg. 알콜이 포함된
analcolica	agg. 알콜이 들어있지 않은
sorbire	intr. 조금씩 마시다
brindare	intr. 건배하다
assaggiare	intr. 맛보다

회화 전화로 (Al telefono)

Claudio : Pronto, Pietro, sono Claudio...

Pietro : Pronto, Claudio, non ti sento bene. Puoi parlare più forte, per favore?

Claudio : Mi senti adesso?

Pietro : Sì. adesso ti sento bene: parla pure!

Claudio : Il direttore ha deciso di fare una riunione con tutti gli impiegati. E´ una questione importante. Ci vuole vedere tutti domani sera alle sei e mezzo. Vieni anche tu?

Pietro : Sì, ma ho un problema, sono senza macchina...

Claudio : Non fa niente, ti passo a prendere io!

Pietro : Ti ringrazio. A che ora ti aspetto?

Claudio : Alle sei, va bene?

Pietro : Va benissimo! Grazie e ciao!

Claudio : Ciao, a domani!

강독 Amelia e Maria

Amelia è una vecchietta che abita di fronte a casa mia: la vedo sempre dalla finestra della mia camera mentre lavora a maglia o parla con il suo cane. Ciro, questo è il nome del cane, è per lei una vera compagnia e lei lo ama moltissimo e lo cura come un bambino.

Amelia passa il suo tempo a guardare dalla finestra: quando mi vede, mi chiama e mi invita ad andare a trovarla. Io, se ho tempo, ci vado volentieri: l'ascolto quando mi racconta della sua giornata, l'aiuto ad annaffiare le rose sul balcone: ne ha molte, ogni vaso di un colore diverso; ne ha una gialla che è una meraviglia! Qualche volta la accompagno in macchina ai grandi magazzini del centro per fare la spesa. Quando la riaccompagno a casa, vuole assolutamente ringraziarmi con qualcosa di speciale: i biscotti con la marmellata(li fa ancora da sola) o la torta di mele che è la sua specialità; io naturalmente, anche se non ho fame, ne prendo sempre un pezzetto per accontentarla.

Esercizio

① 보기와 같이 다음 질문에 답하시오.

Es. Prendete un caffè?

➡ ***Sì, lo prendiamo volentieri.***

1) Bevete un bicchiere di vino? ➡
2) Invitate Giancarlo? ➡
3) Aiutate il vostro amico? ➡
4) Ricordate quel giorno? ➡
5) Accompagnate il professore? ➡

Es. Quando guardi la televisione?

➡ ***La guardo dopo cena.***

6) Quando ascolti la radio? ➡
7) Quando chiami la tua amica? ➡
8) Quando lavi la biancheria? ➡
9) Quando incontri la tua amica? ➡
10) Quando inviti Lucia? ➡

Es. Dove fate gli esercizi?

➡ ***Li facciamo a casa.***

11) Dove lasciate i documenti? ➡
12) Dove portate i quadri? ➡
13) Dove aspettate i genitori? ➡
14) Dove accompagnate gli amici? ➡
15) Dove incontrate Paolo e Giovanni? ➡

Es. Inviti le tue amiche?

➡ ***Sì, le invito.***

16) Leggi quelle riviste? ➡
17) Scrivi quelle lettere? ➡

18) Accompagni quelle signore? ➡
19) Lavi le camicie? ➡
20) Ricevi quelle cartoline? ➡

2 다음의 물음에 답하시오.

1) Mi capisci?
2) Mi ami?
3) Mi accompagni?
4) Mi ascolti?
5) Ci guardi?
6) Ci conosci?
7) Ci aspetti?
8) Ci aiuti?

3 대명사로 다음의 문장들을 완성하시오.

1) Alberto, ... aspett davanti al cinema alle 9.
2) Quando Giorgio parla italiano, ... capisco perfettamente e anche lui .... capisce senza problemi.
3) Signora, ... prego di ascoltar.......... con attenzione.
4) Marta è in ritardo : mio padre .... accompagna all'aeroporto in macchina.
5) I bambini tornano fra poco : dobbiamo aspettar.......... prima di uscire.
6) Signore, ... lascio davanti all'università, se per Lei va bene.
7) Le mie sorelle arrivano alla stazione a mezzanotte : devo andar.......... a prendere.
8) Professore, ... ringraziamo molto : Lei è stato molto gentile ad aiutar..........
9) Ecco Lucio e Enrico : voglio invitar.......... a cena.

10) Marina ha la tosse : dobbiamo portar.......... dal dottore!

11) Signorina, ... prego di salutare i Suoi genitori quando .... vede.

12) Se non .... disturbo, vengo con te.

13) Professore, c'è una signora che .... aspetta da più di un'ora.

14) Rosa, ... aiuto domani a fare l'esercizio.

15) Ragazzi, la vostra vicina .... ha ringraziato del bel regalo?

16) Se non siete impegnati, ... aspetto domani sera per cena.

17) Ciao, Marta, buon viaggio! Spero di riveder.......... presto.

18) Dopo il lavoro, mio marito è passato a prender........... a casa di mia madre.

19) Professore, perché non viene a trovar.............. nel nostro paese?

20) Armando, ... prego di dare questo biglietto a Maria quando .... vedi.

4 다음의 빈칸에 적절한 전치사를 넣으시오.

1) Michele è stufo .... andare .... piedi .... università.

2) La macchina .... mia madre è .... meccanico.

3) Stasera Sandro vuole andare .... centro .... la sua ragazza.

4) La Lancia Thema costa un sacco .... soldi e i signori Pini la pagheranno .... rate.

5) I miei zii compreranno un'auto .... seconda mano e la pagheranno .... contanti.

6) Il maglione .... mia sorella è .... lana.

7) Marta ha studiato l'inglese .... scuola.

8) L'amica .... mia sorella lavora .... una fabbrica .... scarpe.

9) Abito .... la mia famiglia .... un appartamento vicino ...... stazione.

10) Più tardi vado .... mio padre .... chiedergli un consiglio.

11) Sabato vado .... mio fratello e ...... le mie sorelle .... trovare i nonni .... campagna.

12) Ho comprato un regalo .... i miei genitori e .... mia sorella.

대명사 Ⅱ 21

(Pronome)

Ⅳ. 간접 목적격 보어
Ⅴ. 간접 목적격 보어와 결합하여
사용되는 특별 용법의 동사들
1. Piacere, dispiacere, interessare 동사류
2.기타 동사들

Ⅳ. 간접 목적격 보어

문법적으로 간접 목적어로 사용되는 간접 목적격 보어는 앞에서 언급한 대로 2가지 형태로 사용된다. 강세형을 사용할 경우에는 전치사 a와 함께 사용하고, 약세형을 사용할 경우에는 전치사 없이 해당 인칭 대명사의 목적격 형태를 사용하면 된다. 다음의 표는 간접 목적격의 형태를 정리한 것이다.

인칭	강세형	약세형	예문
io	a me	mi	A me sembra troppo caro=Mi sembra troppo caro
tu	a te	ti	A te dice sempre tutto=Ti dice sempre tutto
lui	a lui	gli	A lui regalo un libro=Gli regalo un libro
lei	a lei	le	A lei racconto tutto quando torno =Le racconto tutto quando torno
Lei	a Lei	Le	A Lei consiglia una camicia blu=Le consiglio una camicia blu
noi	a noi	ci	A noi scrive una cartolina=Ci scrive una cartolina
voi	a voi	vi	A voi compro un vestito=Vi compro un vestito
loro	a loro	gli/loro	A loro offre un caffè=Gli offre un caffè
Loro	a Loro	gli/Loro	A Loro dico la verità=Gli dico la verità

현대 이탈리아어에서는 강세형보다는 약세형을 자주 쓰며, 약세형의 loro는 보통 gli로 쓰는 것이 일반적이다.

Ⅴ. 간접 목적격 보어와 결합하여 사용되는 특별 용법의 동사들

이탈리아어의 동사들 중에는 주어나 목적어 등의 문장요소들이 우리말과는 전혀 다르게 사용되는 동사들이 있다. 이들 동사들은 보통 우리말의 주어에 해당하는 부분이 목적격 보어를 사용하여 문장을 완성하는 형태를 취하는 것이 일반적인데, 우리말의 해석과는 전혀 다르다는 점에서 사용상의 주의를 요하는 동사들이다. 이런 동사들의 대표적인 동사들은 piacere류 동사들로 dispiacere와 interessare 등의 동사들이 여기에 속한다. 또한, 이와는 좀 다른 형태로 사용되는 동사들이 있는데, 간접 목적격 보어와 결합하여 사용되는 동사들이다. 이 동사들에는 sembrare, parere, servire, importare, accadere, succedere, capitare, occorrere, bisognare, bastare, mancare, 등이 있다.

1. Piacere, dispiacere, interessare 동사류

1) 개념

piacere 동사는 영어의 to like의 의미를 갖지만 활용 및 사용에서 우리말의 '좋아하다' 라는 동사의 사용과는 아주 다른 의미를 갖고 있기 때문에 항상 주의를 해야 한다. 주어와 목적어의 위치나 의미에 대해 주의를 요하며, 동사의 활용형이 주로 3인칭으로 사용된다는 점도 중요하다. Piacere 동사의 우리말 의미는 '~을 좋아하다' 라는 이탈리아어 식 표현은 '~에게 ~이 좋다' 라는 의미이다. 이 말은 다음과 같은 보기를 통해 그 의미상의 차이를 명확히 할 수 있다.

Es. '나는 사과를 좋아한다' 를 우리말 식으로 이탈리아어 작문을 해보면 Io piaccio la mela가 된다. 그러나 이탈리아어 식 표현에 의하면 '나는 사과를 좋아한다' 는 '나는 사과가 좋다' 로 바뀌게 된다. 즉 앞과 뒤의 문장을 비교해보면 주어와 목적어의 역할이 완전히 뒤바뀌어 사용된다는 것을 알 수 있는 것이다. 따라서 이탈리아어 식 표현인 '나에게는 사과가 좋다' 를 작문해보면 'Mi (=a me) piace la mela'가 된다. 주어의 역할을 하는 la mela를 문장 첫머리에 쓰지 않는 것은 관습적인 현상에 의한 것으로 아무런 문법적 의미도 갖지 않는다.

지금까지 piacere 동사가 갖는 의미를 볼 때 동사를 결정하는 것은 우리말의 목적어에 해당하는 명사나 대명사임을 알 수 있다. 따라서 목적어에 해당하는 명사나 대명사의 인칭과 수가 piacere 동사의 변화형을 결정한다는 사실을 알 수 있다. 따라서 동사의 형태는 주로 3인칭 단수 piace와 3인칭 복수 piacciono가 주로 사용된다는 것을 알 수 있다. 그러나 해석은 우리말에 맞게 하는 것이 좋다.

2) 변화형태

io	piaccio	dispiaccio	interesso
tu	piaci	dispiaci	interessi
lui/lei/Lei	piace	dispiace	interessa
noi	piacciamo	dispiacciamo	interessiamo
voi	piacete	dispiacete	interessate
loro/Loro	piacciono	dispiacciono	interessano

Es. Mi(=A me) piace l'Italia. (나는 이탈리아가 좋다)
Ti(=A te) piace la musica. (너는 음악을 좋아한다)
Le(=A Lei) piace viaggiare. (당신은 여행하는 것을 좋아한다)
Gli(=A lui) piace la visita al museo. (그는 박물관 관람을 좋아한다)
Le(=A lei) piacciono le persone allegre. (그녀는 명랑한 사람들을 좋아한다)
Ci(=A noi) piacciono i fiori. (우리는 꽃들을 좋아한다)
Vi(=A voi) piacciono i dolci. (너희들은 과자를 좋아한다)
Gli(=A loro) piacciono le poesie di Kim Nam-Choo.
(그들은 김남주의 시들을 좋아한다)

3) 사용

① 주어로 해석되는 간접 목적어가 인칭 대명사의 형태일 경우

Es. Mi piace la carne ma non mi piace il pesce.
(나는 고기를 좋아하지만, 생선을 좋아하지는 않는다)

Ti piace il tè al limone ma non ti piace il tè al latte.

(너는 레몬을 넣은 차를 좋아하지만, 우유를 넣은 차를 좋아하지는 않는다)

Gli piace il vino ma non gli piace la birra.

(그는 포도주는 좋아하지만, 맥주는 좋아하지는 않는다)

Le piace il mare ma non Le piace la montagna.

(당신은 바다를 좋아하지만, 산은 좋아하지는 않는다)

Le piacciono le rose ma non le piacciono le arancie.

(그녀는 장미를 좋아하지만, 오렌지는 좋아하지는 않는다)

Ci piacciono i cani ma non ci piacciono i gatti.

(우리는 개를 좋아하지만, 고양이를 좋아하지는 않는다)

Vi piacciono le automobili ma non vi piacciono le motociclette.

(너희들은 자동차를 좋아하지만, 오토바이를 좋아하지는 않는다)

Gli piacciono gli animali ma non gli piacciono i serpenti.

(그들은 동물을 좋아하지만, 뱀을 좋아하지는 않는다)

② 주어로 해석되는 간접 목적어가 일반명사의 형태일 경우

Es. Agli italiani piace mangiare spaghetti e bere vino.

(이탈리아 사람들은 스파게티 먹는 것과 포도주 마시는 것을 좋아한다)

Ai francesi piace mangiare lumache e bere champagne.

(프랑스 사람들은 달팽이 먹는 것과 샴페인 마시는 것을 좋아한다)

Agli inglesi piace mangiare sandwich e bere tè.

(영국인들은 샌드위치 먹는 것과 차 마시는 것을 좋아한다)

Ai russi piace mangiare caviale e bere vodka.

(러시아인들은 캐비어 먹는 것과 보드카 마시는 것을 좋아한다)

Ai tedeschi piace mangiare patate e bere birra.

(독일인들은 감자 먹는 것과 맥주 마시는 것을 좋아한다)

Alle scimmie piace mangiare banane.

(원숭이들은 바나나 먹는 것을 좋아한다)

Ai leoni piace mangiare carne.

(사자들은 고기 먹는 것을 좋아한다)

③ 이와 같은 형태로 활용하는 동사는 dispiacere와 interessare 등이 있다.

Es. Ti interessa una camicia sportiva? (너는 스포티한 셔츠를 좋아하니?)

➡ Sì, mi interessa . (응, 나는 좋아한다)

Vi dispiace la moda unisex? (너희들은 유니섹스한 패션을 싫어하니?)

➡ No, non ci dispiace la moda unisex.

(아니, 우리들은 유니섹스 패션을 좋아한다)

Le dispiacciono le sigarette? (당신은 담배를 싫어합니까?)

➡ Si, mi dispiacciono le sigarette.(예, 나는 담배를 싫어합니다)

Gli interessano i mobili classici? (그들은 고전 풍의 가구들을 좋아합니까?)

➡ No, non gli interessano. (아니오, 그들은 싫어합니다)

Piacere 동사의 근과거 형태

근과거를 다룬 장에서 piacere 동사는 조동사로 essere 동사를 사용한다고 배웠는데, 그러면 근과거에서의 piacere와 같은 동사들의 변화형태는 어떻게 되는지 보도록 하자. 다른 동사들과 달리 우리말의 목적어에 해당하는 단어가 주어의 역할을 하기 때문에 동사의 형태도 이에 따라 사용된다는 사실은 이미 배웠다. 따라서 이는 근과거 역시 이에 준하여 동사변화를 하기 때문에 보통 3인칭 단수나 복수의 동사변화 형태를 갖는다.

Es. Mi piace la carne ma non mi piace il pesce.

(나는 고기를 좋아하지만, 생선은 싫어합니다)

⇨ Mi è piaciuta la carne ma non mi è piaciuto il pesce.

(나는 고기를 좋아했지만, 생선은 싫어했습니다)

Ti sono piaciute le mele. (너는 사과를 싫어했다)

Gli sono piaciuti dei film italiani. (그들은 이탈리아 영화를 좋아했다)

2. 기타 동사들

1) Sembrare(~라고 보이다/생각하다), parere(~처럼 보이다)

이들 동사들은 비인칭적으로 사용하여, 보통 간접 목적격 보어와 함께 쓰는 것이 일반적이다. 해석은 '주어가 ~으로 보이다' 또는 '간접 목적어에게 (주어)가 ~라고 생각하다' 라고 할 수 있다.

Es. Mi sembri tuo fratello. (내가 보기에 너는 너의 형처럼 보인다)

Sembra un tipo intelligente. (지적인 타입으로 보인다)

Sembra tutto suo padre. (완전히 그의 아버지처럼 보인다)

Sembra molto stanco. (아주 피곤한 것처럼 보인다)

Che ne vi sembra? (너희들은 거기에 대해 어떻게 생각하니?)

Pare un bravo giovane. (훌륭한 젊은이처럼 보인다)

Mi pare tempo di partire. (내가 보기에 떠날 시간이다)

Mi pare stanco. (내가 보기에 피곤해 보인다)

Se vi pare di aver ragione, fate pure come volete.

(만약 너희들이 보기에 맞는 것 같다면, 너희들이 원하는 대로해라)

Che ti pare di questa idea? (이 생각에 대해 너는 어떻게 생각하니?)

2) Occorrere(~이 필요하다), bisognare(~이 필요하다), bastare(~이 충분하다)

이들 동사들은 자동사로 사용하거나 비인칭적으로 사용하는 동사로 보통 3인칭 단수나 복수형태로 사용한다.

Es. Occore fare presto. (빨리 하는 것이 필요하다)

Occore molto tempo per imparare bene una lingua straniera.

(하나의 외국어를 잘 배우는 데에는 많은 시간이 필요하다)

Mi occorono i soldi. (나에게는 많은 돈이 필요하다)

Ci bisogna un aiuto. (우리에게는 도움이 필요하다)

Bisogna vedere come andrà. (어떻게 되는지 볼 필요가 있다)

Bastano due ore per fare la pulizia. (청소를 하는 데에는 2시간이면 충분하다)

Il cibo non gli basta. (그에게 음식이 부족하다)

Lo stipendio non ci basta. (우리에게는 월급이 부족하다)

3) Importare(~이 중요하다, ~이 필요하다), capitare(~이 발생하다), accadere(~이 생기다), succedere(~이 일어나다)

이들 동사들 역시 자동사들로 복합시제에서 조동사로 essere를 취하며, 일반적으로 3인칭 단수나 복수형태의 비인칭적으로 사용하는 경우가 많다.

Es. A noi importa la tua felicità. (우리에게는 너의 행복이 중요하다)

Non mi importa di riuscirci. (나에게는 그것을 하는 것이 중요하지 않다)

Per la decisione importa la Sua risposta.

(결정을 위해서는 당신의 대답이 중요합니다)

A tutti accade di sbagliare. (누구에게나 틀리는 일이 일어난다)

Le accade una disgrazia. (당신에게 불행이 하나 일어납니다)

Mi capita una buona occasione. (나에게 좋은 기회가 하나 발생한다)

Mi capitano tutte le cose brutte. (나에게는 모든 나쁜 일들이 일어난다)

Ci capita di rivederla. (우리에게 그녀를 볼 수 있는 일이 일어난다)

Che cosa ti succede? (너에게 무슨 일이 일어났느냐?)

E´ successo un gran incidente stamattina.

(오늘 아침에 커다란 사고가 일어났다)

4) Costare(비용이나 가격 등이~들다/달하다), venire(~이 오다/되다), servire(~이 도움이 되다/필요하다)

이들 동사들은 비인칭적으로 사용되는 동사의 형태들과는 약간 다른 성격을 갖지만, 간접 목적격 보어들과 결합하여 사용하는 경우에는 상기의 뜻으로 사용되어 비인칭적으로 사용되는 동사들의 형태와 유사하게 사용된다.

Es. Quanto costa? (얼마입니까?)

Quanto ti costa tenere l'automobile?

(너는 자동차를 유지하는데 얼마나 드니?)

Questo paio di scarpe costa ventimila lire.

(이 한 켤레 신발은 이만 리라입니다)

Mi viene un'ottima idea.	(나에게 좋은 생각이 하나 떠올랐다)
Gli viene la febbre.	(그에게 열이 있다)
Quanto viene?	(얼마입니까?)
Mi vengono le lacrime agli occhi.	(나는 눈물이 난다)
Ti serve una matita rossa.	(너에게 붉은색 연필이 하나 필요하다)
Questo negozio serve molta gente.	(이 상점은 많은 사람들이 이용한다)
Ci serve un po' di gelato?	(우리에게 약간의 아이스크림이 필요하다)
A che servono questi utensili?	(이 공구들은 무엇에 필요한 것이냐?)
Mi servono mille lire.	(나에게 천 리라가 필요하다)

5) Mancare(~이 부족하다/그립다)

보통 타동사로 사용되는 경우에는 '~을 결핍하다, 혹은 '~을 실패하다' 라는 뜻으로 사용되어 복합시제에서 조동사를 avere를 취하지만, 그 이외의 뜻으로 사용되는 경우에는 자동사로 사용되어 복합시제 상에서 조동사로 essere를 취한다. 또한 우리말이나 영어 식의 표현과는 달리 간접 목적격 보어의 형태와 결합하여 사용할 경우에는 ' ~에게 ~이(가) 그립다' 라는 뜻으로 사용한다.

Es.	Manca il tempo.	(시간이 부족하다)
	Manca la volontà.	(의지가 부족하다)
	Gli mancano le forze.	(그에게는 용기가 부족하다)
	Mancano due ore a mezzanotte.	(자정까지 두 시간 남았다)
	Ci manchi tu!	(우리는 네가 그립다)
	Ci mancherebbe!	(걱정하지 마세요, 천만의 말씀입니다!)

단어정리 공공기관 및 상점과 관련된 용어(1)

regione sf. 주

consiglio regionale sf. 주의회

provincia sf. 현(광역시에 해당)

municipio, comune sm. 시

capoluogo di provincia sm. 현의 수도

servizi di stato civile=anagrafe sf.pl. 호적

diviso in circoscrizioni sm. 행정 구역으로 구분

delegazioni=circoscrizioni sf. pl. 구역, 관할

archivio sm. 등기소

sindaco sm. 시장

assessore sm. (주, 현, 시 등의) 의원

prefettura sf. 지사 혹은 군수

questura sf. 경찰서

commissariato sm. 대표위원(사무실)

pretura sf. 법무관 재판소

tribunale sm. 재판소

prigione=carcere sf. 감옥

consultorio sm. 보건소 혹은 감정소

ospedale sm. 병원

giardino pubblico sm. 공원

scuola statale/provinciale/comunale/parificata/privata sf. 국립/현립/시립/동등(그에 준해 허가된 학교를 의미)/사립 학교

nido sm. 탁아소

scuola materna=asilo d'infanzia sf. 유치원

scuola elementare/media/ginnasiale/liceale/magistrale/tecnica/professionale sf. 초등/중등/후기고등/고등/상업/공업/직업 학교

회화 사랑에 푹 빠진 (Innamorato cotto)

Paolo : Ciao Carlo, come stai?

Carlo : Benissimo! E tu?

Paolo : Anch'io, grazie. Tua madre mi ha detto che ti sei fidanzato: è vero?

Carlo : Sì, è vero! Finalmente ho trovato la donna giusta, la mia anima gemella!

Paolo : Davvero? E come si chiama questa ragazza così eccezionale?

Carlo : Si chiama Maria. E' molto carina: è alta, magra, ha i capelli a caschetto: corti, lisci e neri. Mi piacciono molto i suoi occhi verdi.

Paolo : Ha anche un buon carattere?

Carlo : Certo! E' dolce, sensibile, estroversa e con molto senso pratico; insomma, ha molte qualità e pochi difetti.

Paolo : Parli di lei con molto entusiasmo: sei proprio innamorato cotto!

강독 Tanti saluti grazie dalla Russia

I miei amici italiani mi mandano alcune riviste del vostro paese, ma fra tutte ho preferito subito 《Bell'italia》. Sono curiosa, mi piace leggere sui diversi paesi, conoscere gente nuova, i costumi e il modo di vivere di altri popoli; e sulle pagine della vostra stupenda rivista ho trovato tutto quello che mi interessa dell'italia. Purtroppo non è possibile abbonarsi dalla Russia, e io ricevo solo qualche numero di 《Bell'italia》, ma tutti gli incontri con la rivista per me sono una festa. Grazie a voi tutti che lavorate per 《Bell'italia》, e un saluto amichevole.

(Da 《Bell'italia》, n. 52, agosto 1990)

Esercizio

① 보기와 같이 다음 질문에 답하시오.

Es. ***Ti piace viaggiare? ➡ Sì, mi piace.***

1) Ti serve la macchina? ➡

2) Ti occorre un dizionario? ➡

3) Ti è necessario il passaporto? ➡

4) Ti manca il denaro? ➡

5) Ti va bene partire oggi? ➡

Es. ***Vi piacciono questi fiori? ➡ Sì, ci piacciono.***

6) Vi servono questi libri? ➡

7) Vi occorrono delle indicazioni? ➡

8) Vi sono necesari i passaporti? ➡

9) Vi mancano i soldi? ➡

10) Vi vanno bene questi giorni di vacanza? ➡

Es. Le è piaciuto lo spettacolo? ➡ Sì. mi è piaciuto.

11) Le è piaciuto il viaggio? ➡

12) Le è piaciuto il viaggio? ➡

13) Le è piaciuto il regalo? ➡

14) Le è piaciuta la rivista al museo? ➡

15) Le è piaciuta Roma? ➡

16) Le è piaciuta la commedia? ➡

Es. Vi sono piaciuti i miei quadri? ➡ Sì, ci sono piaciuti.

17) Vi sono piaciuti gli spaghetti? ➡

18) Vi sono piaciuti quei vini? ➡

19) Vi sono piaciute le fotografie? ➡

20) Vi sono piaciute le riviste? ➡

② 다음의 보기와 같이 적절한 간접 목적격 보어를 넣으시오.

Es.* *Signora, Le presento il signor Neri.

1) Signora, come .... sembra questo film? .... sembra buono.
2) Carlo, ... piace quella ragazza? Mica male!
3) Lo spettacolo che ho visto irei sera non .... è piaciuto.
4) Carla ...... ha scritto tre lettere ed io non .... ho ancora risposto.
5) Signorina, ... piace vivere in questa città?
6) Che tipo di macchina .... piace di più, signor Bassi?
7) Ragazzi, venite con noi? .... dispice, ma non possiamo.
8) Marco vieni al concerto? No, perché la musica classica non .... piace.
9) Che cosa hai detto a Mario e Luigi? .... Ho detto di venire stasera alle otto.
10) Ragazzi, ... rendete i libri che .... abbiamo dato?

③ 다음 보기와 같이 질문에 대답하시오.

Es.* *Che cosa regali a tua madre per il suo compleanno?(un profumo)

➡ ***Le regalo un profumo.***

1) Che cosa scrivi a Marco?(una cartolina)

➡

2) Che cosa regalate ai bambini?(dei libri di favole)

➡

3) Che cosa presti a Chiara?(dei soldi)

➡

4) Che cosa offrite ai vostri ospiti?(una birra fresca)

➡

5) Che cosa fai vedere a Luciana?(le foto delle vacanze)

➡

6) Che cosa mandi a Claudia?(un mazzo di fiori)

➡

7) Che cosa chiedi al signor Gianni?(un favore)

➡

8) Che cosa dai a Giovanni?(le chiavi della macchina)

➡

9) Che cosa spedisci a Gloria?(un telegramma)

➡

10) Che cosa comprate a Giulio?(un portafoglio)

➡

11) Che cosa dai ai tuoi amici?(il mio indirizzo)

➡

12) Che cosa presti a Lino e Costanza?(la mia macchina)

➡

4 다음의 빈칸에 적절한 목적격 보어를 넣으시오.

1) Ho visto Piero e .... ho detto di venirmi a trovare.
2) Elena è molto stanca, ... ho consigliato di riposarsi.
3) Se vieni a casa mai, ... faccio un caffè e .... offro una fretta di dolce.
4) Giorgio, tuo padre ti ha chiamato! Devi dar..... una mano a pulire il giardino.
5) Signora, il direttore adesso non c'è, ... consiglio di tornare più tardi.
6) Al bar ho incontrato Mauro e ...... ha offerto un caffè.
7) Mara, ... restituisco i libri che .... hai prestato. Grazie, ... hai fatto un grande favore.
8) Oggi è il compleanno di Matteo: .... ho preparato una cena

speciale e ...... ho comprato un piccolo regalo.

9) Vado da pina, devo restituir....... i libri che ...... hai prestato stamattina.

10) Quando lavoro a Milano, telefono spesso a Tina: .... telefono quasi ogni giorno, parlo dei miei problemi e .... chiedo notizie del suo lavoro.

11) Professore, posso offrir...... qualcosa al bar?

12) Avete una bella casa: devo proprio far...... i miei complementi.

5 다음의 빈칸에 적절한 전치사를 넣으시오.

1) Tutte le sere mio padre guarda la TV fino ...... tardi.

2) ...... dicembre andiamo .... mare .... Africa .... un gruppo ...... amici.

3) Stasera Franca telefona ...... suoi genitori che vivono ...... Torino .... Italia.

4) Stella e Bruno partono ...... gli Stati Uniti ...... aereo.

5) Ho l'abitudine ...... fare colazione .... bar.

6) Sono .... Italia ...... un mese e comincio ...... capire e ..... parlare l'italaiano.

7) Le lezioni cominciano .... nove e finiscono .... mezzogiorno.

8) Domattina devo andare .... prendere Marco .... stazione.

9) Giulio abita davanti .... casa mia, vicino ...... supermercato.

10) Grazia va ...... biblioteca ...... restituire un libro.

11) ...... undici la lezione finisce: gli studenti escono ...... aula e vanno ...... fare un giro ..... centro.

12) Roberto e Paolo vanno .... Stati Uniti ...... New York.

형용사 Ⅳ 22

(Aggettivo)

Ⅴ. 부정 형용사

1.개념

지시 형용사가 비교적 정확한 표시나 지시를 나타내는데 반하여 부정 형용사란 개괄적이고 근사치 적인 수나 양을 나타낼 때 사용하는 형용사의 한 형태이다. 따라서 수나 양적으로 하나나 일정단위 이상의 막연한 수나 양을 표현한다. 부정 형용사 역시 형용사의 한 종류이기 때문에 성과 수에 영향을 받지만, 종류에 따라 단수형만을 취하는 형태도 있다. 다른 형용사들과 마찬가지로 문장 안에서 어떤 기능을 하느냐에 따라 부정 형용사 혹은 부정 대명사로 사용되기도 하지만, 경우에 따라서 **부정 형용사에만 있는 형태도 있고(ogni, qualunque, qualsiasi, qualcuno ecc.), 부정 대명사에만 있는 형태(uno, qualcuno, ognuno, qualcosa, niente, nulla, ecc.)**도 있다.

2. 분류와 종류

1) 불분명한 하나의 단위만을 나타내는 부정 형용사

ogni, ciascuno, qualunque, qualsiasi, nessuno.

2) 불분명한 복수 성만을 나타내는 부정 형용사

qualche, alcuno.

3) 단수형은 불분명한 하나의 단위를 복수형은 불분명한 복수 성을 나타내는 부정 형용사

taluno, certuno, certo, tale.

4) 불분명한 양만을 나타내는 부정 형용사

poco, alquanto, parecchio, molto, tanto, troppo, altrettanto, tutto, altro, diverso, vario.

단수		복수	
남성	여성	남성	여성
ogni	ogni		
ciascuno	ciascuna		
qualunque	qualunque		
qualsiasi	qualsiasi		
nessuno	nessuna		
qualche	qualche		
alcuno	alcuna	alcuni	alcune
taluno	taluna	taluni	talune
certuno	certuna	certuni	certune
certo	certa	certi	certe
tale	tale	tali	tali
poco	poca	pochi	poche

alquanto	alquanta	alquanti	alquante
parecchio	parecchia	parecchi	parecchie
molto	molta	molti	molte
tanto	tanta	tanti	tante
troppo	troppa	troppi	troppe
altrettanto	altrettanta	altrettanti	altrettante
tutto	tutta	tutti	tutte
altro	altra	altri	altre
diverso	diversa	diversi	diverse
vario	varia	vari	varie

3. 기능과 사용

1) ogni

'모든' 혹은 '각각'의 의미를 갖거나, '~마다'라는 분배 적인 의미를 갖는 ogni는 지시하는 사람과 사물의 전체를 나타내며, 항상 단수형을 취한다.

Es. Ogni uomo è mortale. (모든 사람은 죽는다)

Ogni mattina vado a scuola. (매일 아침 나는 학교에 간다)

Ogni tre mesi devi fare una visita di conltrollo.

(3개월마다 너는 점검을 위한 검진을 받아야한다)

2) ciascuno

Ogni와 달리 남성형과 여성형이 있으며, 의미는 ogni와 유사하나 사용 빈도는 덜한 편이다. 남성형의 ciascuno는 단자음과 모음 앞에서 어미절단이 이루어지며, 여성형은 모음 앞에서 모음축약 현상이 발생한다.

Es. Ciascuno scolaro riceve un libro. (모든 학생들은 책 한 권을 받는다)

Ciascun cittadino deve pagare le tasse. (모든 시민은 세금을 지불해야 한다)

Ciascun'amica vuole incontrare lui. (모든 여자친구는 그를 만나길 원한다)

3) qualunque

성과 수에 의해 변화가 없는 qualunque는 '어떤것이라도(quale che sia)의 의미를 갖는다. Ogni나 ciascuno와는 달리 관사가 앞에 올 수도 있고 명사의 뒤에 올 수도 있다. 또한 명사의 뒤에 위치하여 명사를 한정할 경우에는 경멸의 의미를 갖기도 한다.

Es. Puoi telefonarmi a qualunque ora.
(너는 아무 때나 나에게 전화할 수 있다)
È un uomo qualunque. (별 볼일 없는 남자이다)
Passami un giornale qualunque. (아무 신문이나 나에게 다오)

4) qualsiasi

보통 단수형 명사 앞에 위치하여 qualunque와 유사한 의미를 갖는다.

Es. Sono a tua disposizione in qualsiasi momento.
(나는 어떤 순간에도 너의 처분에 따르겠다)
Sono piatti di porcellana, non piatti qualsiasi.
(이 접시들은 도자기 접시들이며, 일반 접시들이 아니다)

5) nessuno

성에 따라 2가지의 형태를 갖는데, 부정의 의미로 '하나도 없는 혹은 아무 것도 아닌' 의 뜻을 갖는다. 이미 부정의 의미를 갖는 non 등과 함께 사용될 경우에는 '더 이상 어떠한 ~도' 의 뜻으로 쓰인다. 또한 부정의 의미 이외에도 qualche와 같은 의미로 사용되는 경우도 있다.

Es. Nessun pericolo lo spaventa. (어떤 위험도 그를 놀라게 하지 않는다)
Nessun uomo è perfetto. (완벽한 사람은 없다)
Nessuna impresa è priva di ostacoli. (위험이 없는 사업은 없다)
Non c'è più nessun dubbio. (더 이상 어떤 의심도 없다)
C'è nessuna notizia per me? (나에게 아무런 소식도 없습니까?)

6) qualche

불분명하게 제한된 일군의 복수를 나타낼 때 사용되나, 형태는 항상 단수형이다.

Es. Per le strade c'è solo qualche persona. (길에는 단지 몇 사람만 있다)

7) alcuno

단수형으로 사용되는 경우에는 오직 부정문 안에서만 사용되며, nessuno와 유사한 의미를 갖는다. 그러나 복수형으로 사용할 경우에는 qualche와 같은 의미로 쓰일 수 있다. 따라서 '나에게 종이가 몇 장 필요하다' 라는 문장은 'Mi occore qualche foglio'이며 'Mi occore alcun foglio'로는 사용할 수 없다.

Es. Non posso darti alcun aiuto. (나는 너에게 아무런 도움도 줄 수 없다)

E'una cosa senza alcuna importanza(alcun'importanza)

(아무런 중요성도 없는 것이다)

Ho incontrato lui alcuni giorni fa. (며칠 전에 그를 만났다)

8) taluno

주로 복수형에서 사용되어 '어떤 이라는 뜻을 갖지만, 문학작품 등의 문어체에서 볼 수 있는 형태로 회화체에서는 거의 사용되지 않는다.

Es. E'meglio non parlare di talune persone.

(어떤 사람에 대해서도 말하지 않는 것이 좋다)

9) certuno

의미상으로는 'taluno' 와 유사하지만 거의 사용되지 않는 형태이다.

10) certo

일반적으로 단수형 명사 앞에 사용되며, 부정관사 un이 동반한다. '~과 같은' 이나 '몇몇의' 라는 의미로 사용된다.

Es. Esco con certi amici. (몇몇 친구들과 나간다)

Ho certi nervi oggi! (나는 오늘 약간 신경질이 난다!)

11) tale

성에 의해서는 변화를 하지 않지만 수에 의해서는 변화를 하는 부정 형용사이다. 일반적으로 부정관사를 동반하며 아주 명확하게 지칭할 수 없는 한 사람이나 사물을 가리키고자 할 때 사용한다.

Es. Una tale insolenza non può essere tollerata. (그 같은 모욕은 참을 수 없다)

12) poco

그리 많지 않은 양을 나타낼 때 사용한다. '조금' 또는 '약간' 이라는 의미를 갖는다.

Es. Cè poco pane. (빵이 조금 있다)

Mancano pochi minuti alla partenza. (출발까지 조금 남았다)

13) alquanto

정확한 뜻을 말하기는 어렵지만, 의미상 poco와 molto의 중간적 양을 나타낸다고 생각하면 된다. 일반적으로 자주 사용되지는 않으며, parecchio, diverso, vario 등으로 대체하여 사용한다.

Es. Ci sono alquante persone. (어느 정도의 사람들이 있다)

14) parecchio

정확하게 말하면, 다소 많은 양을 지칭하기는 하지만 molto 보다는 적은 양을 나타낸다. 그러나 실질적으로 두 부정 형용사는 거의 동일한 의미로 사용한다.

Es. In questo periodo abbiamo parecchio lavoro.

(이 기간에 우리는 많은 일이 있다)

C'è ancora parecchio tempo. (아직 많은 시간이 있다)

15) molto

'많은' 의 의미를 갖는 이 부정 형용사는 poco의 반대어로 생각하면 된다. 보통 정관사를 동반하지 않는 것이 일반적이지만, 정관사가 동반될 때에는 '아주 많은 수' 라는 개념을 갖는다.

Es. Ha molto denaro. (그는 많은 돈을 갖고 있다)

Maria e Luca conoscono da molti anni.

(마리아와 루까는 오래 전부터 알고 있다)

16) tanto

'Molto' 와 유사한 개념을 갖지만 양의 많음을 느낌으로 강조할 때 주로 사용한다.

Es. Gli ho già detto di quella partita tante volte.

(나는 그에게 이미 여러 번 그 시합에 대하여 말했다)

Ci sono tanti posti per parccheggio.(주차를 위한 많은 공간이 있다)

17) troppo

'지나친 혹은 너무 많은' 의 의미로 사용되는데, 보통 양적으로나 수적으로 초과의 의미를 갖는다.

Es. Fa troppo caldo. (너무나 덥다)

Non devi mangiare troppi dolci. (너는 너무 많이 과자를 먹으면 안 된다)

18) altrettanto

'동등한, 동일한' 이라는 동등의 양을 나타내고자 할 때 사용한다.

Es. Domani devo fare altrettanti compiti.

(나는 내일 같은 분량의 숙제를 해야한다)

19) tutto

보통 전체 또는 모두를 지칭하며, 정관사를 동반하는 경우의 어순은 tutto와 명사 사이에 위치시킨다. 정관사 없이 사용하는 경우에는 관용적인 의미나 부사 적으로 사용된다.

Es. Voglio girare tutto il mondo. (나는 세계를 돌고 싶다)

Resta a casa tutto il giorno. (그는 하루종일 집에 남아 있다)

È un regalo fatto di tutto cuore. (정성이 듬뿍 담긴 선물이다)

Vado a tutta velocità (나는 전속력으로 달린다)

20) altro

'다른' 혹은 '새로운' 의미를 갖으며, 가끔 종류나 유형이 상이하다는 의미로 사용되기도 한다.

Es. Occore altro sale. (다른 소금이 필요하다)

Vuole comprare un'altra automobile.

(다른 차 한 대 사기를 원한다)

21) diverso/vario

부정 형용사이지만, 품질의 의미를 갖는데, 집합명사나 복수 앞에서 사용할 경우에는 parecchio나 molto와 유사한 의미로 사용된다.

Es. Alla festa viene diversa gente. (축제에는 다양한 유형의 사람들이 온다)

Ho varie cose da dirti. (나는 너에게 말해야 할 여러 가지 일들이 있다)

Ⅵ. 기타 지정 형용사

1. 기타 지시 형용사

1) stesso/medesimo('동일한' 혹은 '같은')

이 두 가지 형용사들은 2개의 사물이나 사람에 대한 동일성을 표현하고자 할 때 사용하는 지시 형용사의 형태이다. stesso 보다는 medesimo가 좀더 문어체적으로 사용하지만, 의미는 동일하다(Es. 1). 또한 지칭하는 명사를 강조하기 위하여 사용하는 경우도 있다(Es. 2).

*Es.*1 Marco e Anna hanno la stessa età. (마르꼬와 안나는 같은 나이이다)

Abbiamo le medesime idee. (우리는 동일한 생각을 갖고 있다)

*Es.*2 Il suo valore è riconosciuto dagli avversari stessi.

(그의 가치는 같은 적들에게서도 인정되었다)

Dico io stesso. (내 자신이 말한다)

2) tale('이 같은' 혹은 '그 같은')

단수와 복수형을 가지며, 지시형용사 questo나 quello와 같은 의미를 갖는다. 그러나 questo나 quello가 다음에 올 명사를 수식하는 경우에 사용하는데 반하여, 앞에서 언급한 사물이나 사람을 다시 지칭하는 지시 형용사를 사용할 경우에 사용한다.

Es. Dopo tali avvenimenti, la situazione è finita.

(그 같은 정황 후에, 상황은 끝났다)

2. 기타 소유 형용사

1) proprio

다른 소유 형용사들과 달리, proprio는 오직 문장의 주어와 관련하여 3인칭 단/복수의 경우에만 사용할 수 있다. 또한 비인칭적인 경우에 소유형용사를 사용하고자 할 때는 의무적으로 proprio를 사용하며, 주어가 불명확할 때에도 이를 선호하며, 소유 형용사를 좀더 강조하고자 할 때에도 proprio를 사용한다.

Es. Lui ha perso il proprio(suo) denaro. (그는 자신의 돈을 잃어버렸다)

Loro fanno il proprio(loro) dovere. (그들은 자신들의 의무를 다한다)

Difendere le proprie idee. (자신들의 생각을 고수하다)

Conoscere le proprie responsabilità. (자신들의 책임을 인식하다)

Tutti possono esprimere il proprio pensiero. (모든 이들은 자신의 생각을 표현할 수 있다)

Vedo lui con i miei propri occhi. (나는 내 눈으로서 그를 본다)

2) altrui

이에 반해 altrui는 불분명한 소유자를 지칭하며, 보통 di altri나 dei altri에 해당하며, 일반적으로 명사 뒤에 위치한다.

Es. Non desiderare la roba altrui.

(다른 이들의 물건을 탐내지 말아라)

Bisogna rispettare le opinioni altrui.

(다른 이의 의견을 존중할 필요가 있다)

단어정리 공공기관 및 상점과 관련된 용어 (2)

ufficio postale	sm. 우체국
posta ordinaria/area/pneumatica	sf. 보통/항공/속달 우편
affrancare	tr. 우표를 붙이다
impostare	tr. 편지 등을 부치다
consegnare	tr. 배달하다
ritirare	tr. 찾다
portalettere=postino	sf/sm. 우체부
portapacchi	sf. pl. 소포
marconista	sm. 전신수
telegrafo	sm. 전보
luoghi di culto	sm. pl. 예배 장소
chiesa	sf. 교회 혹은 성당
tempio	sm. 사원
moschea	sf. 회교 사원
pagoda	sf. 불교 사원
bottega	sf. 상점
mercato	sm. 시장
centro commerciale	sm. 종합 상가
grande magazzino	sm. 백화점
commestibili	sm. pl. 식료품점
pasticceria	sf. 제과점
maccelleria	sf. 정육점
gastronomia	sf. 햄이나 치즈 등의 육가공품을 파는 상점
parrucchiere	sf. 미장원
profumeria -	sf. 향수가게
ferramenta	sf. 철물점
elettrodomestici	sm pl. 가전제품점
cartoleria	sf. 문방구
copisteria	sf. 복사점
gioielleria	sf. 귀금속점
ottica	sf. 안경점

회화 식당에서 (Al ristorante)

Signor Kim : Cameriere! Abbiamo prenotato un tavolo per quattro.

Cameriere : Come si chiama, scusi?

Signor Kim : Sono il Signor Kim.

Cameriere : Ah, bene! mi segua: il Suo tavolo è qui, vicino alla finestra, va bene?

Signor Kim : Benissimo, grazie.

Cameriere : Vogliono ordinare subito?

Signor Kim : Sì, prego.

Cameriere : Cominciamo con un antipasto?

Signor Kim : Sì, antipasto misto per tutti.

Cameriere : Vino?

Signor Kim : Sì, vino rosso e acqua minerale naturale.

Cameriere : Va bene il vino della casa, o preferisce un vino speciale?

Signor Kim : Ci porti una bottiglia di "Barbera".

Cameriere : Vogliono ordinare anche il primo?

Signor Kim : Luisa, che cosa prendi?

Luisa : Tortellini al ragù.

Paolo : Per me, tagliatelle al tartufo.

Manuela : Anche per me.

Signor Kim : Per me spaghetti alla carbonara.

Cameriere : Va bene.

(passa del tempo, il cameriere torna e domanda):

Cameriere : Hanno scelto il secondo?

Signor Kim : Sì, due bistecche, un filetto ai ferri, agnello arrosto e insalata per tutti.

(passa del tempo, il cameriere torna e domanda):

Cameriere : Prendono il dolce?

Signor Kim : No, ci porti la frutta e un buon caffè.

(alla fine del pranzo)

Signor Kim : Cameriere! il conto per favore.

강독 Telefoni cellulari

Il signor Girelli esce di casa, va all'edicola e compra il solito giornale.

Ad un tratto si ricorda che deve fare una telefonata importante in banca: prende un gettone, si avvicina alla cabina telefonica, e poiché è occupata da una ragazza, decide di aspettare qualche minuto.

Mentre aspetta, dà un'occhiata alle notizie più importanti del giorno.

Dopo di lui arrivano altre persone e tutte si mettono in fila per telefonare. Mentre i minuti passano, la ragazza continua tranquilamente a chiacchierare e non si preoccupa della gente che aspetta.

Il signor Girelli ha fretta perché ha un appuntamento. Per non perdere troppo tempo, rinuncia alla sua telefonata. Mentre va verso la fermata dell'autobus, vede un signore, un uomo elegante sulla quarantina, che sicuramente è più fortunato di lui: parla senza problemi dal suo telefono senza filo.

Esercizio

① 다음의 빈칸에 qualche, qualsiasi, qualunque, ciascuno, alcuno, nessuno의 부정 형용사 중에서 알맞은 형태를 선택하여 넣으시오.

1) Mancano ancora ______ giorni alle vacanze.

2) Vieni a trovarmi fra ______ settimana.

3) Ho portato un regalo per ______ bambino.

4) Non mi occore ______ aiuto.

5) Oggi non è un giorno ______ : è il nostro anniversario.

6) Puoi tefonarmi a ______ ora.

7) Consegno un premio a ______ di voi.

8) Tra ______ giorno ci vediamo.

9) Le rose mi piacciono di ______ colore.

10) Con la tua intelligenza puoi affrontare ______ corso di ______ studio.

② 다음의 빈칸에 ogni, nessuno, poco, certo, molto, parecchio의 부정 형용사 중에서 알맞은 형태를 선택하여 넣으시오.

1) ______ giorno che passa sento più vicina la meta.

2) Devo alzarmi alle sei ______ mattina.

3) ______ spettacoli non sono adatti ai bambini.

4) ______ enciclopedie sono davvero complete.

5) Non prendere ______ decisione.

6) Abbiamo ______ novità da raccontarti.

7) La polizia per ora non possiede ______ indizio.

8) Ho visitato ______ castelli della Valle d'Aosta.

9) Ha sempre parole giuste in ______ circostanza.

10) Avete avuto ______ buon gusto nella scelta di questi mobili.

3 다음의 빈칸에 nessuno, nessun, alcuno, alcun의 부정 형용사 중에서 알맞은 형태를 선택하여 넣으시오.

1) Non hai ______ possibilità di sfuggire al controllo.
2) ______ insegnante permette che si faccia qualcosa di simile.
3) Non vi fa ______ proposta se non spiegate le vostre intenzioni.
4) Dal dentista non ho sentito ______ male.
5) Ormai, ______ sforzo può risolvere la situazione.
6) ______ ragione può spiegare il suo gesto.
7) Non ho più ______ voglia di scherzare.
8) Spero che tu non incontri ______ difficoltà durante il percorso.

4 다음의 빈칸에 stesso와 medesimo 중에서 적절한 형태를 선택하여 완성하시오.

1) Marco e Laura frequentano la ______ scuola dell'anno scorso.
2) Hai sempre un ______ tono di voce.
3) Il preside ______ è intervenuto nel dibattito.
4) Ogni volta che ti vedo provo la ______ gioia.
5) Ti ho raccontato tutto con le sue ______ parole.
6) Sei sicuro che stiamo parlando della ______ persona.
7) Quella tattica te l'ho suggerita io ______ .
8) Una volta tanto abbiamo le ______ idee.
9) Me lo ha detto il professore ______ .
10) Dobbiamo evitare di commettere i loro ______ errori.

5 다음의 빈칸에 적절한 전치사를 넣으시오.

1) Quando esco ___ Università, vado ___ centro ___ fare la spesa.
2) Marta ha comprato un vestito ___ sta ___ ultima moda.
3) ___ La notte ___ Capodanno compro un paio ___ scarpe ___ pelle

il tacco altissimo.

4) Voglio un etto ___ prosciuto cotto.

5) Ho comprato due yogurt ___ frutta ___ me e uno naturale ___ te.

6) Ho regalato ___ Maria una sciarpa ___ lana.

7) Luca ha comprato due pacchetti ___ sigarette ___ tabaccaio.

8) Abbiamo accompagnato i nostri amici ___ stazione.

9) ___ casa ho sacco ___ cravatte ___ questo tipo?

10) Chi ha parcheggiato la macchina davanti ___ casa mia?

11) Siamo stati ___ Sardegna ___ un gruppo ___ amici.

12) Ho comprato questi animali ___ vetro ___ Venezia ___ 1989.

동사(Verbo) Ⅵ 23

- 재귀동사(Verboriflessivo)

Ⅰ. 개념과 일반 타동사와의 차이

1. 개념

일반적으로 타동사는 문법적 요소 중에서 목적어를 동반하며, 이 목적어는 주어와 동일한 대상이 아닌 새로운 것으로 동사의 목적물이 된다는 것은 앞에서 이미 배운 바가 있다. 그런데, 동사 중에는 이러한 목적어와 주어가 동일한 대상을 지칭할 때가 있는데, 이를 문법적으로 재귀동사라 한다. 다시 말해, **재귀동사란 주어가 동사의 주체가 될 뿐만이 아니라 동사의 목적 대상이 되는 목적어로도 작용하는 동사**를 의미한다. 주로 '주어가 (자신을)~하다' 라는 의미이며, 재귀 대명사 mi, ti, si, ci, vi, si 와 함께 사용하는데, 이 재귀 대명사는 영어의 oneself 형태와 유사한 문법 요소이며, 해석할 경우에는 보통 이들 재귀 대명사는 생략한다.

2. 일반 타동사와의 차이

목적어가 따로 존재하는 일반 타동사와 목적어와 주어가 동일한 재귀동사의 차이를 다음의 두 문장을 통하여 살펴보면 다음과 같다: '씻는다'라는 의미를 갖는 이탈리아어의 동사는 lavare이다. 이 동사는 일반 타동사로 사용될 뿐만이 아니라 재귀동사로도 사용되는데, '나는 개를 씻는다' 라는 문장과 '나는 내 자신을 씻는다' 라는 문장을 통하여 이러한 두 가지 사용의 일례를 살펴보도록 하자. 먼저 '나는 개를 씻는다' 라는 이역은 'Io lavo il cane=io lo lavo' 이다 이에 반해 '나는 내 자신을 씻는다' 라는 이역은 'Io lavo me stesso=io mi lavo' 이다. 따라서 목적어로 사용된 대명사의 형태가 분명히 다르고, 이를 목적격 보어의 형태로 표기한 바도 다르다는 것을 알 수 있다. 이와 같이 이탈리아어에서 주어의 행위가 주어 자신에게 돌아오는 동사의 형태를 재귀동사라 하여, 일반 인칭 대명사의 형태와는 약간 다른 재귀 대명사(mi, ti, si, ci, vi, si)를 사용하여 재귀동사라는 것을 나타낸다.

Ⅱ. 형태와 종류 및 그 사용

1.형태

다른 일반 동사들의 원형과 달리 재귀동사는 동사 원형의 형태가 조금 다르다. 일반적으로 사전에서도 재귀동사를 의미하는 형태는 -arsi, -ersi, -irsi 등과 같이 동사 원형의 마지막 -e를 생략하고 si라는 재귀 대명사의 기본형을 붙여 표기한다. 또한 그 형태상의 표기 역시 이들 재귀 대명사를 동사와 함께 꼭 사용하여야 한다. 이는 이들 재귀 대명사가 문장 안에서 목적격 보어로 사용되기 때문에 문법적으로 생략할 수 없기 때문이다. 재귀 대명사를 동사 앞에 사용한다는 점 이외에는 동사의 변화형이나 시제니 법에 따른 형태들은 다른 동사들의 변화형태가 동일하다.

1) -arsi 동사군 - Alzarsi(일어나다)의 동사 변화형

io	mi alzo	**noi**	ci alziamo
tu	ti alzi	**voi**	vi alzate
lui/lei/Lei	si alza	**loro/Loro**	si alzano

2) –ersi 동사군 : Mettersi(입다, 착용하다)의 동사 변화형

io	mi metto	**noi**	ci mettiamo
tu	ti metti	**voi**	vi mettete
lui/lei/Lei	si mette	**loro/Loro**	si mettono

3) –irsi 동사군 : vestirsi(옷을 입다)의 동사 변화형

io	mi vesto	**noi**	ci vestiamo
tu	ti vesti	**voi**	vi vestite
lui/lei/Lei	si veste	**loro/Loro**	si vestono

재귀동사는 어떤 특정한 형태나 종류가 따로 있는 것만이 아니라 보통 일반 타동사들에서 전환되는 경우가 많다. 즉, 일반 타동사들 중에서 그 의미가 재귀동사적으로 사용되는 경우에는 어떤 타동사든지 재귀동사로 전환될 수 있다. 그러나 여기서는 흔히 사용되는 대표적 재귀동사들을 중심으로 몇몇의 동사들을 들어보도록 하겠다.

동사원형	의미	동사원형	의미
lavarsi	씻다	addormentarsi	잠들다, 골아 떨어지다
svegliarsi	깨다, 눈이 떠지다	arrabbiarsi	화내다
pettinarsi	빗질하다	accomodarsi	편히하다
prepararsi	준비하다	preoccuparsi	걱정하다
fermarsi	머물다, 체재하다	riposarsi	휴식하다
sistemarsi	숙박하다	sbrigarsi	서두르다
sbagliarsi	실수하다, 틀리다	permettersi	용인하다, 승인하다
sedersi	앉다	incontrarsi	만나다
scusarsi	용서를 구하다, 실례하다	sposarsi	결혼하다
trovarsi	지내다	vedersi	보다, 만나다
laurearsi	졸업하다	chiamarsi	부르다, 호칭하다
esprimersi	표현하다, 나타내다	abbraciarsi	껴안다
dimenticarsi	망각하다, 잊다	sentirsi	듣다, 느끼다
divertirsi	즐겁게 지내다	salutarsi	인사하다

2. 종류와 사용

1) 본질적 재귀동사

주어의 행위가 주어 자신에게 돌아오는 재귀동사의 특징을 전형적으로 갖는 재귀동사의 형태이다. 즉, **목적어가 자기 자신으로 문법적으로 직접 목적어로 기능 하는 재귀동사**들이 이에 해당한다.

	svegliarsi	lavarsi	prepararsi
io	mi sveglio	mi lavo	mi preparo
tu	ti svegli	ti lavi	ti prepari
lui/lei/Lei	si sveglia	si lava	si prepara
noi	ci svegliamo	ci laviamo	ci prepariamo
voi	vi svegliate	vi lavate	vi preparate
loro/Loro	si svegliano	si lavano	si preparano

	fermarsi	sistemarsi	sbrigarsi
io	mi fermo	mi sistemo	mi sbrigo
tu	ti fermi	ti sistemi	ti sbrighi
lui/lei/Lei	si ferma	si sistema	si sbriga
noi	ci fermiamo	ci sistemiamo	ci sbrighiamo
voi	vi fermate	vi sistemate	vi sbrigate
loro/Loro	si fermano	si sistemano	si sbrigano

Es. Mi lavo quando torno a casa. (집에 돌아오면 나는 씻는다)
Si sveglia alle sei ogni mattina. (매일 아침 그는 6시에 일어난다)
Ci troviamo bene in questo alloggio. (우리는 이 숙소에서 잘 지낸다)
Ti perpari ad uscire? (너 나갈 준비했니?)
Potete fermarvi qui. (너희들은 여기 머물 수 있다)
Se si sbrigano di più, possono vedere l'ultimo spettacolo.
(그들이 좀 더 서두른다면, 마지막 공연을 볼 수 있다)

2) 형식적 재귀동사

본질적 재귀동사와 달리 재귀 대명사가 직접목적어가 되는 것이 아니라 **간접 목적어**가 되고, 행위의 **실질적인 직접목적어를 따로 취하게 되는 재귀 동사**들이 이에 해당한다. 즉, 해석은 '자신에게 ~을 하도록 한다' 의 의미로 해석하는 동사들이다.

동사원형	pettinarsi	lavarsi	mettersi
io	mi pettino	mi lavo	mi metto
tu	ti pettini	ti lavi	ti metti
lui/lei/Lei	si pettina	si lava	si mette
noi	ci pettiniamo	ci laviamo	ci mettiamo
voi	vi pettinate	vi lavate	vi mettete
loro/Loro	si pettinano	si lavano	si mettono

동사원형	chiamarsi	farsi	permettersi
io	mi chiamo	mi faccio	mi permetto
tu	ti chiami	ti fai	ti permetti
lui/lei/Lei	si chiama	si fa	si permette
noi	ci chiamiamo	ci facciamo	ci permettiamo
voi	vi chiamate	vi fate	vi permettete
loro/Loro	si chiamano	si fanno	si permettono

Es. Si pettina i capelli. (그는 머리를 빗는다)

Mi lavo la faccia. (나는 얼굴을 씻는다)

Ti metti un vestito di lana. (너는 양모 옷을 입는다)

Si chiamano i signori Rossi. (그들은 로씨 부부라 한다)

Ci permettiamo un momento di riposo. (우리는 휴식기간을 갖는다)

Potete farvi la doccia, se volete. (너희들이 원하면, 샤워를 할 수 있다)

3) 상호적 재귀동사

상호적이라는 말의 의미에서 알 수 있듯이, 재귀동사의 형태가 단수가 없고, 모두 복수 형태만 있는 동사들이다. 즉, 행위의 대상이 행위자와 상대방 모두에게 영향을 미쳐, 상호간이 목적어로 작용하는 재귀동사의 형태이다. 보통 '서로를' 또는 '서로에게' 라는 의미로 해석할 수 있는 동사들이 이에 속한다.

동사원형	noi	voi	loro/Loro
sposarsi	ci sposiamo	vi sposate	si sposano
incontrarsi	ci incontriamo	vi incontrate	si incontrano
conoscersi	ci conosciamo	vi conoscete	si conoscono
salutarsi	ci salutiamo	vi salutate	si salutano
sentirsi	ci sentiamo	vi sentite	si sentono

Es. Io e il professore ci incontriamo nell'aula. (나와 교수님은 강의실에서 만난다)

Carlo e Maria si sposano il 15 agosto. (까를로와 마리아는 8월 15일에 결혼한다)

Vi conoscete da molto tempo. (너희들은 오래 전부터 알고 있다)

Si salutano cordialmente. (그들은 친절하게 인사한다)

Ci sentiamo dopo. (나중에 통화하자)

3. 재귀동사의 근과거 형태

1) 일반동사의 경우

재귀동사의 근과거 형태는 보조동사로 essere를 취한다는 것은 앞의 근과거를 다룬 장에서 이미 배웠다. 또한 이는 앞으로 배울 복합시제에서도 재귀동사와 결합하는 보조동사는 essere라는 것을 의미하기 때문에 이에 대한 명확한 사용이 중요하다. 근과거에서 보조동사를 essere를 사용한다는 것은 주어와 과거분사의 성과 수에 대한 일치문제 역시 일반 근과거의 형태와 동일하게 적용된다.

▶ **Alzarsi(일어나다)의 근과거 형태**

io	mi sono alzato(a)	**noi**	ci siamo alzati(e)
tu	ti sei alzato(a)	**voi**	vi siete alzati(e)
lui/lei/Lei	si è alzato(a)	**loro/Loro**	si sono alzati(e)

Es. Stamattina Carla si è vestita in fretta.

(오늘 아침에 까를라는 급하게 옷을 입었다)

Ieri mattina mi sono alzato un po' presto.

(어제 아침에 나는 좀 일찍 일어났다)

Ci siamo divertiti molto ieri sera. (어제 저녁 우리는 아주 즐거웠다)

Anna e Gianni si sono sposati l'autunno scorso.

(안나와 쟌니는 지난 가을에 결혼했다)

2) 양태동사와 결합하는 경우

직설법 현재 시제에서 양태동사와 재귀동사가 결합하는 경우에는 재귀 대명사의 위치가 동사 앞에 오거나 동사 뒤에 오는 경우에도 그 형태상의 변화를 동반하지 않는다. 즉, 재귀 대명사의 위치만 바뀔 뿐 특별한 형태상의 변화를 초래하지는 않는다는 의미이다.

Es. 1Potete accomodarvi=Vi potete accomodare. (너희들 편하게 있어라)

Vogliamo riposarci=Ci vogliamo riposare. (우리는 쉬고 싶습니다)

Devi sbrigarti=Ti devi sbrigare. (너는 서둘러야 한다)

그러나, 현재형의 시제가 근과거형으로 전환되면 이들 양태동사와 결합된 재귀동사들은 재귀 대명사의 위치에 따라 두 가지의 형태로 사용할 수 있게 된다. 즉, 재귀 대명사가 동사 앞에 위치하는 경우에는 보조동사로 essere를 사용하여 근과거의 형태를 취하지만, 재귀 대명사가 재귀동사와 결합하여 양태동사 뒤에 위치할 경우에는 보조동사로 essere가 아닌 avere를 취하여 근과거의 형태를 취한다는 점이다. 이는 보조동사가 essere이냐 avere이냐에 따라 주어와 동사의 성과 수에 대한 일치문제 등을 고려하면, 사용상의 각별한 주의를 요하는 부분이다. 따라서 보기 1의 용례들을 이에 준하여 근과거의 형태로 전환시키면 다음과 같은 두 가지 형태로 변환된다.

Es. Potete accomodarvi ➡ Avete potuto accomodarvi.

Vi potete accomodare ➡ Vi siete potuti accomodare.

Vogliamo riposarci ➡ Abbiamo voluto riposarci.

Ci vogliamo riposare ➡ Ci siamo voluti riposare.

Devi sbrigarti ➡ Hai dovuto sbrigarti.

Ti devi sbrigare ➡ Ti sei dovuto sbrigare.

단어정리 운송수단에 대한 용어 (1)

il trasporto sm. 운송, 수송
mezzi di trasporto sm. pl. 운송수단
mezzi pubblici sm. pl. 공공 교통 수단
l'automobile sf. 자동차
il treno sm. 기차
la metropolitana sf. 지하철
l'autobus sm. 버스
il tram sm. 전철
il taxi sm. 택시
il pullman sm. 시외버스와 유사한 공공버스
l'ambulanza sf. 앰뷸런스
il furgone sm. 덮개가 달린 소형 짐차
la bicicletta sf. 자전거
la motocicletta sf. 오토바이
la nave sf. 배, 선박
l'aeroplano sm. 비행기
il parcheggio sm. 주차장
la stazione sf. 역
la stazione ferroviaria sf. 기차역
il porto sm. 항구
l'aeroporto sm. 공항
l'autostrada sf. 고속도로
il motore sm. 엔진
la ruota sf. 바퀴
lo pneumatico sm. 타이어

회화 빠올로와 리따 (Paolo e Rita)

Paolo : Pronto! Buon giorno, c'è Rita?

Rita : Pronto, chi parla?

Paolo : Mi chiamo Paolo, un suo amico.

Rita : Ah, ciao Paolo, sono io.

Paolo : Ciao, Rita, Come stai?

Rita : Bene. Grazie, e tu?

Paolo : Sto bene, grazie. Senti, volevo chidereti solo una cosa. Come mai non sei venuta a lezione?

Rita : Ho dormito fino a tardi. Mi sono svegliata alle 11.

Paolo : Ti sei sentita male?

Rita : No! Ieri sera dopo lo spettacolo sono andata al bar con gli amici. Ho bevuto un caffè espresso molto forte. Stanotte mi sono addormentata tardi e stamattina non ho sentito la sveglia. Con il sole alto mi sono finalment svegliata.

Paolo : Adesso ti senti bene?

Rita : Mi sento bene, grazie.

Paolo : Comunque dove ci incontriamo oggi pomeriggio?

Rita : Davanti al bar. Ti va bene?

Paolo : Mi va bene. Ciao, ci vediamo dopo.

강독 Un mattino in casa Latorre

Il Signore e la Signora Latorre abitano nella periferia settentrionale di Roma. Il Signor Carlo Latorre lavora al centro presso la Banca del Commercio. Sua moglie Marisa è insegnante in una scuola media dove insegna la lingua inglese. Sono i genitori di Francesco e di Claudia.

Durante la settimana marito e moglie si alzano quando suona la sveglia alle sette e un quarto in punto. Si preparano per uscire, bevono un po' di caffè e vanno via di casa prima delle otto.

Anche Claudia si alza di buon'ora per andare a scuola. Francesco, al contrario, dorme ancora a quell'ora. Quando Claudia entra nella sua camera da letto per dire buongiorno prima di uscire, lui non la sente. Ogni mattina, quando mancano pochi minuti alle nove, Emilio, un amico di Francesco, telefona. Insieme decidono dove incontrarsi per andare alla università.

Così Francesco si sveglia. Si veste e si lava velocemente. Mentre si pettina davanti allo specchio la Signorina Clara apre la porta. Lei è la donna che viene dalle nove e mezzo alle undici per fare un po' di pulizie.

Esercizio

① 보기와 같이 주어진 단어를 활용하여 다음 질문에 답하시오.

Es. Come ti trovi in questa città?(bene) ➡ Mi trovo bene.

1) Quanto tempo ti fermi?(tre giorni) ➡
2) Di che cosa ti occupi?(di elettrodomestici) ➡
3) Come ti chiami?(Alfredo) ➡
4) Che cosa ti metti?(un vestito nuovo) ➡
5) Di che cosa ti ricordi?(di tutto) ➡
6) Di che cosa vi intendete?(di cavalli) ➡
7) Che cosa vi mettete?(un vestito vecchio) ➡
8) Dove vi sistemate?(in albergo) ➡
9) A che ora deve alzarsi?(alle sette) ➡
10) Che cosa deve mettersi?(l' abito da sera) ➡
11) In che cosa deve specializzarsi?(in cardiologia) ➡

② 보기와 같이 다음 문장들을 바꾸시오.

Es. Lui si riposa un po'. ➡ Loro si riposano un po'.

1) Lui si lava con acqua calda. ➡
2) Lui si alza presto. ➡
3) Lui si veste alla moda. ➡
4) Lui si prepara ad uscire. ➡
5) Lui si siede in salotto. ➡

Es. Tu puoi sederti qui. ➡ Tu ti puoi sedere qui.

6) Tu puoi riposarti ora ➡
7) Tu puoi iscriverti domani. ➡
8) Tu puoi occuparti dei biglietti. ➡

Es. Voglio alzarmi alle sei. ➡ Mi voglio alzare alle sei.

9) Voglio divertirmi stasera. ➡
10) Devo fermarmi alla posta. ➡
11) Posso sistemarmi da te. ➡
12) Dobbiamo prepararci sempre in fretta. ➡

③ 주어진 내용을 참고하여 다음의 질문에 답하시오.

1) A che ora ti sei alzata stamattina?
_________________________________ alle sei.
2) Quando si è sposato, signor Vinci?
_________________________________ dieci anni fa.
3) Quanto tempo vi siete fermati in Germania?
_________________________________ una settimana.
4) Come si è trovato Fausto a Parigi?
_________________________________ molto beene.
5) Fino a che ora ti sei fermata da Claudia?
_________________________________ fino alle otto.
6) Quando ti sei laureato?
_________________________________ a febbraio.
7) Quando si è sposato Giorgio?
_________________________________ a maggio.
8) A che ora vi siete addormentati ieri sera?
_________________________________ a mezzanotte.
9) Quando si è iscritta all'Università Elena?
_________________________________ l'anno scorso.
10) Dove si è seduto lo studente?
_________________________________ sulla sedia.
11) Che cosa si è messa Luisa per andare alla festa?
_________________________________ un vestito nero di sera.
12) Quando vi siete laureate?
_________________________________ a luglio.

④ 다음 괄호 안의 재귀동사의 형태를 적절하게 변화시키시오.

1) Ogni giorno Paolo (alzarsi) ______ alle 7; anch'io ho l'abitudine di (alzarsi) ______ alle 7.
2) Gli studenti sono stanchi perché ieri sera (addormentarsi) ______ . molto tardi; anche Valentina(addorm)entarsi ______ molto tardi.
3) Carlo (farsi) ______ la barba tutte le mattine.
4) Per andare alla festa di Giorgio, domani sera Maria (mettersi) ______ un vestito elegante.

5) Ieri sera è piovuto molto: siamo usciti senza ombrello e (bagnarsi) ______ dalla testa ai piedi.
6) Ho visto i miei amici al bar e (fermarsi) ______ un po'con loro.
7) Stella e Paola non (ricordarsi) ______ mai di portare il libro di grammatica; anche stamattina (dimenticarsi) ______ .
8) Gianni (laurearsi) ______ l'anno scorso, io invece voglio (laurearsi) ______ a febbraio.
9) Ogni giorno Federico e Simone (incontrarsi) ______ in autobus e (salutarsi) ______ .
10) Stamattina Gabriela non (truccarsi) ______ , perché (svegliarsi) ______ tardi.
11) Domenica scorsa siamo andati ad una festa e (divertirsi) ______ . molto.
12) L'autobus per il centro (fermarsi) ______ sempre davanti a casa mia, stamattina però non (fermarsi) ______ .

5 **다음의 빈칸에 적절한 전치사를 넣으시오.**

1) Giorgio lavora _____ fabbrica e fa il turno _____ notte.
2) Maria finisce _____ lavorare ...... sei _____ mattina.
3) Carlo e Anna si salutano davanti _____ porta _____ casa.
4) Giulia mette _____ ordine la camera prima _____ andare _____ letto.
5) Elena si lava sempre _____ l'acqua calda.
6) Stamattina non sono riuscito _____ trovare un meccanico _____ riparare la macchina.
7) Mi sveglio spesso _____ cattivo umore.
8) Ho l'abitudine _____ svegliarmi _____ sette.
9) Mi devo ricordare _____ telefonare _____ miei genitori.
10) Vado _____ cucina _____ fare colazione _____ Nicola.
11) Gli studenti non riescono _____ capire tutte le parole _____ professore.
12) Ho bisogno _____ parlare _____ Pietro.

동사(Verbo) Ⅶ 24

비인칭 동사 (Verbo impersonali)와 기타 동사들

Ⅰ. 비인칭 동사

1 .개념

동사들 중에는 기후, 날씨, 시간 등을 나타내는 동사들과 같이 특별한 주어를 갖지 않고 사용되는데, 이와 같이 특정한 형태의 주어로 표시되지 않고 불특정한 주어를 3인칭 단수형으로 사용하는 동사들을 문법적으로 비인칭 동사라 한다. 영어의 it is 구문에서 사용되는 be 동사와 유사하나 이탈리아어에서는 주어는 표시되지 않는다. 그러나 이탈리아어에는 이런 비인칭 동사가 기후나, 날씨 및 시간 등을 표시하는 동사에 에 국한되어 있지 않고, 자동사이든 타동사이든 거의 모든 동사를 비인칭 동사로 사용할 수 있다. 여기서 한 가지 유념해야 할 것은 비인칭 동사와 비인칭적으로 사용되는 동사와는 차이이다. 결론적으로 **비인칭 동사는 항상 3인칭 단수형**으로 사용되는데 반해, **비인칭적으로 사용되는 동사는 3인칭 단수뿐만이 아니라 복수의 형태**로도 사용될 수 있음을 유념해야 한다.

2. 종류 및 사용

영어의 be 동사에 해당하는 essere 동사와 fare 동사 및 기후를 표시하는 다음과 같은 동사들이 전형적인 비인칭 동사라 할 수 있다: piovere (비가 오다), nevicare (눈이 오다), tuonare (천둥치다), lampeggiare (번개치다), tirare (바람이 불다), grandinare (우박이 내리다) 등 날씨를 나타내는 동사들이 이에 속한다.

Es.	Che ora è?	(몇 시입니까?)
	Che tempo fa?	(날씨가 어떻습니까?)
	Oggi, fa bel tempo.	(오늘은 날씨가 좋습니다)
	Fa caldo d'estate.	(여름에는 덥습니다)
	Oggi piove molto.	(오늘은 비가 많이 옵니다)
	E' nevicato ieri notte.	(어제 저녁에는 눈이 왔습니다)

3. 유사 비인칭 동사

다음의 동사들 역시 비인칭적으로 사용되는 동사들인데, 보통 그 의미가 주어 스스로가 행동이나 동작을 발생시키지 못하는 유형의 동사들이 이에 속한다: bisognare(~이 필요하다), occorrere(~이 필요하다), importare(~이 중요하게 되다), capitare(~이 발생하다), accadere(~이 일어나다), succedere(~이 발생하다) 등이 있다. 또한 essere 동사와 결합하여 비인칭 구문으로 사용되는 어구들 역시 이에 속한다고 볼 수 있다: è neccesario(+ 동사원형 혹은 che 절; ~이 필요하다), è probabile(+ 동사원형 혹은 che 절; ~이 그럴 것이다), è possibile(+ 동사원형 혹은 che 절; ~이 가능하다), è facile(+ 동사원형 혹은 che 절; ~이 쉽다), è difficile(+ 동사원형 혹은 che 절; ~이 어렵다), è strano(+ 동사원형 혹은 che 절; ~이 이상하다), è opportuno(+ 동사원형 혹은 che 절; ~이 적절하다), è meglio(+ 동사원형 혹은 che 절; ~이 낫다), 등등. 이 같은 문장의 형태들은 뒤에 다시 접속법을 배울 때 다시 자세히 다루도록 하겠다.

Es.	Bisogna partecipare tutti insieme.	(모두 함께 참가하는 것이 필요하다)
	Accadono cose strane.	(이상한 일들이 일어난다)
	Capita spesso quell'incidente.	(그 사고는 자주 일어난다)
	Non importa niente.	(중요하지 않다)
	Occorre la tua presentazione.	(너의 출석이 필요하다)

4. 일반 동사들의 비인칭형

이탈리아어의 거의 모든 동사들은 비인칭 동사로 사용할 수 있는데, 이와 같이 동사를 비인칭 동사로 사용하고자 할 때는 다음의 두 가지 방법에 의한다. 하나는 비인칭 보격 대명사 **si를 사용**하는 방법이고, 다른 하나는 막연한 사람을 지칭하는 비인칭 대명사 **uno를 사용**하는 방법이다. 두 대명사는 문법적 의미는 동일하지만, 그 기능에서는 약간의 차이가 있다.

1) 비인칭 보격 대명사 si

불특정한 대상을 의미하는 비인칭 보격 대명사 si는 문장 안에서 주어를 표현하지 않으면서도 동사의 주체가 3인칭 단수라는 것을 나타내는 보격 대명사의 형태이다. 그러나 흔히 오인하는 수동형 보격 대명사 si 와는 다르게 사용되기 때문에 사용상의 구별뿐만이 아니라 해석상에서도 각별한 주의를 요한다. 가장 간단한 구별은 비인칭의 si는 항상 3인칭 단수형으로 사용될 수밖에 없는데 반하여, 수동형의 si는 3인칭 복수로도 사용이 가능하기 때문에 이에 대한 선별적 사용이 필요하다. 예를 들면, '사람들이 ~라고 말한다'라는 비인칭 형태는 'si dice' 이지 그 복수형인 'si dicono' 라고 하면 틀리고 'dicono' 라고 해야 맞는 것이다.

Es. Qui non si fuma! (여기서는 담배를 피우지 못합니다!)

A Perugia si cammina in salita. (뻬루지아에서는 오르막길을 걷는다)

In classe si parla italiano. (교실에서는 이탈리아어를 말한다)

In questo ristorante si mangia bene e si paga poco.

(이 식당에서는 잘 먹고 조금만 낸다)

Si parte alle 6 e si torna alle 21. (6시에 떠나고 21시에 돌아온다)

Si dice che il coreano è un linguaggio molto scientifico.

(한국어는 매우 과학적이라고 말한다)

2) 비인칭 대명사 uno

보격 대명사 si와는 달리 uno는 문장에서 그 문법적인 기능이 3인칭 단수인 주어로서 작용한다는데 보격 대명사 si와 차이가 있다. 불특정한 사람을 의미하는 대명사 uno를 사용함으로써 **그 문장이 비인칭형 문장이라는 사실과 주어의 성과 수까지 명확하게 나타**내어 보다 정확한 문법적 사용이 가능하도록 한다는 데에 가장 커다란 특징이 있다고 볼 수 있다.

Es. In aereo uno viaggia comodamente. (비행기로는 편안하게 여행한다)
Su questo letto uno dorme bene. (이 침대에서는 잠을 잘 잔다)
Al ristorante uno spende molto. (식당에서는 비용이 많이 든다)
In quell'albergo uno paga tanto. (이 호텔은 요금이 비싸다)
L'estate uno va al mare o in montagna.(여름에는 바다에 가거나 산에 간다)
In autobus uno si stanca troppo. (버스는 매우 피곤하다)

비인칭의 보격 대명사 si와 재귀 대명사 si가 결합하는 경우

이 경우에는 si와 si가 중복되기 때문에 겹쳐서 사용하지 않고 앞의 si를 ci로 바꾸어서 ci si의 형태로 사용한다. 그러나 비인칭 대명사 uno를 사용하는 경우에는 그대로 uno si의 형태를 취한다.

Es. In campagna ci si annoia! (시골에서는 따분하다)
Al mare ci si diverte. (바다에서는 즐겁게 보낸다)
D'estate ci si alza presto la mattina . (여름에는 아침에 일찍 일어난다)

Ⅱ. 기타 특별한 동사들의 비교 및 사용

1. Salutare류 동사유형

이탈리아어의 타동사들 중에는 간접 목적어와 직접 목적어의 사용이 한국어와는 전혀 다르게 쓰이는 동사들이 몇 개 있다. 이들 동사들은 잘못하면 오역이나 오용의 가능성이 많은 동사들인데, 먼저 salutare 동사를 중심으로 정확한 사용에 대하여 알아보고, 이와 같은 유형의 동사들은 어떤 것들이 있는지 살펴보도록 하자.

Es.1 '나는 마리아에게 인사한다' 라는 표현을 이탈리아어를 처음 배우는 한국인들에게 시켜보면 가장 많이 볼 수 있는 문장이 아래와 같은 문장이다.

*Io saluto a Maria(X)

그런데 이 문장은 한국식으로는 가능한 문장이지만, 이탈리아어의 문법에는 전혀 맞지 않는 표현이다. Salutare 동사를 이용하여 문장이나 회화를 할 때 주의해야할 사항은 다음의 두 가지 이다. 첫째는 salutare 라는 동사는 타동사로서 우리말로 해석하면, '~에게 인사하다' 로 해석된다는 사실이며, 둘째는 해석상에서의 간접 목적어는 이탈리아어에서는 직접 목적어가 사용된다는 점이다. 이 두 가지 점을 고려하여 이 문장을 이탈리아어로 다시 정확하게 옮기면 다음과 같다.

*Io saluto Maria(O).

Es.2 'Saluta Maria'라는 문장을 한국어로 옮길 때 흔히 볼 수 있는 오역의 표현은 다음과 같다.

*마리아가 인사한다(X) - 이 문장에서 오역을 피하지 못했던 원인은 다음의 세 가지 점이다. 먼저, salutare 동사가 타동사로서 목적어를 가져야 한다는 기본적 문법 지식이 결여되었기 때문이며, 둘째는 salutare 동사의 뜻이 타동사로 사용할 경우 한국식으로 해석하면 '~에게 인사하다' 이고 자동사로 사용되면 '~가 건강이 좋다' 라는 사실을 몰랐기 때문이다. 셋째는 이탈리아어에서 주어는 동사에 의해 표현이 되기 때문에 일반적으로 생략한다는 사실을 미처 생각하지 못했기 때문이다. 이를 토대로 위의 이탈리아어 문장을 정확하게 해석하면 다음과 같다.

*' 그는(혹은 그녀는) 마리아에게 인사한다' (O)

따라서 우리는 여기서 몇 가지 점을 분명하게 고려하여야 한다. 먼저 문장을 해석 하거나 작문을 할 때 혹은 회화를 할 경우에도 사용하고자 하는 동사의 성격을 정확하게 파악한 뒤 이에 따른 동사 변화 형태를 정확하게 사용하는 것이다. 즉, 동사의 성격이 타동사인지 자동사인지가 중요하며, 주어의 인칭에 따른 변화형이 역시 중요하고, 동사의 사용 방법을 정확하게 습득하는 것이 중요하다. 많은 이탈리아어가 우리말과는 다르게 사용되거나 문법적 기능이 상이한 경우가 많음을 항상 염두에 두어야 한다.

Es.3 'Salutami Paolo'의 올바른 해석은 다음 중 어떤 문장일까?

1) 빠올로가 나에게 인사한다

2) 그는 나에게 파올로를 인사시킨다

3) 빠올로에게 안부 전해 줘

*이 문제의 정답은 3)이다. 위의 예문 두 개를 통해 이미 salutare 동사의 일반적 특징에 대하여 배웠다. 따라서 1)의 해석은 틀린 것이다. 2)는 그럴 듯 해 보이지만 2)를 선택한 사람은 명령법에 대하여 아직 배우지 않았거나 명령법을 잘 모르는 사람일 것이다. 명령법에서는 인칭 대명사들의 위치가 2인칭 단/복수와 1인칭 복수는 동사 뒤에 붙여서 사용한다는 사실을 잘 몰랐기 때문이다. 따라서 정답은 3)이다. 3)의 직역은 '나를 빠올로에게 인사시켜 줘' 로 한국식의 안부를 묻는 표현인 것이다.

☞ Salutare 동사와 같이 해석은 간접 목적격으로 하지만 실질적으로 직접 목적어의 형

태가 위치하는 동사들은 다음과 같다: pregare(~에게 기원하다/청하다), ringraziare(~에게 감사하다), avvertire(~에게 알리다), consigliare(~충고하다/조언하다; 이 동사는 목적어를 하나, 즉 직접 목적어를 바로 쓸 경우에는 직접 목적어의 형태를 사용하지만 '~에게 ~하라고 충고하다' 라는 의미로 사용할 때에는 'a qlcu. di + 동사원형' 로 사용한다), ecc.

Es. La ringraziamo molto della Sua cortesia.

(저희는 당신의 친절에 대단히 감사하게 생각합니다)

Ti prego di tornare la prossima settimana.

(나는 너에게 다음 주에 돌아오기를 바란다)

Ti avverto che non scherzo.

(농담이 아니라는 것을 너에게 알려준다)

Averte un amico di un pericolo.

(그는 친구에게 위험을 알려준다)

Consiglio gli amici.

(친구들에게 충고한다)

Il dottore gli ha consigliato di starsene in casa un altro giorno.

(의사는 그에게 하루 더 집에서 지내라고 충고했다)

2. Lasciare 동사

일반 타동사로는 '남기다, 잊어버리고 오다' 정도의 의미를 갖는 lasciare 동사는 목적보어를 동반할 때에는 5형식(주어+동사+목적어+목적보어) 문장으로도 자주 사용되며, 특히 사역동사로도 사용된다는 특징을 갖고 있다.

1) 일반 타동사로 사용되는 경우

Es. Ho lasciato i bambini a casa.

(나는 아이들을 집에 남겼다)

Il caffè mi ha lasciato un gusto piacevole.

(커피는 나에게 좋은 맛을 남겼다)

2) 5형식 문장을 이끄는 경우

Es. Lo lasciano libero. (그들은 그를 자유롭게 한다)

Lasciami in pace! (나를 가만히 내버려 둬!)

Ho lasciato le cose come stavano. (나는 물건들을 있던 대로 나두었다)

3) 사역동사로 사용되는 경우

이 경우에는 보통 lasciare+동사원형(혹은 che+접속법)의 형태로 사용한다.

Es. Lasciami vedere. (나를 보도록 내버려둬)

Lascialo asciugare. (그것을 마르도록 내버려둬)

Lasciami parlare. (나를 말하게 내버려둬)

Lacia perdere! (잃어버려!)

3. Sapere와 conoscere 동사의 사용과 차이

두 동사 모두 의미는 '~을 알다' 이지만, 목적의 대상이 무엇이냐에 따라 두 동사 모두 사용할 수 있는 경우도 있으며, conoscere 동사만을 사용하는 경우도 있고, sapere 동사만을 사용해야 하는 경우도 있다.

1) 두 동사를 모두 사용할 수 있는 경우

'언어를 안다' 라는 의미나 사물을 안다는 의미로 사용할 경우에 해당한다.

Es. Conosco bene l'italiano. (나는 이탈리아어를 압니다)

Non so bene il francese. (나는 프랑스어를 잘 모른다)

Conosciamo(=sappiamo) il numero di telefono di Paolo.

(우리는 빠올로의 전화번호를 압니다)

2) Conoscere 동사만을 사용하는 경우

'사람을 안다' 라는 의미나 사람과 관련된 사물을 알고 있다라는 개념으로 사용할 경우에 해당한다.

Es. Conosci Carla? (까를로를 아니?)

Conosco il fratello di Kim. (나는 김씨의 친구를 압니다)

Conosciamo la casa di Paolo. (우리는 빠올로의 집을 압니다)

3) Sapere 동사만을 사용하는 경우

보통 사물과 관련된 사실이나 방법, 장소, 이유 등을 안다는 의미로 사용할 경우에 해당한다.

Es. Sai guidare la macchina? (너는 자동차 운전하는 법을 아니?)

So suonare la chitarra. (나는 기타를 연주할 줄 안다)

Sappiamo dove abita Lei. (우리는 당신이 어디 사는 지를 안다)

단어정리 자동차에 관련된 용어(1)

paraurti	sm. 범퍼(완충장치)	**lunotto(termico)**	sm. 뒷면 유리(열)
proiettore	sm. 전조등	**portellone**	sm. 트렁크 문
indicatore di direzione	sm. 방향 표시등	**portiera**	sf. 문
		maniglia	sf. 손잡이
cofano	sm. 본네트	**pneumatico**	sm. 타이어
tergicristalo	sm. 유리창 닦이	**cerchione**	sm. 타이어 휠
parabrezza	sf. 전면 유리	**mascherina**	sf. (전면의)통풍망
specchietto retrovisore esterno	sm. 외부 백미러	**luce di retromarcia**	sf. 후진 등
specchietto retrovisore interno	sm. 내부 백미러	**luce posteriore antinebbia**	sf. 전면 안개 등
tetto	sm. 지붕	**luce di posizione e di arresto**	sf. 위치 및 정지 등
finestrino	sm. 측면 유리창		

회화 바에서 (Al bar)

Mario : Comincia a far caldo!

Carla : Eh sì, l'estate è vicina.

Mario : Io, fra tutte le stagioni, preferisco l'estate: le giornate sono più lunghe e il tempo è sempre bello. Non piove mai, o molto raramente.

Carla : Io in estate sono sempre stanca, ho sempre sete, bevo moltissimo. Anche ora ho sete. Cameriere!!!

Cameriere : Prego, desidera?

Carla : Tu, che cosa prendi?

Mario : Un gelato alla frutta.

Carla : Io preferisco un bicchiere grande di birra.

Mario : In estate si va al mare o in montagna, è vero?

Carla : Sì, si ha le vacanze almeno per un mese.

Mario : Oh, mi manca troppo il mare.

Carla : Basta! Mario, ora comincia la lezione. Torniamo in classe.

강독 La giornata dell' Avvocato

Ho chiesto all'Avvocato il resoconto di una sua giornata: 《Mi sveglio alle sei, ricevo i giornali, mezz'ora dopo faccio le telefonate oltre Atlantico, così non interrompo il sonno di nessuno. Poi passo all'Italia e qualcuno, mi dispiace, si sveglia con la mia voce. Alle 7,30 mi alzo e mi vesto; alle 8,15 sono in ufficio dove rimango fino all'ora di pranzo; dormo fino alle 15,30, poi torno a lavorare fino alle 20. Come passo il mio tempo dietro la scrivania? Un terzo in appuntamenti, un terzo per le lettere, il resto in riunioni. In questi ultimi anni sono stato più a Roma che a Torino, e ho fatto meno viaggi all'estero. Ho il cinema in casa; una sera su due vedo un film, forse un po' meno. Fra le undici e mezzanotte vado a letto, e prima della mezza mi addormento.》

Esercizio

① 보기와 같이 다음의 문장들을 변형시키시오.

Es. ***Su questo letto uno dorme bene.***
➡ ***Su questo letto si dorme bene.***

1) In Italia uno pranza di solito all'una e mezzo.
➡

2) In questa casa uno paga molto di condominio.
➡

3) Uno viaggia in aereo per arrivare prima.
➡

4) Uno cerca sempre di guadagnare di più.
➡

5) Al ristorante uno spende molto.
➡

Es. ***D'estate uno si alza presto la mattina.***
➡ ***D'estate ci si alza presto la mattina.***

6) Dopo una giornata faticosa uno si riposa volentieri.
➡

7) Dopo una bella vacanza uno si sente in forma.
➡

8) Oggi, per andare a teatro, uno si veste anche in modo sportivo.
➡

9) Dopo tre mesi di studio uno si esprime bene in italiano.
➡

10) Alle feste uno si diverte di più quando è fra amici.
➡

② 다음의 문장들에 적절한 인칭 대명사의 목적격 형태나 동사의 형태를 넣어 문장을 완성하시오.

1) Carlo, (sapere)............... scrivere a macchina?

2) (Voi-sapere).............. a che ora comincia lo spettacolo?

3) Quello é Paolo. Tu (conoscerlo) ______ ?
4) (Conoscervi) ______ ? Si, (conoscerci) ______ dall'Università.
5) (Io-lasciare) ______ riposarvi in questo momento.
6) Paolo non sa se cambiare lavoro o no. Perché qualcuno non ______ consiglia?
7) Signor Finzi, ______ prego di tornare al più presto.
8) Marco, ______ ringrazio del passaggio!
9) Signor Martini, ______ ringraziamo e arriveder ______ .
10) Volevo salutar ______ ma Lei non c'era.

3 다음의 빈칸에 sapere나 conoscere 동사를 사용하여 문장을 완성하시오.

1) Rosina ______ cucinare molto bene.
2) Mio padre ______ molto bene l'arte del'400.
3) (Io) ______ quel ragazzo soltanto di vista.
4) Quei ragazzi ______ il francese molto bene.
5) Alberto, ______ il numero di telefono di Enrico?
6) Scusi, mi ______ dire dove si trova il cinema Modernissimo?
7) (Tu) ______ il marito di Silvana?
8) (Noi) ______ che hai cambiato lavoro.
9) Benedetta ______ suonare il pianoforte in modo stupido!
10) Ti accompagno io da Carla: ______ dove abita.
11) (Io) ______ che Paolo ha deciso di partire subito.
12) Quella ragazza ______ Venezia molto bene.

4 다음 빈칸에 적절한 전치사를 넣으시오.

1) Ho nostalgia ______ vecchi film ______ Vittorio De Sica.
2) Stasera .... TV c'è il concerto ______ diretta ______ Madonna.
3) I bambini non dovrebbero passare tutto il pomeriggio davanti ______ televisione; dovrebbero anche stare ______ aria aperta.

4) _____ casa _____ Vincenzo c'è un televisore _____ colori _____ salotto e un televisore _____ bianco e nero _____ cucina.

5) I nostri vicini _____ casa vanno _____ cinema una volta _____ settimana.

6) Seguo _____ passione i programmi musicali _____ radio.

7) La TV si occupa molto _____ calcio, _____ tennis _____ sport ...... generale.

8) Francesco va matto _____ i film _____ avventura.

9) Prima _______ uscire, voglio finire _______ vedere questo documentario _____ natura.

10) Paola preferisce i film _____ amore _____ film gialli.

11) Mi piacerebbe molto vedere un concerto _____ Sting.

12) I miei hanno deciso _____ comprare una casa _____ mare.

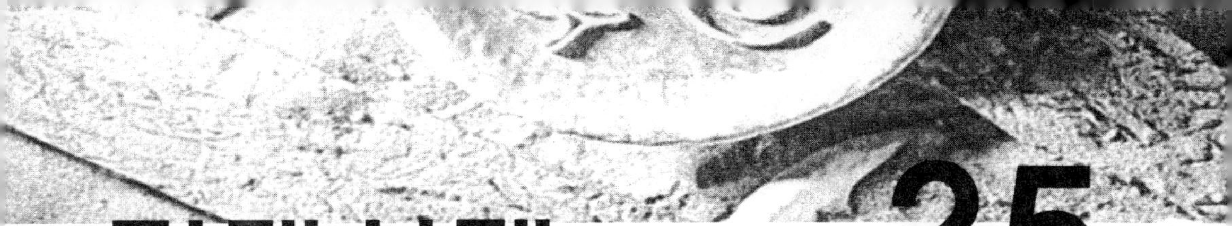

미래시제 25

(Il tempo futuro)

Ⅰ. 개념

현대 이탈리아어에서 미래시제가 갖는 의미는 일반적으로 생각하는 미래시제에 대한 개념에서 점점 퇴색하고 있다. 이는 비단 이탈리아어뿐만이 아니라 거의 모든 언어들에서 보여지고 있는 현상이라 할 수 있다. 특히 가까운 미래의 사실을 표현할 경우에는 그 사실의 확실성 여부나 가능성이라는 면에서 현재시제를 사용하느냐 미래시제를 사용하느냐가 결정된다고 볼 수 있다. 이 부분에 대한 자세한 용례와 설명은 미래시제의 사용이란 항에서 다시 다루기도 하고 시제의 기본 사항이라 할 수 있는 동사의 변화형과 그 종류에 대하여 먼저 알아보도록 하겠다.

Ⅱ. 동사변화

1. 개념

다른 시제들에서와 마찬가지로 동사의 변화형은 미래시제를 사용하는데 가장 기본적인 사항이다. 규칙 변화와 불규칙 변화의 두 가지 형태가 있는데, 규칙 변화형에서 유의해야 할 점은 -are 동사 군과 -ere 동사군의 변화형이 동일하다는 점과 -ire 동사군의 두 가지 형태의 변화형은 하나로 통일되어 변화한다. 또한 -iare 동사형은 모음 -ia가 -ie로 보통의 규칙 변화와 동일하지만, -ciare나 -giare형 동사들은 -ia가 -e로 전환되어 변화한다는 점과 -care 나 -gare 동사형은 전(全) 인칭에서 변화형 앞에 보조음 h가 삽입되어 발음한다는 점이다.

2. 변화형

1) 제 1군 동사형(-are 동사군) : arrivare(도착하다)의 일반 변화형

io	arriverò	**noi**	arriveremo
tu	arriverai	**voi**	arriverete
lui/lei/Lei	arriverà	**loro/Loro**	arriveranno

Es. A che ora arriverai, Mauro? (마우로, 몇 시에 도착할거니?)

Arriveremo in tempo per la cena. (저녁 때 제시간에 우리는 도착할 것이다)

▶ 주요 1군 동사들의 변화형은 다음의 표와 같다.

	regalare 선물하다	portare 가져가다	salutare 인사하다	aiutare 도와주다
io	regalerò	porterò	saluterò	aiuterò
tu	regalerai	porterai	saluterai	aiuterai
lui/lei/Lei	regalerà	porterà	saluterà	aiuterà
noi	regaleremo	porteremo	saluteremo	aiuteremo
voi	regalerete	porterete	saluterete	aiuterete
loro/Loro	regaleranno	porteranno	saluteranno	aiuteranno

	imparare 배우다	lavorare 일하다	comprare 사다	ricordare 기억하다
io	imparerò	lavorerò	comprerò	ricorderò
tu	imparerai	lavorerai	comprerai	ricorderai
lui/lei/Lei	imparerà	lavorerà	comprerà	ricorderà
noi	impareremo	lavoreremo	compreremo	ricorderemo
voi	imparerete	lavorerete	comprerete	ricorderete
loro/Loro	impareranno	lavoreranno	compreranno	ricorderanno

2) 제 1군 동사형 중에서 -iare, -ciare, -giare, -care, -gare 동사들의 규칙변화

그러나 이러한 규칙변화 동사들과 달리 규칙동사이지만 약간 다르게 활용되는 동사가 있는데, -are 어미 앞에 ci나 gi가 붙는 -ciare나 -giare형태이거나 c나 g가 붙는 -care, -gare 형태의 동사들이다.

	studiare	mangiare	comiciare
io	studierò	mangerò	comicerò
tu	studierai	mangerai	comincerai
lui/lei/Lei	studierà	mangerà	comincerà
noi	studieremo	mangeremo	cominceremo
voi	studierete	mangerete	comincerete
loro/Loro	studieranno	mangeranno	cominceranno

	giocare	pagare	
io	giocherò	pagherò	
tu	giocherai	pagherai	
lui/lei/Lei	giocherà	pagherà	
noi	giocheremo	pagheremo	
voi	giocherete	pagherete	
loro/Loro	giocheranno	pagheranno	

Es. Studierò più tardi. (나는 늦게까지 공부할 것이다)

Cominceremo fra poco. (우리는 잠시 후에 시작할 것입니다)

Non Giocherete a tennis con i vostri amici.

(너희들은 너희 친구들과 테니스하지 않을 것이다)

Pagherà le tasse entro questo mese.

(그는 이번 달 안에 세금을 낼 것이다)

☞ - iare로 끝나는 동사 중에서 일반형은 i가 모든 인칭과 수에서 생략이 되지 않지만, -ciare나 -giare형만이 -ia가 -e로 전환되어 변화하는 것을 알 수 있다.

-care나 -gare로 끝나는 동사의 경우에는 발음의 전성을 막기 위해 모든 인칭과 수에서 보조음 h를 삽입시켜 발음하는 것을 볼 수 있다. 이와 같은 형태로 활용되는 동사들은 다음과 같다.

Es. Comincerà a girare il mondo. (그는 세계 일주를 시작할 것이다)

Bacerò la mano a una signora. (나는 부인의 손에 키스할 것이다)

Mangeremo gli spaghetti italiani.(우리는 이탈리아 스빠게티를 먹을 것이다)

Viaggerai in Lombardia? (너는 롬바르디아를 여행할 것이다)

Cercherete la vostra borsa nell'ufficio di Paolo.

(너희들은 빠올로 사무실에서 너희 가방을 찾을 것이다)

Pagheranno un prezzo ragionevole. (그들은 합당한 가격을 지불할 것이다)

3) 제 2군 동사형(-ere 동사군) – scrivere(쓰다)의 동사 변화형

io	scriverò	**noi**	scriveremo
tu	scriverai	**voi**	scriverete
lui/lei/Lei	scriverà	**loro/Loro**	scriveranno

Es. Io scriverò con la mano destra. (나는 오른 손으로 쓸 것이다)

Sriveremo una lettera a Carlo stanotte.

(우리는 오늘밤에 편지 한 장을 까를로에게 쓸 것이다)

Fra qualche giorno scriverà una cartolina a mio padre.

(며칠 후에 그는 나의 아버지에게 엽서 한 장을 쓸 것이다)

☞ 주요 2군 동사들의 변화형은 다음의 표와 같다. 자주 사용되는 2군 동사들 중에는 변화형이 불규칙적인 것이 많은데 이는 다음의 불규칙 변화형에서 살펴보기로 하겠다.

	leggere	conoscere	chiedere
io	leggerò	conoscerò	chiederò
tu	leggerai	conoscerai	chiederai
lui/lei/Lei	leggerà	conoscerà	chiederà
noi	leggeremo	conosceremo	chiederemo
voi	leggerete	conoscerete	chiederete
loro/Loro	leggeranno	conosceranno	chiederanno

	rispondere	prendere	mettere
io	rispnoderò	prenderò	metterò
tu	risponderai	prenderai	metterai
lui/lei/Lei	risponderà	prenderà	metterà
noi	risponderemo	prenderemo	metteremo
voi	risponderete	prenderete	metterete
loro/Loro	risponderanno	prenderanno	metteranno

Es. Che cosa leggerai dopo il pranzo? (너는 점심 후에 무엇을 읽을 거니?)

A che ora prenderete il treno? (몇 시에 너희들은 기차를 탈거니?)

Dove metteranno il loro nuovo letto?

(그들은 그들의 새로운 침대를 어디에 둘 것입니까?)

4) 제 3군 동사형(-ire 동사군) 변화 : partire(출발하다)/finire(끝내다)의 변화 형태

io	partirò	**noi**	partiremo
tu	partirai	**voi**	partirete
lui/lei/Lei	partirà	**loro/Loro**	partiranno
io	finirò	**noi**	finiremo
tu	finirai	**voi**	finirete
lui/lei/Lei	finirà	**loro/Loro**	finiranno

Es. Domani partiremo per Corea. (내일 우리는 한국으로 출발할 것입니다)

Partirà per Firenze. (그는 피렌체로 떠날 것이다)

L'anno prossimo finiranno la ricerca. (내년에 그들은 연구를 끝낼 것이다)

▶ 이러한 변화를 하는 동사들은 다음과 같은 동사들이다.

	domire 잠자다	aprire 열다	sentire 느끼다	vestire 입다
io	dormirò	aprirò	sentirò	vestirò
tu	dormirai	aprirai	sentirai	vestirai
lui/lei/Lei	dormirà	aprirà	sentirà	vestirà
noi	dormiremo	apriremo	sentiremo	vestiremo
voi	dormirete	aprirete	sentirete	vestirete
loro/Loro	dormiranno	apriranno	sentiranno	vestiranno

	capire 이해하다	spedire 부치다	pulire 청소하다	uscire 말하다
io	capirò	spedirò	pulirò	uscirò
tu	capirai	spedirai	pulirai	uscirai
lui/lei/Lei	capirà	spedirà	pulirà	uscirà
noi	capiremo	spediremo	puliremo	usciremo
voi	capirete	spedirete	pulirete	uscirete
loro/Loro	capiranno	spediranno	puliranno	usciranno

Es. Dormirò alle 23. (나는 23시에 잘 것이다)

I negozi apriranno alle 6 di mattina.(상점들은 아침 6시에 열 것이다)

Lui vestirà un vesto elegante alla festa di oggi.

(그는 오늘 파티에 우아한 옷을 입을 것이다)

Spedirai questa lettera oggi? (너는 이 편지를 오늘 보낼 거니?)

La mamma pulirà la casa alle 16. (어머니는 집을 16시에 청소할 것이다)

3. 불규칙 변화

불규칙 변화형 동사들은 변화의 형태에 따라 몇 가지로 분류가 가능한데, 다음의 분류는 불규칙 변화를 하는 동사들 중에서 그 변화 형태가 유사한 동사끼리 묶어서 유형별로 분류한 것이다.

1) Fare 동사군

이 동사 군에 속하는 동사들은 동사의 원형을 그대로 간직한 채, 마지막 부분의 어미들만이 각 인칭에 따라 -ò, -ai, -à, -emo, -ete, -anno로 변화하는 형태이다. 이는 규칙 변화의 -ere 동사 군이나 -ire 동사 군이 동사의 원형을 그대로 간직한 채, 마지막 어미 부분만이 -ò, -ai, -à, -emo, -ete, -anno로 변화하는 것과 동일한 변화형이다. -orre -urre형의 어미를 갖는 동사 군들은 모두 여기에 포함된다고 볼 수 있다.

	fare 하다	dare 주다	stare 있다	porre 놓다
io	farò	darò	starò	porrò
tu	farai	darai	starai	porrai
lui/lei/Lei	farà	darà	starà	porrà
noi	faremo	daremo	staremo	porremo
voi	farete	darete	starete	porrete
loro/Loro	faranno	daranno	staranno	porranno

	tradurre 번역하다
io	tradurrò
tu	tradurrai
lui/lei/Lei	tradurrà
noi	tradurremo
voi	tradrrete
loro/Loro	tradurranno

Es. Faremo una festa il 15 agosto. (우리는 8월 15일에 파티를 열 것이다)
Darò un esame il prossimo mese. (나는 다음 달에 시험을 하나 볼 것이다)
Staranno in casa tutto il giorno. (그들은 하루종일 집에 있을 것이다)
Porrà ogni cosa in ordine. (그는 모든 물건들을 제자리에 놓을 것이다)
Tradurrai la lettera in inglese. (너는 편지를 영어로 번역할 것이다)

2) Avere 동사군

이 동사형에 속하는 동사들은 주로 -ere 동사들인데, -erò, -erai, erà ecc. 의 형태에서 시작 어미인 e가 모두 탈락하면서 r가 덧붙여져 규변화의 형태와 동일하게 변화하는 형태들이다.

	avere(to have)	andare(가다)	vedere(보다)
io	avrò	andrò	vedrò
tu	avrai	andrai	vedrai
lui/lei/Lei	avrà	andrà	vedrà
noi	avremo	andremo	vedremo
voi	avrete	andrete	vedrete
loro/Loro	avranno	andranno	vedranno
	vivere(살다)	**godere(누리다)**	**cadere(떨어지다)**
io	vivrò	godrò	cadrò
tu	vivrai	godrai	cadrai
lui/lei/Lei	vivrà	godrà	cadrà
noi	vivremo	godremo	cadremo
voi	vivrete	godrete	cadrete
loro/Loro	vivranno	godranno	cadranno
	sapere(알다)	**potere(can)**	**dovere(must)**
io	saprò	potrò	dovrò
tu	saprai	potrai	dovrai
lui/lei/Lei	saprà	potrà	dovrà
noi	sapremo	potremo	dovremo
voi	saprete	potrete	dovrete
loro/Loro	sapranno	potranno	dovranno

Es. Avranno molte cose da fare. (그들은 해야 할 것들이 많을 것이다)
Vedrete una bella commedia stasera.
(너희들은 오늘 저녁에 멋진 희극을 한 편 볼 것이다)
Dovrà partire presto. (그는 빨리 떠날 것이다)
Potrò riposarmi finalmente. (드디어 나는 쉴 수 있을 것이다)
Andremo via subito. (우리는 곧 갈 것이다)
Saprai chi è il nuovo presidente. (너는 새 대통령이 누구라는 것을 알 것이다)

3) venire 동사군

이 동사 군에 속하는 동사들의 변화형은 어간 마지막 부분의 자음이 r로 변화된 뒤, 다음에 r가 중첩되면서 이중으로 r(-rr-)가 형성하여 규칙 변화의 형태와 동일하게 변화한다.

	venire(오다)	volere(원하다)	tenere(유지하다)
io	verrò	vorrò	terrò
tu	verrai	vorrai	terrai
lui/lei/Lei	verrà	vorrà	terrà
noi	verremo	vorremo	terremo
voi	verrete	vorrete	terrete
loro/Loro	verranno	vorranno	terranno

	bere(마시다)	valere(가치있다)	rimanere(머물다)
io	berrò	varrò	rimarrò
tu	berrai	varrai	rimarrai
lui/lei/Lei	berrà	varrà	rimarrà
noi	berremo	varremo	rimarremo
voi	berrete	varrete	rimarrete
loro/Loro	berranno	varranno	rimarranno

Es Vorrà sapere la verità. (그는 진실을 알고 싶어 할 것이다)
Rimarrete ancora in questa casa? (너희들은 아직 이 집에 머물 것이니?)
Verrò da voi verso le 9. (나는 너희들에게 9시경에 갈 것이다)
Berranno oggi poco. (그들은 오늘은 조금만 마실 것이다)

▶ essre 동사는 예외적으로 변화하는 동사이다.

io	sarò	**noi**	saremo
tu	sarai	**voi**	sarete
lui/lei/Lei	sarà	**loro/Loro**	saranno

Es Saremo a Torino domani. (우리는 내일 또리노에 있을 것이다)

위와 같은 미래형의 불규칙 유형들은 나중에 취급하게 될 조건법 불규칙 동사 형태들의 분류와 동일하게 때문에 이를 적절하게 활용하면, 조건법 동사들의 불규칙 형태들도 비교적 쉽게 암기할 수 있다.

4. 시제의 종류와 사용

미래시제에는 단순시제인 단순미래와 복합시제인 선립미래가 있다. 현대 이탈리아어에서 미래시제의 사용은 무조건적인 미래 시점에서 사용하기보다는 미래에 일어날 사건이나 동작 중에서 그 가능성이나 불확실성을 내포할 경우에 사용하며, 미래의 사실일지라도 그 사실이 보다 확실성을 가질 때는 현재 시제를 사용하는 것이 일반적이다. 다음은 미래의 두 시제인 단순미래와 선립미래의 사용과 형태를 설명하고 있다.

1) 단순미래(단순시제)

① 장래의 계획이나 실현할 계획을 의미할 때 사용한다.

Es. Lui avrà un compito da finire. (그는 끝내야 할 과제가 하나 있다)

② 가능성이나 조건을 나타낼 때 사용한다.

Es. Forse verrà domani! (아마 그는 내일 올 것이다!)

Vieni a casa mia? (나의 집으로 올래?)

➡ Sì, ci vengo. (그래, 갈께)

➡ No, non lo so, verrò se avrò tempo. (아니, 모르겠어, 시간이 나면 갈게)

③ 무언가를 연기하고자 할 때 사용한다.

Es. Pagherò domani. (내일 낼께)

Studieremo più tardi. (우리는 나중에 공부할 것이다)

④ 경우에 따라 명령의 의미를 갖는다.

Es. Non uscirai. (나가지 말아라)

Ora farai tutto ciò che è neccessario. (이제 필요한 것은 모두 해라)

2) 선립미래(복합시제)

선립미래를 구성할 때의 보조동사 선택의 기준은 앞에서 배운 근과거의 보조동사의 선택 기준과 동일하며, 그 사용의 기준 역시 유사하다. 다만, 동작의 시차를 나타낼 경우에는 종속절에서 단순미래로 표현된 사실보다 먼저 발생한 사실을 조건의 의미로 표현할 때 사용되며, 주절에서는 단순미래가 사용된다는 용법상의 차이가 있다. 보통 이러한 의미에서의 선립미래를 이끄는 절은 quando, appena, dopo che 등의 어구가 오며, 이 때의 의미는 조건의 의미를 갖는다.

Dopo	avrò finito gli esami	farò un viaggio.
che	avremo parlato con i miei amici	ti telefoneremo.
Quando	saremo stati al cinema	passeremo da voi.
Appena	saranno arrivati le nostre amiche	prtiranno tutte per Como.
	avrà terminato il compito per domani	uscirà.

단어정리 자동차에 관련된 용어(2)

cruscotto sm. 계기판

clacson sm. 경적

quadro degli strumenti di controllo sm. 제어 계기판

comando del tergicristallo sm. 워셔액 버튼

specchietto di cortesia sm. 실내용 거울

aletta parasole sm. 햇빛 가리개

volante sm. 핸들

bocchetta di ventilazione sm. 통풍구

comando del proiettori e dell' indicatore di direzione sm. 전조등 및 방향 표시작동 버튼

blocchetto di accensione sm. 시동 구

vano portaoggetti sm. 사물함

pedale della frizione sm. 클러치 페달

console centrale sm. 중앙 함

pedale del freno sm. 브레이크 페달

leva del cambio sm. 변속기

pedale dell' acceleratore sm. 가속 페달

autoradio sm. 라디오

leva del freno a mano sm. 핸드 브레이크

comando del riscaldamento e dell' aerazione sm. 온냉 변환 버튼

회화 바다에서의 주말 (Fine-seffimana al mare)

Enrico : Che farai questo fine-settimana, Alberto?

Alberto : Andrò al mare. E tu che pensi di fare?

Enrico : Non ho ancora deciso: Forse rimarrò a casa.

Alberto : Perché non vieni anche tu a Roseto?

Enrico : E' lontano?

Alberto : Mica tanto! Ci vorrano al massimo tre ore.

Enrico : Saremo solo noi?

Alberto : No, ci veranno pure Luigi e Franca. Dai, vieni via! Sono sicuro che staremo bene! Faremo una bella nuotata e.... mangeremo pesce fresco.

Enrico : Mi hai convinto! Passerete voi a prendermi?

Alberto : Senz'altro! Va bene alle sette?

Enrico : E' un po' presto, ma almeno non troveremo molto traffico.

Alberto : Allora alle sette saremo sotto la casa tua.

강독 Peppino

Peppino è un ragazzo alto, magro, con gli occhi scuri. Ha 22 anni e fa il meccanico. Ha frequentato la scuola media fino a 14 anni, poi ha cominciato a lavorare in un'officina vicino a casa sua. Peppino ha una grande passione per i motori, ma il lavoro è faticoso: esce di casa ogni mattina alle 8, prende la moto e va all'officina, lavora fino all'una, fa una pausa per il pranzo e alle 14,30 ricomincia a lavorare fino alle 18.

Quando la sera torna a casa è molto stanco e va quasi sempre a letto prima delle 23. Il sabato sera, invece, va con gli amici in discoteca: torna a casa un po' tardi. E poi la domenica può dormire anche fino a mezzogiorno.

Peppino vuole aprire un'officina tutta sua: comincerà a risparmiare, metterà da parte un po' di soldi al mese e chiederà anche un prestito in banca. Fra qualche anno comprerà un garage e così lavorerà da solo.

All' inizio forse non guadagnerà molto, ma sarà sicuramente più soddisfatto.

Esercizio

① 다음의 주어진 단어의 형태를 미래시제로 활용하여 문장을 완성하시오.

1) L'anno prossimo (io-andare) ________ in America a fare un corso di specializzazione.

2) Ornella è una donna intelligente: (avere) ________ sicuramente successo.

3) A marzo (noi-cambiare) ________ casa; (andare) ________ ad abitare vicino alla stazione centrale.

4) Il cielo è nuvoloso: fra poco (cominciare) ________ a piovere.

5) Sono senza macchina: (io-dovere) __________ andare in ufficio a piedi.

6) Giuseppe il mese prossimo (dare) ________ l'ultimo esame prima della laurea.

7) Domani nel mio ufficio (arrivare) ________ una nuova segretaria.

8) Ho un forte mal di testa: stasera (chiamare) ________ il medico.

9) (Noi-essere) ________ molto felice, se (voi-tornare) ________ ancora in Italia.

10) Domani le lezioni (cominciare) ________ alle 9 e (finire) ________ alle 12.

11) Sabato prossimo (noi-prendere) ________ due giorni di ferie e (andare) ________ al mare.

12) (Voi-invitare) ________ anche Giorgio alla festa?

② 다음의 주어진 단어를 활용하여 문장에 맞는 시제의 형태로 변형시키시오.

1) (io-telefonare)

Ogni giorno _____ a casa. Anche ieri _____ ai miei genitori; domani invece non _____ .

2) (io-invitare)

Il mese prossimo _____ i miei amici alla mia festa di compleanno.

L'anno scorso invece non _____ nessuno.

3) (io-studiare)

Domattina _____ fino alle 10, ma stamattina non _____ affatto.

4) (comprare)

Tutti i giorni Paolo _____ La Stampa. Ieri, invece, _____ Il Giorno.

5) (noi-guardare)

Ieri sera _____ un programma musicale alla televisione. Stasera _____ un film giallo. Ogni giorno .... il telegiornale.

6) (finire)

Ieri mattina la lezione _____ alle 11. Domani _____ alle 10. Oggi _____ a mezzogiorno.

7) (loro-leggere)

Ieri notte _____ il giornale fino a tardi. Fra poco _____ il giornale di oggi. Tutte le mattine _____ il giornale.

8) (scrivere)

Ieri pomeriggio Maria _____ lettera a suo padre. Adesso _____ al suo fidanzato e domani _____ alle sue amiche.

9) (io-prendere)

Domenica scorsa _____ il sole al mare. Domenica prossima _____ il sole in piscina.

10) (voi-partire)

_____ dagli Stati Uniti due mesi fa. _____ da Perugia fra dieci giorni.

11) (noi-andare)

Il prossimo fine-settimana .... ad Assisi. Lo scorso fine-settimana _____ al mare. Quando siamo in Austria ogni fine-settimana _____ in montagna.

12) (io-venire)

Domani _____ alla mensa con voi. Anche ieri ci _____ .

③ 다음의 보기와 같이 문장을 변형시키시오.

Es. Prima mangerò e poi fumerò una sigaretta.

➡ ***Dopo che avrò mangiato, fumerò una sigaretta.***

1) Prima studierò e poi guarderò la televisione.

➡

2) Prima farò la spesa, e poi verrò a trovarti.

➡

3) Prima telefonerò a Pina e poi comincerò a studiare.

➡

4) Prima venderò la moto e poi comprerò una macchina.

➡

5) Prima finirò l'Università e poi farò il militare.

➡

6) Prima saluterò Maria e poi partirò.

➡

④ 다음의 빈칸에 적절한 전치사를 넣어 문장을 완성하시오.

1) Un mese fa Giuseppino ha dato l'esame ____ maturità.
2) ...... due mesi Vincenzo partirà ____ la Germania.
3) Noi staremo ____ te fino ____ 10 settembre.
4) Andrea studierà _____ Italia, poi andrà _____ Stati Uniti _____ la specializzazione.
5) Se hai mal ____ denti, devi andare ____ dentista.
6) Paolo e Angelo hanno parlato ____ loro futuro fino ____ mezzanotte.
7) Sandro non conosce il numero ____ telefono ____ Milano.
8) _____ qualche giorno telefonerò _____ Corrado _____ Germania avere sue notizie.
9) Marta non è ____ forma e ____ lunedì comincerà una dieta.
10) ____ nord e ____ centro il cielo è nuvoloso, ____ sud è sereno.
11) Frequento il primo anno _____ medicina e _____ due settimana darò l'esame ____ chimica.
12) ____ primavera andrò ____ Praga ____ visitare la città.

대명사 Ⅲ 26

(Pronome)

Ⅵ. 특별 용법의 대명사

1. Lo, ci(vi), ne의 특별 용법

1) 개념

기존에 발행된 문법 서들에서는 이 3가지의 대명사들을 소사, 혹은 부사적 소사 등의 명칭으로 사용하고 있다. 그러나 이는 일본어에서 따온 문법 용어로 이들 대명사들의 의미를 정확하게 표현한 것은 아니라고 볼 수 있다. 또한 영어나 한국어에는 없는 문법 사항이기 때문에 이를 명확하게 규정하기에는 다소 어려움이 있는 것도 사실이다. 그러나 본서에서는 이들 3가지 대명사들을 대명사 안에 포함시키면서 이들 대명사들이 갖는 문법적 기능을 고려하여 '대명부사' 라고 명명하겠다. 각각의 문법적 성격이 다소 차이가 있지만, 보통 그 기능은 대명사와 장소 부사 및 전치사 혹은 형용사 등의 기능이 복합적으로 작용하여 사용된다.

2) Lo

일반적으로 사용되는 3인칭 남성 단수형 직접 목적격의 형태 외에도 2가지의 중요한 문법적 기능을 한다. 문장 안에서의 위치는 동사 앞에 위치하는 것이 보통이다.

① 3인칭 남성 단수형 직접 목적격 보어로 사용된다; lo=lui, esso.

Es. Oggi lo(=lui) incontro al bar dell'niversità.

(오늘 나는 그를 대학 바에서 만나다)

② 성과 수에 무관하게 명사나 형용사를 대신하여 essere 동사의 보어로 사용할 수 있다.

Es. Sei stanco oggi? (너 오늘 피곤하니?)

➡ Sì, lo(=stanco) sono. (응, 피곤해)

Siete italiani? (당신들은 이탈리아인입니까?)

➡ No, non lo(=italiani) siamo. (아니오, 우리는 이탈리아인이 아닙니다)

③ 앞 문장의 전체 내용이나 사실을 대신할 수 있으며, 지시 대명사 ciò와 동일한 의미를 갖는다.

Es. Loro si sono separati, lo(=loro si sono separati) sai anche tu?

(그들은 헤어졌다, 너도 그 사실을 아니?)

Sapete che Anna è malata?(너희들은 안나가 아프다는 것을 아니?)

➡ Sì, lo(=Anna è malata) sappiamo. (응, 그 사실을 알고 있어)

3) Ci

이탈리아어를 처음 배우는 이들에게 문법적으로 가장 낯선 사항 중의 하나가 바로 이 ci와 다음 항에서 다루게 될 ne의 용법이다. 이 대명사는 목적격 보어로서 기능 하는 가장 기본적 용법에서부터 관용적으로 사용되는 용법까지 수많은 문법적 기능을 갖고 있다. 인칭 대명사의 목적격 보어로 사용되는 경우는 이미 앞의 장에서 배웠기 때문에 여기서는 간단하게 그 의미만을 살펴보고, 그 외의 특수 용법들에 대하여 자세히 알아보도록 하겠다.

가장 간단하게 이들 대명부사 ci(vi)와 ne의 기능을 설명하면, 일반 인칭 대명사 목적격의 형태들이 이미 사용된 명사나 명사 상당어구들을 성과 수에 따라 목적어로서 문장 안에서 사용되는 반면에, 대명부사 ci나 ne는 전치사와 결합된 명사나 동사 등을 다시 한 번 받아서 후속 되는 문장에서 사용하고자 할 때 사용되는 형태인 것이다. 이에는 전치사와 결합하는 품사들이 어떤 것이냐 혹은 어떤 의미를 갖느냐에 따라 많은 용법들이 있는데, 이에 대하여 자세히 알아보도록 하겠다.

① Ci=noi - '우리를' 이라는 1인칭 복수 직접 목적어로 사용된다.

Es. Chi vuole invitarci? (누가 우리를 만나고 싶어합니까?)

② Ci=a noi '우리에게' 라는 1인칭 복수 간접 목적어로 사용된다.

Es. Paolo ci ha regalato un libro. (빠올로는 우리에게 책 한 권을 선물한다)

③ Ci=noi stessi/e 1인칭 복수 재귀 인칭대명사로 '우리 서로를' 정도의 의미를 갖는다.

Es. Ci vediamo al bar alle sette. (우리 7시에 바에서 보자)

④ Ci=in questo o quel luogo 의 의미

보통 상태동사나 왕래발착 동사들과 함께 사용되어 '전치사+장소명사/동작동사' 의 의미로 장소의 부사, 즉 '거기에 혹은 그곳에' 라는 뜻으로 사용한다.

Es. Vai spesso a Roma? (너는 로마에 자주 가니?)

➡ No, ci(=a Roma) vado di rado. (아니, 거기에 자주 가지 않아)

Vieni in Inghilterra l'estate prossima? (너는 다음 여름에 영국에 올거니?)

➡ Sì, ci(=in Ingliterra) vengo. (응, 거기에 올거야)

Quando siete stati a teatro? (너희들은 언제 극장에 갔었니?)

➡ Ci(=a teatro) siamo stati l'altro sabato.

(우리는 거기에 지난 토요일에 갔었다)

Quanto tempo rimane in Italia, signorina?

(아가씨, 얼마나 이탈리아에 머무르실 겁니까?)

➡ Ci(=in Italia) rimango tre mesi. (거기에 3개월 머무를 겁니다)

⑤ Ci=a/in/su + ciò/questa/quella cosa의 의미

전치사 a나 in 혹은 su 등과 함께 사용된 동사나 사실 등을 다시 한 번 받아서 후속 문장 안에서 사용할 때 ci를 사용한다. 그 해석은 '~에 대하여/관하여' 라고 할 수 있다.

Es. Penserai a quello che ti ho detto?

(너는 너에게 이야기했던 것에 대하여 생각할거니?)

➡ Sì, ci(=a quello che ti ho detto) penserò.

(응, 거기에 대해 생각 할께)

Tu non credi a quello che scrive?

(너는 그가 쓴 것에 대하여 믿지 않니?)

➡ No, non ci(=a quello che scrive) credo.

(아니, 그것에 대해 믿지 않아)

Ti sei abituato a bere il vino?

(너는 포도주 마시는 것에 익숙하니?)

➡ No, non mi ci(=a bere il vino) sono abituato.

(아니, 나에게는 그것이 익숙하지 않아)

Cadi spesso in questo errore?

(종종 이런 실수를 하니?)

➡ Sì, ci(=in questo errore) cado spesso.

(응, 종종 이런 실수를 해)

Non hai contato sulla mia promessa?

(너는 나의 약속에 대해 고려해 보지 않았니?)

➡ No, non ci(=sulla tua promessa)ho mai contato.

(아니, 나는 전혀 거기에 대해 고려해 보지 않았다)

⑥ Ci + essere = esistere, trovarsi의 의미

보통 직설법 현재시제에서는 c'è나 ci sono로, 반과거에서는 c'era나 c'erano의 형태로 사용되는데, '존재하다, 있다'와 같은 의미로 사용된다.

Es. C'è un posp libero? (빈자리가 있습니까?)

➡ No, qui non c'è posto. (아나오, 여기에 자리가 없습니다.)

Quante persone ci sono nell' aula? (강의실에는 몇 사람이나 있습니까?)

➡ Ci sono 10 persone. (강의실에는 10사람이 있습니다.)

C'era una volta una bellissima principessa......

(옛날에 한 아름다운 공주님이 있었습니다.)

⑦ Ci = con questa o quella persona(cosa)의 의미

'~와(과) 함께' 라는 의미로 사용된다.

Es. Come stai con Marco e la sua famiglia?

(마르꼬와 그 가족들과 어떻게 지내니?)

➡ Ci sto bene, mi ci(=con Marco e la sua famiglia) trovo bene.

(그들과 잘 지내, 나는 그들과 아주 잘 지내)

Perché non parli con la segretaria?

(왜 너는 비서와 이야기하지 않니?)

➡ Ci(=con la segretaria) parlerò senza altro.

(나는 당연히 비서와 이야기할 것이다.)

Posso giocare con il tuo cane?

(네 개와 놀아도 되겠니?)

➡ No, è meglio che non ci(=con il tuo cane) giochi.

(아니, 개와 놀지 않는 것이 바람직하다.)

Perché lo butti ques accendino?

(왜 이 라이터를 버리려 하니?)

➡ Non funo più e non so che cosa farci(ci=con quest' accendino.)

(더 이상 담배 피우지 않을 것이고 그것으로 무엇을 할 지 잘 모르겠다.)

⑧ 허사 또는 습관적으로 사용되는 수사적 의미의 ci로 사용한다. Avere동사와 함께 사용될 때에는 '~을 가지고 있다"라는 의미로, vedere나 sentire동사와 함께 사용되는 ci는 '보이다', '들리다' 라는 뜻을 더욱 명확하게 해 주는 기능을 한다.

Es. Hai una sigaretta? (너 담배 하나 있니?)

➡ Mi dispiace, non ce l'ho. (미안하구나, 가긴 게 없어)

Devo accendere la luce? (내가 불을 커야 할까?)

➡ Sì, non ci si vede bene qui. (응, 여기서는 잘 보이지 않는구나)

Perché parli così forte? (왜 그렇게 크게 말하니?)

➡ Perché lui non ci sente poco. (왜냐하면, 그는 잘 드리지 않기 때문이야)

Posso uscire? (나가도 될까?)

➡ Vai pure, ci sto attenta io al bambino.

(가도 돼, 내가 아이들을 돌보도록 할께)

⑨ 관용적으로 사용되는 ci의 용법으로, 시간을 의미하는 동사 volerci,나 metterci와 함께 사용되며, 성공이나 안료의 의미를 갖는 fare와 사용된다. 시간을 나타내는 수와 함께 사용되는 volerci,나 metterci의 사용에서 한 가지 유의해야 할 사항은 **volerci의 경우에는 시간의 단/복수에 따라 동사의 형태도 3인 칭 단수형 혹은 복수형**을 사용하지만, **metterci의 경우에는 단/복수에 관계없이 항상 3인칭 단수형**으로 사용된다는 점이다. 그리고 **fare동사는 ci와 함께 사용되면, 동작이나 상황의 완결이나 성취의 의미**를 갖는다.

Es. Quante ore ci vogliono in treno da Milano a Torino?

(밀라노에서 또리노까지 기차로 몇 시간이나 걸리니?)

➡ Ci vuole un ora. (한 시간 걸린다)

➡ Ci vogliono due ore. (두 시간 걸린다)

Quante ore ci mette in macchina da qui fino a casa vostra?

(여기서 너희들 집까지 자동차로 몇 시간 걸리니?)

➡ Ci mette un ora. (한 시간 걸린다)

➡ Ci mette tre ore. (두 시간 걸린다)

Quanto tempo occore per riparare la macchina?

(자동차를 수리하는데 얼마나 걸립니까?)

➡ Ci vorranno due ore. (2시간 정도 걸릴 겁니다)

Non riuscirà a finirla per domattina?

(내일 아침을 위해 그것을 끝낼 수 있을까요?)

➡ No, non ce la farà sicuramente. (아니오, 확실하게 끝내지 못할 겁니다)

4) Ne

Ne역시 ci와 유사한 의미를 갖는 대명부사이다. 문법학자들의 견해에 따라 다소 차이가 있지만, 일반적으로 다음의 5가지 기능으로 분류할 수 있다.

① 전체의 의미를 지니는 ne

이미 언급된 사물이나 사람 및 동물 등의 명사 전부를 다시 한 번 지칭할 때 사용하는 중성 대명사이다. 보통 ne와 함께 지시하고자 하는 수나 양을 지칭하는 수 형용사 또는 부정 대명사를 동반하는데, 이 때의 해석은 '~중에서(ne) 몇(부정 대명사/수 형용사)' 이라고 할 수 있지만, 편의상 ne는 해석하지 않는다. 또한 **ne와 함께 동반되는 수 형용사나 부정 형용사는 ne가 지칭하는 명사의 성과 수에 일치**시켜야 한다.

Es. Quanti orologi hai? (너는 시계가 몇 개 있니?)

➡ Ne(=orologi) ho uno(= Ho un orologio) (하나가 있다)

alcuni(=Ho alcuni orologi). (몇 개가 있다)

molti(=Ho molti orologi). (많이 있다)

nessuno(=Ho nessun orologio). (하나도 없다)

Quante sigarette fuma Lei al giorno?

(당신은 하루에 몇 개피나 담배를 피웁니까?)

➡ Ne(=sigarette) fumo una(=Fumo una sigaretta). (한 개피 핍니다)

poche(=Fumo poche sigarette). (조금 핍니다)

tante(=Fumo tante sigarette). (많이 핍니다)

nessuna(=Fumo nessuna sigarette). (하나도 안 핍니다)

② Ne = di+una cosa / una persona / un azione / un fatto의 의미

앞의 항에서 배운 ci의 용법 중에서 a / in / su+quella cosa와 비교할 수 있는 ne의 용법이다. 두 대명부사의 차이는 전치사를 어떤 것으로 사용하느냐의 차이이다. 이 경우 **ne가 받는 전치사는 di**이다. 해석은 '~에 대해서', '~의 '이며, 3인칭 단수나 복수의 사람과 사물 및 동사를 받으며, 보통 동사 앞에 위치한다.

Es. Prima di decidere, vorrei sentire che ne(=di quella cosa) dice Carlo.

(나는 결정하기 전에 까를로가 그것에 대해 뭐라고 말할지 듣고 싶다.)

Secondo me, meglio viggiare in macchina. Tu che ne(=di viaggiare in macchina) pensi?

(내가 보기에는 자동차로 여행하는 것이 좋다. 너는 거기에 대해 어떻게 생각하니?)

A Gianni piace il calcio e ne(=di calcio) parla di continuo.

(쟌니는 축구를 좋아하며, 거기에 대해 계속해서 이야기한다.)

Anna é partita solo da una settimana e ne(=di lei) sento la mancanza.

(안나는 단지 일주일 전에 떠났는데, 나는 벌써 그녀에 대해 그리움을 느낀다.)

Franca arriverà in ritardo anche oggi: ne(=di quello fatto che Franca arriverà in ritardo anche oggi) siamo sicuri.

(프랑까는 오늘도 역시 늦을 것이다: 우리는 거기에 대해 확신한다)

Sai come è finita quella storia?

(너는 그 이야기가 어떻게 끝났는지 아니?)

➡ No, non ne(=di come è finita quella storia) so nulla.

(아니, 나는 거기에 대해 아무 것도 몰라)

Non posso parlare di politica perché non me ne(=di politica) intendo.

(나는 정치에 대해 이야기할 수 없는데, 왜냐하면 거기에 대해 아무 것도 모르기 때문이다)

Ti piace se Carlo non viene?

(너는 까를로가 오지 않는다면 좋겠니?)

➡ No, non me ne(=di se Carlo non viene) importa niente.

(아니, 나에게는 그것이 별로 중요하지 않아)

Dovevamo telefonare a Gianni, mace ne(=di telefonargli) siamo dimenticati.

(우리는 쟌니에게 전화했어야 했는데, 그것을 우리가 잊어버렸다)

Ieri era il compleanno di Marta: ve ne(=del suo compleanno) siete ricordati?

(어제는 마르따의 생일이었다: 너희들은 그것을 알았니?)

Parlerai allo zio della mia proposta? Sì, gliene(=della mia proposta) parlerò.

(너는 삼촌에게 나의 제안에 대해 이야기 할거니? 응, 그에게 그것에 대해 이야기할거다.)

③ Ne = da questo o quel luogo/posto의 의미

'~의 장소로 부터' 라는 의미를 갖는 ne의 이 용법은 전치사 da/di+장소명사' 의 형태를 다시 한 번 받을 때 사용한다.

Es. È tornato dagli Stati Uniti? (그는 미국에서 돌아왔니?)

➡ Sì, ne(=dagli Stati Uniti) é tornato ricco.

(응, 미국에서 부자가 되어 돌아왔어.)

Sei stato in ufficio? (너는 사무실에 있었니?)

➡ Sì, ne(=dall ufficio) torno ora. (응, 지금 거기서 와)

Me ne(=da qui) vado perché mi annoio. (나는 지겨워서 지금 가겠다)

④ 허사 또는 습관적으로 사용되는 수사적 의미의 ne로 사용한다. 이 경우에는 문법적으로 ne를 쓰지 않아도 되지만, ne를 씀으로써 보다 명확하게 지칭하는 부분을 나타낸다.

Es. Non mi vuoi più bene? (더 이상 나를 좋아하지 않니?)

➡ No, non me ne importa più niente di te.

(아니, 나는 너에 대해 더 이상 관심 없어)

È simpatico? (그는 호감이 가는 사람이니?)

➡ Di presone simpatiche come lui ne ho conosciute poche.

(그와 같이 호감이 가는 사람을 나는 조금밖에 모른다))

Hai letto molti libri? (너는 많은 책을 읽었다)

➡ Sì, di libri ne ho letti tanti. (응, 나는 책을 많이 읽었다)

⑤ 관용적으로 사용되는 ne의 용법

여기에서 사용되는 관용적 용법이란 보통 다음과 같은 동사들과 결합할 때 완전한 의미를 갖는다는 뜻이다. Aversela(혹은ne) '~의 기분을 상하게 하다' 혹은 '~의 기분이 상하다' 라는 뜻으로 재귀동사 offendersi와 의미가 동일하다. 그리고

valerne la pena는 '~하는 것이 가치가 있다' 라는 의미이다. 또한 fregarsene동사의 형태는 '~이 관심이 없다, ~이 상관없다' 라는 뜻으로 관용적으로 사용된다.

Es. Si è offeso? (그는 화났니?)

➡ Sì, se n'è avuto a male(=aversela/ne a male= offendersi)

(응, 그는 화났어)

Sei stanco di fare questo lavoro? (너는 이 일에 지쳤니?)

➡ Sì, non ne posso più. (그래, 나는 더 이상 이 일을 못하겠어.)

Dovreste leggere questo libro: vi assicuro che ne(=di leggerlo) vale la pena.

(당신들은 이 책을 읽어야만 할 것입니다: 나는 당신들에게 그렇게 하는 것(이 책을 읽는 것)이 가치 있다고 확신합니다.)

Valeva la pena di fare tutto questo viaggio?

(그래, 나는 더 이상 이 일을 못하겠다)

➡ No, non ne valeva la pena.

(아니오, 그럴만한 가치가 없었습니다)

Me ne frego, io, di lui e del suo aiuto!

(나에게는 그든, 그의 도움이든 상관이 없다)

단어정리 자동차에 관련된 용어(3) (내부장치)

servofreno	sm. 서브 브레이크	piantone	sm. 핸들과 주축의 연결부분
filtro dell' aria	sm. 공기 정화 필터		
motore	sm. **엔진**	cambio	sm. 기어
radiatore	sm. 라디에이터	marmitta	sf. 소음기
barra anticoricamento	sf. 본네트 받침대	freno di stazionamento	sm. 안전브레이크
semiasse	sm. 구동축	sospensione	sf. 서스펜션
freno a disco	sm. 브레이크판	**serbatoio**	sm. 연료통
ammortizzatore	sm.완충기		

회화 휴가(Vacanze)

Daniela : Dove sei stata il mese scorso?

Clara : Ero in vacanza.

Daniela : Ma non ti sei presa una vacanza anche in Febbraio?

Clara : Sì, ma soltatanto una settimana. Sono stata, infatti, a Cervinia per la < settimana bianca)

Daniela : E allora dove sei stata il mese scorso?

Clara : Sono stata in Sicilia.

Daniela : In Sicilia. Beato te! Sogno da tanto di vedere la Sicilia. Ti sei trovata bene?

Clara : Benissimo! Tempo è meraviglioso, niente affato caldo. La gente è poi gentile e cordiale. E che richezza di storia e d'arte!

Daniela : Con chi sei stata?

Clara : Con mio marito, naturalmente.

Daniela : E i bambini?

Clara : I bambini sono troppo piccoli per un viaggio tanto lungo. Li abbiamo lasciati dai nonni.

강독 Le vacanze di Giorgio e Carla

Ogni estate Giorgio e Carla passano le vacanze all'estero. L'anno scorso, per esempio, sono andati negli Stati Uniti, a New York, con alcuni amici e ci sono restati per un mese. Hanno frequentato un corso di lingua inglese, hanno vistato la città, hanno visitato molti spettacoli; hanno fatto amicizia con molti americani e anche con molti stranieri.

Giorgio e Carla hanno fatto un programma per la prossima estate: Hanno deciso di andare al mare, in Grecia, in una piccola isola. Vogliono andarci con la nave e restarci venti giorni; forse con loro ci vanno anche due amici spagnoli che hanno conosciuto l'anno scorso a New York, vogliono riposarsi dopo un anno di lavoro, fare pesca subacquca, nuotare, prendere il, sole e vedere dei posti nuovi. Vogliono andare anche ad Atene e a Creta.

Esercizio

① 다음의 빈칸에 ci와 ne중에서 알맞은 것을 골라 넣으시오.

1) Vuoi questo bicchiere di latter / Non tutto, me ____ va solo un po'.

2) Che fine ha fatto Mario? Che ____ so? Non lo vedo anni!

3) Luigi un ragazzo in gamba, tutti ____ parlano bene.

4) Questo fine-settimana vorrei andare a Valterra, tu che ____ dici?

- Non so cosa dirti, io non ____ sono mai andato, so solo che ____ vogliono più di due ore di macchina.

- Ma io ho una Ferrari, ____ metterò meno!

5) Quanto ____ hai messo per fare queste quatro frasi?

- _____ ho messo cinque minuti, per fare tutto l'esercizio di solito vuole una mezz'oretta.

6) È vero che hai litigato con Antonio?

- Sì, è vero, non ____ parlo più.

- Ma perché avete litigato?

- Cambiamo argomento, non ____ voglio parlare.

7) Perché vai sempre in giro? Devi rimanere in casa a studiare!

- Ma a te che te ____ importa? Io faccio quello che mi pare!

8) Come devo fare quest' esercizio?

- Non lo chiedere a me, io non ____ capisco niente!

9) Perché gli studenti se ____ sono andati?

- Perché dopo quattro ore di lezione, non ____ potevano più!

10) Perché la domenica vai sempre a Firenze? Che ____ vai a fare?

- Vado a trovare mia nonna. Da quando sono a Perugia _____ sono andato tutte le domeniche, non ____ ho salutata una!

11) Che bel concerto! Di cantanti così ____ ho sentiti pochi in vita mia!

12) Il professore ha bocciato tutti gli studenti. Non ____ ha salvato uno!

13) Povero Camillo! Deve tornare in ospedale e ____ è appena uscito!

2 다음의 빈칸에 ci와 ne중에서 알맞은것을 골라 넣으시오.

1) Ci interessa la politica: ____ discutiamo spesso.

2) Giorgio non lascerà mai la sua ragazza: ____ troppo innamorato.

3) Non vengo a Torino con voi perché ____ sono stato ieri.

4) Marta spende un sacco di soldi per i vestiti: ____ tiene molto ad essere elegante.

5) Il clima di Milano è molto umido, ma mi ____ abituerò.

6) Non ho intenzione di andare a quella festa: sono sicuro che non ____ vale la pena.

7) Con questi occhiali non ____ vedo più : devo andare dall' oculista.

8) ____ vogliono molti soldi per vivere in Italia.

9) Angelina, è una bambina simpatica: mi piace giocar.

10) Luca non è stato gentile con noi: non vogliamo più neanche sentir.

11) Sone andati a Francoforte per la Fiera del libro e _____ sono rimasti in giorni.

12) Per andare a Napoli con la tua vecchia Fiat 500 _____ metterà molto tempo.

13) È inutile che mi racconti questa storia : non me ____ importa ninete.

14) Devo cambiare, posto perché da qui non _____ vedo e non _____ sento bene.

15) Quanto tempo ____ metti per venire in ufficio?

16) Questa proposta è interessante: ____ penserò poi ti darò una risposta.

17) Fabio vuole rimanere ancora a Milano perché ____ si trova molto bene.

18) Sono veramente stufo di mangiare alla mensa: non ____ posso più!

19) Dopo la lezione gli studenti se ____ sono andati a casa.

20) È da molti mesi che non vedo i miei genitori: ____ ho molto nostalgia!

21) Riportami quel libro: spero che non te ____ dimenticherai!

22) Voglio cambiare casa. Che ____ pensate?

23) ____ è voluto molto tempo per convincerlo a venire con noi.

24) Questi spaghetti erano ottimi: ____ ho mangiati tutti.

③ 다음의 빈칸에 ci 와 ne중에서 알맞은 것을 골라 넣으시오.

1) Per andare a Torino ____ abbiamo messo solo due ore.

2) Sai niente dell' incidente che è capitato a Lucia? No, non ____ so nulla.

3) Paolo vuole cambiare macchina. Tu che ____ pensi?

4) Quanti anni hai, Piero? ____ ho quasi trenta.

5) Per finire questo lavoro ____ vogliono almeno due settimane.

6) È gia passato l'autobus per il centro, signora?

Credo di no, ma non ____ sono sicura.

7) Secondo me quella ragazza è molto carina. Tu che ____ dici?

8) Conosci il problema di Franco? Sì, ____ ha parlato anche a me.

9) La mia famiglia è lontana e ____ sento molta nostalgia.

10) Sei proprio sicura che Carlo non darà l'esame neppure questa volta?
- Sì, ____ scommetto qualsiasi somma.

11) Perché non finisce di leggere quel libro? Perché non _____ capisco niente.

12) Da quanto tempo sta a Bologna? ____ vivo da sempre.

13) Non andate a vedere quel film? No, secondo me non ____ vale la pena.

14) Carlo ha promesso di aiutarmi, ma non ____ tiene affatto.

15) Luisa segue molto la moda, invece , Marta non ____ tiene affatto.

4 다음 빈칸에 적절한 전치사를 넣으시오.

1) Giorgio voleva andare _____ Galleria _____ Uffizi, ma non ha avuto tempo.

2) Stamattina Giovanni è andato _____ museo _____ Pietro e _____ sua sorella.

3) ____ Ruggero interessa molto l'arte ____ '400.

4) ____ Galleria ____ Uffizi ci sono dipinti ____ Botticelli, ____ Leonardo ____ Vinci e ____ Tiziano.

5) Patrizia ha una passione ____ l'art moderna.

6) Alberto manderà ____ suoi genitori una cartolina ____ Firenze.

7) Sono un appassionato ____ cinema.

8) ____ mio fratello piace passare il fine-settimana ____ campagna.

9) Facciamo un viaggio ____ Italia ____ visitare le città etrusche.

10) Il primo spettacolo comincia ____ 15,30 ____ punto.

11) Ho incontrato Lucio ____ bar davanti ____ Università.

대명사 Ⅳ 27

(Pronome)

Ⅵ. 특별 용법의 대명사
2. 복합시제와 결합된 인칭 대명사 목적격 형태

Ⅵ. 특별 용법의 대명사

2. 복합시제와 결합된 인칭 대명사 목적격 형태

1) 개념

복합시제란 이미 설명이 되었듯이 조종사와 본동사가 결합된 시제를 의미한다. 지금까지 배운 복합시제는 근과거이기 때문에 이를 기준으로 앞의 장에서 배운 인칭 대명사의 목적격 형태들과 결합하는 경우에 대하여 살펴보고자 한다. 근과거를 다룬장에서 조동사를 essere를 취할 경우는 주어의 성과 수에 본동사의 형태인 과거분사의 어미와 일치의 어미에 일치된다는 점은 이미 배웠지만, avere동사와 결합할 때 목적어를 받는 인칭대명사의 목적격(직접 목적어)의 형태는 2인칭 대명사의 목적격이 나타내는 성과 수와 과거분사의 어미와 일치되어야 한다는 것을 배우고자 한다.

2) 형태

인칭 대명사의 목적격의 형태 중에서 직접 목적어의 역할을 하는 것은 목적어의 성과 수에 따라 다음의 4가지 형태, 즉 lo, la, li, le가 있었으며, 성과 수를 나타내 주는 또 다른 형태는 중성 대명사 ne가 있었다. 이러한 인칭 대명사의 형태들은 복합시제상에서 항상 과거분사의 어미와 일치된다는 것이다. 이는 과거분사가 기능적으로 목적어(직접 목적어)의 보어(형용사적인 기능)로서 작용하기 대문에 그와 관련된 품사인 목적어의 성과 수에 항상 일치해야 한다는 것이다. 이는 마치 essere동사의 보어로서 사용되는 형용사나 명사 등이 주어의 성과 수에 일치한다는 사실과 유사하다는 점을 기억한다면 보다 쉽게 이 기능을 이해할 수 있다. 그러나 한가지 유념해야 될 것은 직접 목적어로 작용하는 명사나 대명사들이 직접 사용되는 경우에는 명확하게 성과 수를 나타내주기 때문에 이러한 원칙이 적용될 필요가 없다는 점이다. 그러면 다음의 예문 몇 개를 통하여 보다 자세하게 이러한 원칙이 어떻게 작용이 되는지 알아보도록 하겠다.

▶ Lo의 형태

*Es.*1 Leggi quel libro? (그 책을 읽니?)

➡ Sì, lo leggo. (응, 그것을 읽자)

Non hai ancora letto quel libro? (너는 아직 그 책을 읽지 않았니?)

➡ No, non lo(=quel libro) ho ancora letto. (아니, 아직 그것을 일지 않았어)

➡ No, non l'ho ancora letto.

예제 1의 문장은 quel libro라는 남성 단수 직접 목적어를 인칭 대명사 목적격의 형태 lo로 전환하여 근과거의 시제와 결합할 때의 형태를 나타내고 있다. Lo의 위치는 동사의 앞에 오고, 뒤에 오는 ho와 결합하면서 모음축약 현상이 발생하여 l'ho의 형태를 취한 뒤, 다시 leggere의 과거분사인 **letto의 어미 -o와 lo의 성과 수에 일치**시킨다는 사실을 나타내고 있는 것이다.

▶ Li의 형태

*Es.*2 Dove hai messo i fogli? (어디에 너는 종이들을 놓아두었니?))

➡ Ho messo i fogli sul tavolo. (나는 그것들을 테이블 위에 놓아 두었어)

➡ Li(=i fogli) ho messi sul tavolo.

예제 2의 문장은 인칭 대명사의 목적격 형태가 남성 복수일 경우의 예이다. 남성

복수형 직접 목적어인 i fogli를 li라는 인칭 대명사 목적격의 형태로 받은 뒤, 다시 이를 mettere의 과거분사형 **messo와 어미일치를 시켜 li ho messi 라는** 형태를 취한 것이다. 복수형의 인칭 대명사의 형태 li 는 목적격의 형태 li는 모음축약을 시키지 않는것이 원칙이다.

▶ La의 형태

*Es.*3 Quando hai comprato quella lampada? (너는 언제 그 전등을 샀느냐?)

➡ La ho comprata l'anno scorso. (그것을 지난 여름에 샀다)

➡ L'ho comprata l'anno scorso.

예제 3의 문장은 여성 단수 목적격 인칭 대명사 la의 형태가 근과거 시제에서 사용될 때의 어미일치에 대한 예를 보여주는 문장이다. 직접 목적격 quella lampada를 la 로 받은 뒤, 이를 ho와 결합하면서 모음축약 현상이 발생하여 **l'ho comprata와** 같은 형태가 된 것이다.

▶ Le의 형태

*Es.*4 Che ha mangiato le caramelle? (누가 카라멜을 먹었습니다.)

➡ Le ha mangiate mio nipote. (내 조카가 그것들을 먹었습니다.)

예제 4의 문장은 여성 복수형 목적격 le를 사용한 근과거 문장의 예를 나타낸 것이 다. Le caramelle라는 여성 복수형 목적격 형태를 le로 받은 뒤, 다시 과거분사 mangiato의 어미와 일치시켜 le ha mangiate의 형태를 취한 것이다. 남성 복수형 li와 마찬가지로 여성 복수형의 경우에도 모음축약은 발생하지 않는다.

▶ Ne의 형태

*Es.*5 Quante sigarette hai fumato? (너는 담배를 몇 개피나 피웠니?)

➡ Ne ho fumata una. (나는 한 개피를 피웠다)

➡ Ne ho fumate molte. (나는 많이 피웠다)

Quante libri ha letto l'anno scorso? (당신은 지난해에 몇 권의 책을 읽었습니까?)

➡ Ne ho letto uno. (한 권 읽었습니다.)

➡ Ne ho letti quattro. (네 권 읽었습니다)

➡ Ne ho letto nessun libro. (한 권도 읽지 않았습니다)

예제 5의 문장은 중성 대명사 ne와 결합하는 근과거의 형태에 대한 예문글이다. 앞장에서 배웠듯이 ne라는 중성대명사는 뒤에 오는 부정 형용사나 부정 대명사들의 성과 수에 일치한다. 근과거와 같은 복합시제에서도 이러한 원칙은 예외 없이 작용되는 데, 첫 문장의 **sigaretta가 여성명사이기 때문에 뒤에 오는 수 형용사가 una라는 여성형**이 오는 것이며, 이를 **fumato라는 과거분사의 어미와 일치시켜** fumata una 와 같이 전환된 것이다. 마찬가지로 두 번째 문장에서 libro라는 남성명사를 받는 수 형용사가 단수이냐 복수이냐에 따라 letto uno혹은 letti quattro와 같이 변형되는 것이다.

3)복합 인칭 대명사 목적격의 사용과 형태

① 개념

복합 인칭 대명사란 지금까지 배운 목적격의 두 가지 형태, 즉 간접 목적격과 직접 목적격이 함께 사용된 형태를 의미한다. 우리말로 바꾸면 ' ~ 에게 ~을(를)' 에 해당되는 형태이다. 영어에서 말하는 4형식의 문장을 다시 한 번 사용할 때의 형태라 생각하면 보다 이해가 쉬울 것이다. 그런데 이탈리아어의 경우 이러한 복합적 사용이 간접목적격이 1, 2 인칭이냐 3인칭이냐에 따라 그 형태가 달라지며, 그 사용애 있어서도 약간의 주의가 필요한 부분이다. 일반적으로 이탈리아어에서 간접 목적격과 직접 목적격이 함께 사용되는 문장에서의 어순은 **'주어+동사+직접목적어+간접목적어"**의 순서를 취하는 것이 보통이다. 그러나 이들 목적격의 형태가 인칭대명사로 전환되면, 한국어의 어순과 동일하게 **'주어+간접목적격 인칭 대명사 + 직접목적격 인칭대명사 +동사"**의 순서로 배열된다.

Es. Quando presti questi soldi a noi? (너는 언제 우리에게 이 돈을 빌려 줄거니?)

➡ Io vi li presterò domani. (나는 너희들에게 내일 돈을 빌려주겠다.)

➡ Io ve li presterò domani.

상기의 예문에서 사용된 어순은 첫 번째 문장에서는 목적격 보어들이 직접 사용되어 '주어+동사+직접 목적어+간법 목적어' 의 어순을 취했지만, 두 번째 문장에서는 인칭 대명사의 목적격이 사용되어 '주어+간접 목적격+직접 목적격+ 동사' 의 어순을 취했다. 다만, vi(=a noi)가 직접 목적격 li와 결합되면서 어미 변화를 일으켜 ve로 바뀌어 사용된다는 것을 나타내고 있는 문장이다. 그러면 보다 자세하게 각각의 경우에서의 복합 인칭 대명사의 사용에 대하여 알아보도록 하겠다.

② 1, 2 인칭의 간접 목적격과 직접 목적격의 결합 및 사용

여기서 사용되는 간접 목적격의 형태는 인칭 대명사의 약세형 형태인 **mi, ti, si, ci, vi. si**이다. 각각의 결합 형태는 다음의 표와 같다.

간/목+남/단	간/목+여/단	간/목+남/복	간/목+여/복	간/목+ne
mi lo ⇨ me lo	mi la ⇨ me la	mi li ⇨ me li	mi le ⇨ me le	mi ne ⇨ me ne
ti lo ⇨ te lo	ti la ⇨ te la	ti li ⇨ te li	ti le ⇨ te le	ti ne ⇨ te ne
si lo ⇨ se lo	si la ⇨ se la	si li ⇨ se li	si le ⇨ se le	si ne ⇨ se ne
ci lo ⇨ ce lo	ci la ⇨ ce la	ci li ⇨ ce li	ci le ⇨ ce le	ci ne ⇨ ce ne
vi lo ⇨ ve lo	vi la ⇨ ve la	vi li ⇨ ve li	vi le ⇨ ve le	vi ne ⇨ ve ne
si lo ⇨ se lo	si la ⇨ se la	si li ⇨ se li	si le ⇨ se le	si ne ⇨ se ne

※ 간접 목적격의 어미 -i가 직접 목적격 및 중성 대명사 ne와 결합하면서 발음의 편의상 -e로 전환되었다.

Es. Carla ti prepara mai la colazione?

(까를라는 너에게 한 번도 아침을 준비하지 않았니?)

➡ No, me la prepara mai. (아니, 나에게 아침을 전혀 준비하지않아)

Questo è Paolo. Ve lo presento.

(이 사람은 빠올로입니다, 내가 너희들에게 그를 소개하겠습니다.)

Mi presti le penne? (나에게 펜을 빌려주겠니?)

➡ Sì, te le presto subito. (그래, 너에게 펜을 바로 빌려 줄께)

Ci passi i giornali, per favore? (우리에게 신문을 건네주시겠습니다.)

➡ Sì, ma ve li passo fra poco.

(예, 그러나 잠시 후에 당신들에게 그것을 드리지요.)

Mi darai qualche foglio? (나에게 종이 몇 장을 주겠니?)

➡ Sì, te ne darò uno. (그래, 너에게 그 중에서 한 장만 줄께)

③ 3인칭의 간접 목적격과 직접 목적격의 결합 및 사용

1, 2인칭의 목적격 대명사들의 사용과 달리3인칭의 경우에는 형태가 하나로 통일된다는 특징이 있다. 다시 말해, 3인칭 단수의 남성 인칭 대명사 간접 목적격 gli(=a lui)나 여성형인 le(=a lei) 그리고 존칭의 Le(= a Lei), 복수형인 gli(=a loro)의 형태 모두가 gli로 통일되어 사용된다는 점이다. 각각의 형태별 변형들은 다음의 표와 같다.

3인칭 간접 목적격의 모든 형태들이 직접 목적격 보어와 결합되면서 gli의 형태로 통일됨과 동시에 발음의 편의상 중간에 -e- 가 삽입되면서 변화되고, 아울러 1, 2 인칭과는 달리 항상 결합된 형태로 사용한다.

간/목+남/단	간/목+여/단	간/목+남/복	간/목+여/복	간/목+ne
gli lo ⇨ glielo	gli la ⇨ gliela	gli li ⇨ glieli	gli le ⇨ gliele	gli ne ⇨ gliene
le lo ⇨ glielo	le la ⇨ gliela	le li ⇨ glieli	le le ⇨ gliele	le ne ⇨ gliene
Le lo ⇨ Glielo	Le la ⇨ Gliela	Le li ⇨ Glieli	Le le ⇨ Gliele	Le ne ⇨ Gliene
gli lo ⇨ glielo	gli la ⇨ gliela	gli li ⇨ glieli	gli le ⇨ gliele	gli ne ⇨ gliene

Es. Regali questo disco a Paolo per il suo compleanno?

(너는 이 디스켓을 빠울로에게 생일 때 선물할거니?)

➡ Sì, gli lo regalo(X).

➡ Sì, glielo regalo. (응, 그에게 그것을 선물할거야)

Prestate la bici a Sandra?

➡ No, non le la prestiamo.

➡ No, non gliela prestiamo. (아니, 우리는 그녀에게 그것을 빌려주지 않을거야)

Danno i giornali a me?

➡ Sì, Le li daranno domattina(X).

➡ Sì, Glieli daranno domattina. (예, 당신에게 그것을 줄 것입니다.)

Quando Paolo consegna quelle merci a loro?

(언제 빠울로는 이 상품을 그들에게 배달할거니?)

➡ Lui gli le consegnerà fra due giorni(X)

➡ Lui gliele consegnerà fra due giorni.

(그는 그들에게 그것을 2일 후에 배달할 것이다.)

Quanti soldi presti a Franco? (프랑꼬에게 얼마나 빌려 줄거니?)

➡ Io gli ne presto pochi(X)

➡ Io gliene presto pochi. (나는 그에게 그것을 조금만 빌려 줄거다)

④ 양태동사(potere, dovere volere)와 함께 사용된 복합 인칭 대명사의 형태와 사용

일반 인칭 대명사의 목적격의 사용과 마찬가지로 복합 인칭 대명사가 양태동사와 함께

결합되었을 때에는 그 위치가 동사 앞일 수도 있고, 동사의 맨 뒤에 어미 **-e** 를 탈락시킨 뒤 함께 붙여서 사용할 수 있다.

Es. Voglio dare il disegno a te.

➡ Voglio dartelo(=Te lo voglio dare)

Puoi prestare i quadri a noi?

(우리에게 이 그림들을 빌려줄 수 있니?)

➡ Sì, posso prestarceli(=ce li posso prestare)

Dobbiamo mandare questa rivista a loro.

(우리는 이 잡지를 그들에게 보내야만 합니다)

➡ Dobbiamo mandare questa rivista a loro.

Vuole darvene tre.(=Ve ne vuole dare tre)

Oggi voglio raccontare queste storie a lei.

(오늘 그녀에게 이 이야기를 들려주고 싶다)

➡ Oggi voglio raccontargliele.(=gliele voglio raccontare)

⑤ 근과거 시제 상의 복합 인칭 대명사의 사용

근과거를 비롯한 복합시제 상에서 복합 인칭 대명사를 사용할 때에도 직접 목적격이 사용되기 때문에 앞 항에서 배운 직접 목적격의 복합시제에서의 사용과 동일한 형태를 취한다. 다만, 간접 목적격이 추가로 사용된다는 점 이외에는 그 사용상의 차이는 없다고 볼 수 있다.

Es. Le ha riportato le lettere la segretaria?

(비서는 당신에게 편지들을 가져다주었습니까?)

➡ Si, me le ha riportate stamattina.

(예, 저에게 편지들을 오늘 아침에 가져다주었습니다)

Chi vi ha conseganto il libro?

(누가 너희들에게 책을 배달했습니까?)

➡ Ce l' ha consegnato Maria.

(마리아가 우리에게 그것을 배달했습니다)

Mi avete gia preparato i piatti speciali?

(너희들은 나에게 이미 특별 요리를 준비하였니?)

➡ No, non te li abbiamo ancora preparati.

(아니, 너에게 아직 그것들을 준비하지 않았어)

Chi gli ha regalato questa bella cravatta?

(누가 그에게 이 같이 멋진 넥타이를 선물했습니까?)

➡ Gliel' ha regalata sua moglie.

(그의 부인이 그에게 그것을 선물했습니다)

Non le hai dato delle riviste?

(아직 그녀에게 잡지들을 주지 않았습니까?)

➡ No, gliene ho data una.

(아니오, 나는 그녀에게 그중에서 한 권만을 주었습니다).

단어 자동차에 관련된 용어 (4)

spia sf. 지시 계

spia della batteria sm. 건전지 지시 계

spia dei proiettori abbaglianti sf. 헤드라이터 지시 계

spia della pressione dell'olio sf. 오일 지시 계

spia dell'indicatore di direzione sf. 방향표시 지시 계

spia della riserva di carburante sf. 연료표시 지시 계

indicatore del livello di carburante sm. 연료 상태 지침 계

indicatore della temperatura del liquido di raffreddamento sm. 냉각수 온도 지침 계

spia porte aperte sf. 문 개폐 지시 계

contakilometri parziale sf. 부분 주행거리 표시 계

contakilometri totale sf. 전체 주행거리 표시 계

spia cinture di sicurezza non allacciate sf. 안전벨트 미착용 지시 계

contagiri sf. 엔진회전 속도 표시 계

tachimetro sf. 바늘

berlina sf. 세단형 자동차

monovolume sf. 승합차형 자동차

city car sf. 시티 카형 자동차

회화 거짓말쟁이 (Un bugiardo)

Mamma: Di chi è quel pallone?

Figlio: È mio!

Mamma: Tuo? È chi te l'ha dato?

Figlio: Me l'ha regalato il nonno.

Mamma: Il nonno? Ma come? E non viene a trovarci da più d'un mese. Non mi dire bugie, eh!

Figlio: L'ho trovato mamma.

Mamma: Ah, ora comincio a capire: quello è il pallone di Carletto, vero?

Figlio: Ma te lo giuro, era fuori sullo scalino.

Mamma: Vuol dire che Carletto ce l'ha lasciato. Adesso corri da lui a riportarglielo, va bene?

Figlio: Si, ho capito ...va be ... ne!

강독 I giornali italiani

Il Gazzettino è un esempio di giornale della provincia italiana. Come a Venezia, in ogni città c'e un giornale che parla soprattutto di piccoli fatti e che dà informazoni utili per la vita di tutti i giorni: notizie sulle attività locali, riunioni, feste e spettacoli. Naturalmente questi giornali non possono informare molto sulla vita nazionale e internazionale. A questo pensano i grandi quotidiani. Qui scrivono i giornalisti piu famosi e gli intellettuali più importanti. Ricordiamo i tre titoli più venduti in Italia: *La Repubbica* di Roma, Il *Corriere della Sera* di Milano e *La Stampa* di Torino.

Il problema più grande della stampa italiana è il piccolo numeri di lettori. Molta gente preferisce l' informazione della televisione e neon compra i quotidiani. Così molti giornali, a causa dei problemi economici, hanno dovuto vendere e i grandi industriali hanno comprato i titoli pi importanti. Ad esempio: *Il Corriere della sera e La Stampa sono della Fiat mentre La Repubbica* è dell' Olivetti.

*Italiano Facile*시리즈 중에서 일부 발췌

Esercizio

① 다음의 보기와 같이 문장들을 완성하시오.

Es. ***Hai trovato un posto per la macchina?***

➡ ***Sì, l'ho parcheggiata qui vicino.***

1) Ha già visto quel film, signorina? Sì, ...
2) Dove ha imbucato la lettera, signorina? ....alla posta centrale.
3) Roberta è già partita? Sì, ...ho accompagnat........ieri alla stazione.
4) Dove hai messo i miei occhiali?..........ho mess.........nella borsa.
5) Sai dove sono le mie chiavi? ....ho vist .....poco fa sul tavolo.
6) Vuole una sigaretta, signorina? No, grazie, ...ho già fumat.....troppe.
7) Vuole bere un caffè con noi? No, grazie, ...ho bevut.......già tre stamattina.
8) Dove ha comprato questo bel vestito? ....ho comprat........in un negozio del centro.

② 다음의 세 가지 유형의 보기를 참조하여 문장을 완성하시오.

Es. ***È vero che regali una penna a Mario? (il compleanno)***

➡ ***Si, è vero: gliela regalo per il compleanno.***

1) È vero che regali un libro ad Elena? (l'onomastico)

➡

2) È vero che regali delle cassette ai ragazzi? (la promozione)

➡

3) È vero che regali dei fiori ai signori Bianchi? (l'anniversario di matrimonio)

➡

4) È vero che regali degli orrecchini d'oro a Stella? (la laurea)

➡

5) È vero che regali una torta ai genitori di Rita? (l' anniversario di matrimonio)

➡

6) È vero che regali un mazzo di fiori a Marta? (il compleanno)

➡

Es.2 Mi serve quel libro. (dare)

➡ ***Me lo dai?***

7) Mi serve la macchina. (prestare) ➡

8) Mi servono le chiavi di casa. (dare) ➡

9) Mi servono gli appunti. (dare) ➡

10) Mi va un caffè. (offrire) ➡

11) Mi vanno gli spaghetti. (preparare) ➡

12) Mi interessa quella rivista. (prestare) ➡

13) Mi piace quel ragazzo. (presentare) ➡

14) Mi piacciono i tuoi occhiali. (regalare) ➡

Es. 3. Quando mi presti la macchina?

➡ ***Te la presto domani.***

15) Quando mi presenti la tua amica? ➡

16) Quando ci dai la cassetta? ➡

17) Quando ci porti la macchina da scrivere? ➡

18) Quando fai vedere la foto a Gino? ➡

19) Quando presenti tua sorella a Sandra? ➡

20) Quando dai la notizia ai tuoi genitori? ➡

3 다음의 빈칸에 적절한 대명사를 넣어 완성하시오.

1) Se quadri ti piacciono, ______ regalo uno.

2) Corrado mi ha prestato la sua macchina; devo riportar ________. domattina.

3) Devo consegnare le chiavi al portiere. ______ consegnerò stasera.

4) Belle queste rose! ______ compri una?

Se ti piacciono, ______ compro tutte.

5) Se avete bisogno di un passeggio, ______ diamo noi.

6) Mia sorella va matta per i cioccolatini al caffè. ______ comprerò una scatola.

7) Devi battere questa lettera a macchina? ______ batto io.

8) Vuoi in prestito centomila lire? Mi dispiace, posso prestar _____ solo ventimila.

9) Ho ancora gli appunti di Giorgio. ______ riporto domani.

10) Mi piace questo dolce! ______ dai un altra fetta?

11) Hai bisogno dei documenti? ______ lascio in ufficio.

12) Quelle sono le mie amiche! Se vuoi ______ presento.

13) Ho comprato un mazzo di fiori per Elena e stasera ______ porto.

14) Andrea mi ha chiesto 50,000 lire ed io _____ ho presta t __ volentieri.

15) Ho portato la macchina dal meccanico. Ha detto che ______ riparerà per domani.

16) Abbiamo conosciuto Anna: _____ ha presentat _____ Mario.

17) Ho ordinato due caffè: ______ ho ordinat ______ uno lungo per me e uno coretto per Carlo.

18) Antonio ha cambiato casa; mi ha dotto che presto _____ farà vedere.

19) Filippo voleva la macchina, ma io non _____ ho prestat _____ perch é ancora non sa guidare bene.

20) A mia collega piaceva molto il mio computer: io però non ______ ho vendut _____ perché non eravamo d'accordo sul prezzo.

21) A Claudia piacciono molto questi cioccloatini: la prossima volta _____ compro una scatola.

22) Gli invitati non conoscono il dottor Baldi: voglio presentar _____ subito.

23) Ho preso uno sciroppo per la tosse: _____ ha consigliat _____ il mio medico.

24) Questo vino piace molto ad Alberto: voglio comprar _______ una bottiglia.

4 다음 빈칸에 적절한 전치사를 넣어 문장을 완성하시오.

1) Devo prestare la macchina _____ mio fratello.
2) Gianni e tornato _____ casa _____ piedi.
3) I ragazzi andranno _____ Roma _____ treno _____ nove.
4) Quando Marco finisce _____ studiare, va _____ centro _____ incontrare i suoi amici.
5) Domani partiamo _____ Parigi _____ .aereo.
6) Voglio scrivere _____ miei genitori.
7) Marta va _____ Università _____ l'autobus numero 20.
8) Ho cominciato ....parlare iataliano _____ i miei amici _____ Firenze.
9) Ho appuntamento _____ Franco _____ dieci davanti _____ bar _____ _____ stazione.
10) _____ finestra vedo un bel panorama.
11) Pierre vive _____ Nizza _____ Francia.
12) Max vive _____ New York _____ Stati Uniti.

명령법 Ⅰ 28

(Imperativo)

Ⅰ. 개념

이탈리아어에서 명령법은 직설법과 함께 가장 기초적인 법(modo)이라 할 수 있다. 그것은 어린 아이들이 언어를 배우기 시작할 때 직설법과 함께 이 명령법을 가장 먼저 배우기 때문일 것이다. 다시 말해, 문법적 지식이 제대로 갖춰지지 않은 아이들이 가장 먼저 배우는 법이기 때문에 언어체계가 전혀 다른 한국인들에게도 이 명령법은 가장 먼저 배워야할 법일 것이다. 그러나 이탈리아어를 처음 배우는 한국인들의 대부분이 대학에 재학 중인 학생이거나 대학을 졸업한 일반인들이기 때문에 문법적 기초를 어느 정도 쌓은 다음에 배울 수밖에 없는 것이다.

명령법은 명령의 의미를 갖는 법이기 때문에 1인칭 단수형의 명령법은 존재하지 않는다. 따라서 2인칭 단/복수형, 1인칭 복수형, 존칭의 의미를 갖는 3인칭 Lei의 단/복수형만을 사용한다. 다른 법들과 마찬가지로 동사의 변화 형태가 중요하며, 규칙변화와 불규칙변화 형태의 두 가지가 있다. 또한 긍정의 명령과 부정의 명령이라는 두 가지 문의 형식이 존재하며, 인칭 대명사들을 사용할 때 그 인칭 대명사들의 어순이 가장 중요하다. 그리고, 명령법을 그 인칭이 갖는 성격에 따라 직접 명령법과 간접 명령법으로 구분할 수 있는데, 이는 'tu(noi, voi 포함)' 라는 직접적 명령의 의미를 갖는 순수한 2인칭 적인 명령법인 직접 명령법과 'Lei(Loro)' 라는 존칭의 명령법이라 할 수 있는 간접 명령법으로 구분할 수 있다.

Ⅱ. 동사 변화형

1. 규칙변화

1) 제 1군 동사형(-are 동사군)

parlare (말하다)의 동사 변화 - 제 1군 동사형의 변화에서 주의해야 할 인칭은 2인칭 단수와 3인칭 단/복수의 변화이다. 직설법 상의 2인칭과 3인칭의 형태가 명령법에서는 그 반대의 형태를 취하며, 3인칭 복수형은 3인칭 단수형에 -no라는 어미를 덧붙이면 된다. 그 외의 변화형은 직설법과 동일하다.

tu	parla	
Lei	parli	ad alta voce!
noi	parliamo	
voi	parlate	
Loro	parlino	

▶주요 1군 동사들의 변화형은 다음의 표와 같다.

	tu	Lei	noi	voi	Loro
mandare 보내다	manda	mandi	madiamo	mandate	mandino
restare 남다	resta	resti	restiamo	restate	restino
fumare 담배피우다	fuma	fumi	fumiamo	fumate	fumino
telefonare 전화하다	telefona	felefoni	telefoniamo	telefonate	telefonino
chiamare 부르다	chiama	chiami	chiamiamo	chiamate	chiamino
passare 지나다	passa	passi	passiamo	passate	passino

ascoltare 듣다	ascolta	ascolti	ascoltiamo	ascoltate	ascoltino
portare 가져가다	porta	porti	portiamo	portate	portino
aiutare 도와주다	aiuta	aiuti	aiutiamo	aiutate	aiutino
preparare 준비하다	prepara	prepari	prepariamo	preparate	preparino
imparare 배우다	impara	impari	impariamo	imparate	imparino
lavorare 일하다	lavora	lavori	lavoriamo	lavorate	lavorino
comprare 사다	compra	compri	compriamo	comprate	comprino
guardare 쳐다보다	guarda	guardi	guardiamo	guardate	guardino
ricordare 기억하다	ricorda	ricordi	ricordiamo	ricordate	ricordino

Es. Manda questa lettera oggi! (오늘 이 편지를 보내라!)

Telefoni subito, signora! (부인, 곧 전화해 주십시오!)

Chiamate fra un ora! (너희들 한 시간 후에 전화해라!)

Ascoltiamo bene! (우리 잘 들읍시다!)

Mi passi il sale, per favore! (저에게 소금 좀 건네 주십시오!)

Imparino bene l'italiano! (당신들은 이탈리아어를 잘 배우십시오!)

Porta portacenere! (재떨이를 가져와!)

Ricordate questa formula, ragazzi! (얘들아, 이 공식을 기억해라!)

2) 제 2군 동사형(-ere 동사군)

scrivere(쓰다)의 동사 변화 - 1군 동사형과는 달리 2인칭의 형태는 직설법 상의 2인칭의 형태와 동일하다. 다만, 3인칭 단수형이 어미가 -a로 변화되며, 복수형은 -ano로 변화된다는 점이 직설법 동사 변화와의 차이점이다.

tu	scriv***i***	
Lei	scriv***a***	a macchina questa lettera!
noi	scriv***iamo***	
vio	scriv***ete***	
Loro	scriv***ano***	

▶ **주요 2군 동사들의 변화형은 다음의 표와 같다.**

	tu	**Lei**	**noi**	**voi**	**Loro**
leggere 읽다	leggi	legga	leggiamo	leggete	leggano
chiedere 묻다	chiedi	chieda	chiediamo	chiedete	chiedano
rispondere 대답하다	rispondi	risponda	rispondiamo	rispondete	rispondano
prendere 잡다	prendi	prenda	prendiamo	prendete	prendano
mettere 놓다, 두다	metti	metta	mettiamo	mettete	mettano
chiudere 닫다	chiudi	chiuda	chiudiamo	chiudete	chiudano
scendere 내려가다	scendi	scenda	scendiamo	scendete	scendano
correre 뛰다	corri	corra	corriamo	correte	corrano
accendere 켜다	accendi	accenda	accendiamo	accendete	accendano

Es. Leggete il giornale domattina (너희들 내일 아침에 신문을 읽어라!)

Rispondi alla mia lettera! (내 편지에 답장해라!)

Prendi l'autobus 55! (55번 버스를 타라!)

Accendiamo il riscaldamento, un po' freddo.

(난방장치를 켭시다, 조금 춥군요!)

Mettano i Loro cappotti là! (당신들의 외투를 저 쪽에 걸어두세요!)

Corri, corri più veloce! (달려, 좀 더 빨리 달려!)

Chiuda la porta, signora! (부인 문을 닫아 주십시오!)

3) 제 3군 동사형(-ire 동사군의 일반형)

partire(출발하다)의 동사 변화: 제 2군 동사의 규칙변화형과 커다란 차이가 없다. 다만 복수 2인칭의 변화형만이 -ere동사의 변화형과차이(-ete:-ite)가 있을 뿐 그 외의 인칭에 따른 변화형태는 -ere동사 군이나 -ire동사 군이 동일하다.

tu	part***i***	
Lei	part***a***	domattina presto!
noi	part***iamo***	

vio	part*ite*
Loro	part*ano*

▶ 주요 3군 동사들의 변화형은 다음의 표와 같다.

	tu	Lei	noi	voi	Loro
dormire 잠자다	dormi	dorma	dormiamo	dormite	dormano
aprire 열다	apri	apra	apriamo	aprite	aprano
seguire 쫓다	segui	segua	seguiamo	seguite	seguano
coprire 덮다	corpri	copra	copriamo	corite	coprano

Es. Apri la finestra! (창문을 열어라!)

Apriamo la finestra per vedere un bel giardino!

(아름다운 청원을 보도록 문을 엽시다!)

Dormite tranquilamente, ragazzi! (애들아, 조용히 자라!)

Vesta un po' elegantemente queste sera!

(오늘밤에 좀 우아하게 옷을 입으세요!)

Apri la finestra! (마루를 까십시요!)

4) 제 4 동사형(-ire 동사군의 특수형)

finire(끝내다)의 동사 변화 : 복수 1인칭과 복수 2인칭에서만 일반형에 준하여 변화할 뿐, 그 외의 인칭에서는 -isc-가 첨가된 상태에서 3군 동사의 일반형 인칭 변화형과 동일하게 변화한다.

tu	finis*ci*	
Lei	finis*ca*	questi compiti fino alle 16!
noi	fini*amo*	
vio	fini*te*	
Loro	finis*cano*	

이와 같은 변화형을 취하는 동사들은 다음과 같다.

	tu	Lei	noi	voi	Loro
capire 이해하다	capisci	capisca	capiamo	capite	capiscano
spedire 부치다	spedisci	spedisca	spediamo	spedite	spediscano
distribuire 분배하다	distribuisci	distribuisca	distribuiamo	distribuite	distribuiscano
obbedire 복종하다	obbedisci	obbedisca	obbediamo	obbedite	obbediscano
proibire 금지하다	proibisci	proibisca	proibiamo	proibite	proibiscano
pulire 청소하다	pulisci	pulisca	puliamo	pulite	puliscano
restituire 돌려주다	restituisci	restituisca	restituiamo	restituite	restituiscano
abolire 폐지하다	abolisci	abolisca	aboliamo	abolite	aboliscano

Es. Pulisci l'automobile oggi pomeriggio! (오늘 오후에 차를 청소해라!)

Capite quello che ho detto! (너희들 내가 한 말 이해해라!)

Spediscano questi pacchi a mia moglie! (이 소포를 제 아내에게 부쳐주십시오!)

Distribuisca le carte, signora! (서류를 나눠주십시오. 부인!)

Puliamo la casa dopo il pranzo! (점심 후에 집을 청소합니다!)

5) 제 1 군 동사형 중에서 -iare -care, -gare 동사형들의 변화형

	tu	Lei	noi	voi	Loro
studiare 공부하다	studia	studi	studiamo	studiate	studino
avviare 파견하다	avvia	avvii	avviamo	avviate	avviino
giocare 놀다	gioca	giochi	giochiamo	giocate	giochino
pagare 지불하다	paga	paghi	paghiamo	pagate	paghino

제 1군 동사들 중에서 규칙동사이지만 약간 다르게 활용되는 동사가 있는데, -are 어미 앞에 i가 붙는 - iare형태이거나 e 나 g가 붙는 -care, -gare형태의 동사들이이러한 형태로 활용되는 동사들은 다음과 같다.

studiare 공부하다	studia	studi	studiamo	studiate	studino
avviare 파견하다	avvia	avvii	avviamo	avviate	avviino
giocare 놀다	gioca	giochi	giochiamo	giocate	giochino
pagare 지불하다	paga	paghi	paghiamo	pagate	paghino

제 1군 동사들 중에서 규칙동사이지마 약간 다르게 활용되는 동사가 있는데, -are 어미 앞에 i가 붙는 -iare 형태이거나 e나 g가 붙는 -care, -gare 형태의 동사들이다. -iare로 끝나는 동사 중에서 -iare의 i에 악센트가 있는 경우(avviare)에는 3인칭 단수/ 복수에서는 i가 생략되지 않고 -ii나 -iino 형태를 취하지만, 복수 1인칭과 그 외의 i로 시작되는 형태의 인칭 앞에서는 i가 중복되지 않음을 알 수 있고, -care, -gare로 끝나는 동사의 경우에는 발음의 전성을 막기 위해 3인칭 단/복수와 1인칭 복수에서 보조음 h를 삽입시켜 발음하는 것을 볼 수 있다.

이러한 형태로 활용되는 동사들은 다음과 같다.

	tu	Lei	noi	voi	Loro
comiciare 시작하다	comincia	cominci	cominciamo	cominciate	comincino
mangiare 먹다	mangia	mangi	mangiamo	mangiate	mangino
baciare 입맞춤하다	bacia	baci	baciamo	baciate	bacino
cercare 찾다	cerca	cerchi	cerchiamo	cercate	cercchino
dimenticare 잊다	dimentica	dimentichi	dimentichiamo	dimanticate	dimentichino
pregare 기원하다	prega	preghi	preghiamo	pregate	preghino
spiegare 설명하다	spiega	spieghi	spieghiamo	spiegate	spieghino

Es. Studia fino alle 20! (20시까지 공부해라!)

Cominciamo la lezione! (수업을 시작합시다!)

Pagate questa boletta subito, ragazzi! (얘들아, 이 고지서를 바로 납부해라!)

Preghiamo Dio che ci aiuti! (우리를 돕도록 신에게 기도합시다!)

Cerchi la soluzione! (해결책을 찾으세요!)

Bacino ora! (자 키스하십시오!)

2. 불규칙변화

명령법의 불규칙 형태들은 다음에 배울 접속법과 관련하여 상당히 중요한 의미를 갖는다. 특히 3인칭의 단/복수형의 동사 형태는 뒤에서 배우게 될 접속법 동사 변화 형태에서의 1, 2, 3인칭 단수형과 3인칭 복수형의 동사 변화형과 거의 동일한 형태를 취하기 때문에 명령법의 불규칙 동사 변화를 잘 암기한다면, 접속법 상에서의 동사 변화에서 아주 쉽게 접속법 동사 형태를 숙지할 수 있다.

1) 제 1군 동사들의 불규칙 동사 변화

	tu	Lei	noi	voi	Loro
fare 하다	fa/fai/fa'	faccia	facciamo	fate	facciano
andare 가다	va/vai/va'	vada	andiano	andate	vadano
stare 있다, 머무르다	sta/stai/sta'	stia	stiamo	state	stiano
dare 주다	da/dai/da'	dia	diamo	date	diano

Es. Fai colazione oggi! (오늘 아침을 먹어라!)

Faccia silenzio, signora! (조용히 해주십시오, 부인!)

Facciamo tennis stasera! (오늘 저녁 테니스 칩시다!)

Andiamo in biblioteca ogni pomeriggio! (매일 오후에 도서관에 갑시다!)

Vada direttamente ancora 100 metri! (다시 100미터 곧장 가세요!)

Vai a Roma domattina! (내일 아침에 로마에 가라!)

Vadano prima a cena e poi a teatro! (먼저 저녁을 드시고 나중에 극장에 가세요!)

State a scuola fino a mezzogiorno! (너희들 학교에 정오까지 있어라!)

Stia a casa, per favora! (제발 집에 있으세요!)

Dai l'esame di matematica in questo semestre! (이번 학기에 수학 시험을 보아라!)

Dia un po' di soldi, papà! (돈 좀 주세요, 아버지!)

Diano una festa per la Loro figlia! (당신들의 딸을 위해 파티를 여십시오!)

위의 4동사 모두 2인칭의 형태는 표와 같이 3가지 형태를 모두 사용할 수 있다.

2) 제 2군 동사들의 불규칙 동사 변화

제 2군 불규칙 동사들에서 한 가지 유의해야 할 점은 양태동사 중에서 volere 동사를 제외하고는 명령법의 형태가 존재하지 않는다는 사실이다. 이는 논리적으로 생각해보면 쉽게 이해할 것이다. '~할 수 있다' 라는 의미의 potere 동사나 '~해야만 한다' 라는 의미의 dovere 동사는 그 의미 자체만으로는 명령의 의미를 갖기 어렵기 때문이다.

	tu	Lei	noi	voi	Loro
essere 있다, 이다	sii	sia	siamo	siate	siano
avere 갖다	abbi	abbi	abbiamo	abbiate	abbiano
bere 마시다	bevi	beva	beviamo	bevete	bevano
tenere 유지하다	tieni	tenga	teniamo	tenete	tengano
rimanere 남다	rimani	rimanga	timaniamo	timanete	rimangano
scegliere 선택하다	scegli	scelga	scegliamo	scegliete	scelgano

Es. Bevi un bicchiere di lette ogni giorno!
(매일 우유 한 컵을 마셔라!)

Beviamo il vino rosso! (적포도주를 마시자!)

Rimanga a casa fino alle 20, per favore!
(20시까지 집에 남아주십시오!)

Rinanete in città questo fine-settimana!
(너희들, 이번 주는 시내에 남아라!)

Tieni questa bottiglia! (이 병을 가지고 있어라!)

Scelga uno di questi fogli! (이 종이들 중에서 하나를 고르세요!)

Abbi cura! (몸조심 해!)

Abbiate pazienza con lui! (너희들 그에게 참을성을 가져라!)

Sia lì prima delle 7! (거기에 7시전에 있어 주십시오!)

Siano a casa! (당신들은 집에 있으세요!)

3) 제 3군 동사들의 불규칙 동사 변화

	tu	Lei	noi	voi	Loro
venire 오다	vieni	venga	veniamo	venite	vengano
dire 말하다	di	dica	diciamo	dite	dicano
salire 올라가다	sali	sale	saliamo	salite	salgano
uscire 나가다	esci	esca	usciamo	uscite	escano
udire 듣다	odi	oda	udiamo	udite	odano

Es. Vengano a lezione alle 8 e mezza! (8시 반에 수업에 오십시오!)

Vieni da me domani! (내일 나에게 와라!)

Venga pure con me! (저와 함께 가시지요!)

Mi dica tutto quello che vuole! (원하시는 것을 모두 저에게 말씀하십시오!)

Di la verità! (진실을 말해!)

Salite con l' ascensore! (너희들 승강기로 올라가라!)

Esca di casa alle 19! (19시에 집에서 나오세요!)

Usciamo adesso! (지금 나갑시다!)

Oda questa musica! (이 음악을 들으세요!)

Udite con attenzione! (너희들 잘 들어라!)

명령법 동사변화의 형태들은 앞서 이야기한 바대로 접속법 현재형 동사변화 형태와 유사하기 때문에 명령법 동사변화의 형태들에 대한 정확한 숙지는 매우 중요하다. 특히 3인칭 단수와 복수형의 명령법 형태인 간접 명령법(imperativo indiretto)은 접속법의 1, 2, 3인칭 단수형과 복수 3인칭의 동사변화가 동일하기 때문에 이를 잘 활용하면 접속법 현재시제의 변화형을 쉽게 숙지할 수 있다.

III. 종류 및 그 사용

1. 긍정 명령문

긍정 명령문이란 말 그대로 긍정의 의미를 갖는 명령문의 형태이다. 지금까지 예문으로 사용한 문장들은 모두 긍정 명령문이었다. 긍정 명령문의 형태가 따로 있는 것은 아니며, 지금까지 배운 동사의 변화 형들은 그대로 사용하면 된다.

Es.	Andate al bar!	(너희들 바에 가라!)
	Prenda un tassi!	(택시를 타세요!)
	Chiama Maria!	(마리아를 불러라!)
	Parliamo di politica!	(정치에 대하여 이야기합시다)

2.부정 명령문

이에 반해 부정 명령문의 형태는 약간의 형태 변화를 동반한다. 부정 명령문에서는 **모든 인칭에서 부정의 의미를 갖는 non을 사용**하면 되지만, **2인칭 단수형**의 부정 명령문은 **동사의 원형의 형태**를 취한 동사 앞에 **non을 사용**한다는 점이 차이가 있다. 그러나, 그 외 인칭 변화형에서는 그대로 non을 사용하여 부정 명령문을 만든다.

Es. Non andare via! (가지 말아라!)

Non fumare qui! (여기서 담배 피우지 말아라!)

Non parlate ad alta voce in classe!

(너희들, 교실에서 큰 소리로 이야기하지 말아라!)

Non faccia passeggiata con questo freddo!

(이 추위에 산책하지 마십시오!)

Non telefoniamo a Paolo la mattina presto!

(아침 일찍 빠올로에게 전화하지 맙시다!)

Non perdano il treno delle 9 e mezza per Milano!

(밀라노 행 9시 반 기차를 놓치지 마십시오!)

단어정리 자동차에 관련된 용어(5)

avviare il motore	tr. 시동을 걸다
slittare	tr. 미끄러지다
decelerare	tr. 감속하다
derapare	tr 이탈하다, 미끄러지다
mettere in moto	intr. 엔진 시동을 걸다
urtare	tr. 충돌하다
guidare	tr. 운전하다
tamponare	tr. 충돌하다
pilotare	tr. 조종하다
sbandare	tr. (한쪽으로) 쏠리다
sorpassare	tr. 추월하다
segnalare	tr. 신호하다
sterzare	tr. 충돌하다
scontrarsi	tr. 방향 전환하다
ribaltarsi	tr. 갑자기 방향을 바꾸다
rallentare	tr. 감속하다
accelerare	tr. 가속하다
rodare	tr. 시운전하다
sgommare	tr. 타이어를 바꾸다
grippare	tr. 마모하다, 동작이 멈추다
frenare	tr. 제동하다
parcheggiare	tr. 주차하다
riparare	tr. 수리하다
bloccare i freni	tr. 브레이크를 고정하다
revisionare	tr. 정밀검사하다
investire	tr. 충돌하다, (사람등을) 치다

회화 입국 수속

A: Buon giorno. Mi dia il passaporto, per favore?

B: Eccolo.

A: Da dove vicne?

B: Vengo dalla Corea del Sud.

A: Qual è il motivo della Sua visita in Italia?

B: Sono qui per lavoro (per studiare/ per turismo).

A: Di che cosa si occupa?

B: Mi occupo di macchinari.

A: Quanto tempo pensa di fermarsi?

B: Circa una settimana.

A: Ha la carta di sbarco?

B: E' lì in mezzo al passaporto.

A: Va bene. Può andare.

강독 Sindy scomparsa I

Una mattina d'ottobre Kate Maxwell si presenta nell ufficio dell' investigatore privato Antonio Esposito. La donna sta cercando la figlia Sindy, una giovane modella che aveva lavorato nell' atelier dello stilista Bruno Mozambo. Nel pomeriggio, Esposito va all' atlier di Mozambo. La segretaria, una ragazza della faccia simpatica, dice di non conoscere Sindy. Da un po' di tempo nell' atlier lavorano solo ragazze di colore.

Anche lo stlista dice di non sapere nulla, poi invita Esposito ad una sfilata di moda: forse là può scoprire qualcosa sulla ragazza. L' investigatore torna a casa con la testa piena di pensieri: lo stilista non gli è piaciuto, gli è sembrato un tipo molto strano. Per strada, i giornali della sera parlano dell' ultimo scandallo delle tangenti. A casa, Esposito prepara da mangiare e ascolta un po' di musica. Dopo cena, mentre dorme, riceve una telefonata: qulcuno gli dice di stare attento....

Esercizio

① 다음의 문장들을 명령문의 형태로 전환하시오.

1) Sergio, vieni con me? ➡
2) Ragazzi, bevete la birra? ➡
3) Vediamo il film alla TV? ➡
4) Luisa, parti in aereo? ➡
5) Ragazzi, salite a piedi? ➡
6) Prendiamo l'ascensore? ➡
7) Carla, esci con gli amici? ➡
8) È meglio che Lei resti a casa con questo tempo. ➡
9) È meglio che Loro partano in aereo. ➡
10) È utile che Lei dia un consiglio a Mario. ➡
11) È possibile che Loro finiscano entro domani. ➡
12) Spero che Lei accetti il nostro invito. ➡
13) E meglio che Loro abbiano ancora un po di pazienza. ➡
14) Siamo contenti che Lei venga spesso a trovarci. ➡

② 다음의 동사들을 활용하여 인칭에 맞는 명령문의 문장을 완성하시오.

1) Lucia, ti pergo, (parlare) _______ a bassa voce!
2) Carlo, (raccontare) _______ come hai passato le vacanze!
3) Stefano, (cercare) _______ di capirmi, non avevo altra scelta!
4) Non è lì che devi guardare, (guardare) _______ là!
5) Quando vai a Roma, (salutare) _______ Franco da parte mia!
6) Livio, (ricordare) _______ le parole che ti ho detto!
7) (scusare) _______ , Anna, ti ho fatto male?
8) (scusare) _______ del ritardo, signora!

9) Se vede Giulio, gli (passare) _______ questo libro!

10) Quando parla con Luigi, gli (chiedere) _______ a che ora viene!

11) È tardi: (sbrigarsi) _______ , signori!

12) Lei (girare) _______ a sinistra!

13) Signorina, questo posto è libero: (accomodarsi) _______ !

14) È il Loro turno, (entrare) _______ pure!

③ 다음의 동사들을 활용하여 부정 명령문으로 전환하시오.

1) Carla, (spegnere) _______ la luce: serve a me!

2) Ragazzi, (giocare) _______ sotto le finestre, voglio riposarmi!

3) Amici, (perdere) _______ altro tempo: siamo già in ritardo!

4) Giorgio, (uscire) _______ , se non ti senti bene!

5) Sergio, (stare) _______ in piedi: siediti qui vicino a me!

6) Ragazzi, (andare) _______ in motagna, venite al mare insieme a noi!

7) Mauro, (essere) _______ così in formale, siamo fra amici!

8) Sale tutte le scale a piedi? _______ , c'è l' ascensore!

9) Rimane a casa anche stasera? _______ , esca con noi!

10) Va in quel luogo affollato? _______ , c'è troppa confusione!

11) Fa il biglietto da sola andata?............... , non è conveniente!

12) Dà la colpa a Mario? _______ , lui non c'entra!

13) Tiene tutti i risparmi in banca? _______ , ci compri qualcosa!

14) Esce con la giacca? _______ , fa molto caldo!

④ 다음의 주어진 동사들을 활용하여 명령문으로 전환하시오.

1) Paolo, (essere) _______ gentile con la gente!

2) Vi prego, (non arrivare) _______ in ritardo come al solito!

3) Signora, se questo non Le piace, (scegliere) ____ pure un altra gonna, (vedere)........come Le sta e (decidere) _______ tranquilamente!

4) Rita, (avere) ______ pazienza, non sono ancora pronta. (Entrare) , (leggere) ________ un libro, (ascoltare) ________ un po' di musica, (mangiare) _____ un cioccolatino, (aspettare) ________ dieci minuti! Vedrai che arriveremo in tempo all' appuntamento!

5) Ragazzi, gli esami si avvicinano: (studiare) ___ , (ripassare) ____ tutti gli argomenti, (fare) _____ molti esercizi! Sono sicuro che potete farcela!

6) Signori, mi dispiace, ma non posso aiutarvi; (andare) _____ in segreteria, (cercare)..........la signora Bianchi e (chiedere) ____ queste informazioni! E lei si occupa di queste cose.

7) Bambini, una bellissima giornata: su, (noi uscire) __________ , (fare) _____ una passeggiata, (respirare) ______ un po' di aria pura!

8) Signori, (non alzare) _____ la voce, (parlare) _____ piano, (non disturbare ____ , ci sono ____ persone che studiano!

9) (Voi avere) _____ fiducia nel vostro amico, (seguire) _____ i suoi consigli, (fare) ____ cio che vi dice e vi troverete bene!

4 다음의 빈칸에 적절한 전치사를 넣으시오.

È mattina. Giaccomo si è alzato 1) ____ poco è come ogni giorno, prima 2) ____ andare 3)......ufficio, sta facendo il bagno. Mentre è 4) ____ vasca piena 5) _____ acqua calda, bussano 6) _____ porta. Giaccomo aspetta qualche minuto, ma dopo un po' esce 7)..........vasca 8)......bagno, si mette l'accapaio e va 9) __________ ingresso. Ancora tutto bagnato apre la porta 10) ____ suo appartamento: fuori, davanti 11) ____ lui, è'e uomo che vende spugne e spazzole 12) _____ il bagno. Giaccomo è contento perché 13) molti giorni pensa 14) ____ comprare una spugna e una spazzolina nuova.

명령법 Ⅲ 29

(Imperativo)

Ⅲ. 종류 및 그 사용

3. 명령법과 인칭 대명사의 결합

1)명령법과 직설법의 형태 차이

명령법을 사용하면서 가장 주의를 기울여야할 부분이 인칭 대명사들과 사용될 때에 그 인칭 대명사들의 위치 문제이다. 인칭의 종류와 수에 따라 인칭 대명사의 위치가 달라지기 때문에 정확한 사용이 요구된다. 이는 동사의 형태에 따라 그 문장이 나타내고자 하는 인칭, 시제, 법, 수 등이 나타난다는 이탈리아어의 문법적 특성을 고려한다면 이에 대한 정확한 사용이야말로 명령법 사용의 가장 중요한 문제이다.

Es. Mi telefona Paolo. (직설법 3인칭 단수 동사 형태)

Telefonami, Paolo! (명령법 2인칭 단수 동사 형태)

예제 1의 문장은 telefonare동사를 사용하여 직설법의 형태와 명령법의 동사 형태에 대한 비교구문이다. 먼저 직설법을 사용한 첫 번째 문장에서는 주어가 Paolo이며, mi라는 간접목적어를 사용하여 '빠올로가 나에게 전화한다' 라는 평서문을 표현한 것이다. 그러나 두 번째 문장에서의 주어는 tu이며, 동사 형태가 직설법이 아닌 명령법 2인칭 단수형으로 '빠올로, 나에게 전화해!' 라는 명령문을 나타낸 것이다. 이러한 구분이 가능한 이유는 명령법 상에서 목적격 인칭 대명사가 사용되는 경우에는 2인칭 단수와 복수, 3인칭 복수 형태의 동사들은 목적격 인칭 대명사를 동사 바로 뒤에 붙여 사용한다는 점에 의해서이다.

*Es.*2 Mi dice quel signore. (나에게 저 신사가 말한다: 직설법 3인칭 단수형)

Mi dica, signore! (저에게 말씀하시지요, 신사양반!: 명령법 3인칭 단수형)

2인칭 명령법의 형태와 달리 *3**인칭의 명령문**은 목적격 인칭 대명사들을 사용할 때 동사 뒤에 바로 붙여 사용하지 않고, **동사의 맨 앞에 목적격 인칭 대명사를 위치**시킨다는 점이 차이가 있다.

2)일반동사와 인칭 대명사의 사용

일반동사들과 인칭 대명사가 결합할 때에는 위에서 언급한대로 인칭 대명사의 위치가 가장 중요하다. 결론적으로 인칭 대명사가 2인칭이나 1인칭 복수형과 결합하느냐와 3인칭과 결합하느냐가 가장 중요한 사용상의 차이라 할 수 있다. **2인칭 단수/복수형, 1인칭 복수형과 결합하는 인칭 대명사의 위치는 동사의 뒤에 바로 붙여서 사용하며, 3인칭의 경우에는 이와 반대로 동사 앞에 사용한다.**

Es. Non spedire questa lettera oggi, ma spediscila doamni!

(이 편지를 오늘 보내지 말고, 그것을 내일 보내라!)

Fumiamo una sigaretta, ma fumiamola fuori!

(우리 담배 한 대 피우자, 그렇지만 밖에 나가서 피우자!)

Invitate il professore, invitatelo per telefono!

(너희들 교수님을 초대해라, 그렇지만 전화로 초대해라!)

Non dia questo libro oggi, lo dia domani!

(이 책을 오늘 주지 마시고, 내일 주십시오!)

Fumino una sigaretta, ma la fumino fuori!

(당신들 담배 한 대를 피우십시오, 그렇지만 나가서 피우십시오!)

Inviti Paolo e Sandra, li inviti tramite il fax!

(빠올로와 산드라를 초대하십시오, 그들을 팩스로 초대하십시오!)

Scrivi a mio padre, scrivigli oggi stesso!

(나의 아버지에게 편지를 써라, 바로 오늘 써라!)

Scriviamo agli amici, scriviamogli adesso!

(친구들에게 편지를 쓰자, 그들에게 지금 쓰자!)

Scrivate a sua madre, scrivatele domani!

(너희들 그의 어머니에게 편지 써라, 그녀에게 내일 써라!)

Scriva al direttore, gli scriva oggi!

(사장님께 편지 쓰십시오, 그에게 오늘 편지 쓰십시오!)

Scrivano a Anna, le scrivano domani!

(당신들은 안나에게 편지 쓰십시오, 그녀에게 내일 편지 쓰십시오!)

Mandami una cartolina, mandamela appena possibile!

(나에게 엽서 한 장을 보내라, 그것을 나에게 가능한대로 보내라!)

Mandateci un libro, mandatecelo appena possibile!

(너희들 우리에게 책 한 권을 보내라, 그것을 우리에게 가능한대로 보내라!)

Mi mandi una lettera, me la mandi appena arriverà!

(나에게 편지 한 장을 보내십시오, 저에게 그것을 도착하는 대로 보내십시오!)

Ci mandino quel pacco, ce lo mandino appena arriverà!

(우리에게 그 소포를 보내 주십시오, 우리에게 그것을 도착하는 대로 보내주십시오!)

3) 재귀동사의 명령법

재귀동사의 명령법을 따로 다루는 이유는 여기에 특별한 문법적 주의 사항이 있기 때문도 아니며, 특수한 동사 변화형을 취하기 때문은 더더욱 아니다. 다만, 재귀동사의 성격상 그 동사 변화에서 항상 재귀 인칭 대명사가 동반된다는 점에서 일반 동사들과의 사용상의 차이가 있을 뿐이다. 따라서 재귀동사의 명령법을 사용할 경우에는 **재귀 인칭 대명사의 위치를 가장 유의**해야 한다. 2인칭 단/복수형과 1인칭 복수형에서는 재귀 대명사가 동사 뒤에 위치하지만, 3인칭 단/복수형에서는 동사 앞에 위치한다. 또한 부정 명령법에서 다른 인칭들에서는 일반 동사들의 부정형과 차이가 없지만, **2인칭 경우에는 재귀 대명사의 위치가 동사 앞과 뒤에 모두 사용할 수 있다는 점**이 차이라 할 수 있다.

Es. Se è stanco, si accomodi e si riposi!

(피곤하시면, 편히 앉아서 쉬십시오!)

Se sono stanchi, si accomodino e si riposino!

(당신들 피곤하시면, 편히 앉아서 쉬십시오!)

Se sei stanco, accomodati e riposati!

(너 피곤하면, 편히 앉아서 쉬어라!)

Se siamo stanchi, accomodiamoci e riposiamoci!

(우리 피곤하면, 앉아서 쉬자!)

Se siete stanchi, accomodatevi e riposatevi!

(너희들 피곤하면, 앉아서 쉬어라!)

Non ti preoccupare! (=Non preoccuparti!)

(걱정하지 말아라!)

Non ti muover! (=Non muoverti!)

(움직이지 말아라!)

4. 직접 명령과 간접 명령

1)직접 명령

이탈리아어에서 명령법을 그 사용하는 대상이 누구냐에 따라 구분을 하면 직접 명령과 간접 명령으로 나눌 수 있다. 2인칭과 1인칭 복수형을 대상으로 하는 명령을 직접 명령이라 할 수 있는데, 보다 직접적인 명령의 의미가 강할 때 친구나 잘 아는 사이에 사용한다. 한 가지 직접 명령법을 사용할 때 주의해야할 사항은 직접적인 명령이나 강제성의 의미를 갖지 않는 경우에는 가능한 이와 같은 직접 명령은 될 수 있으면 피하는 것이 바람직하다는 점이다. 특히 그 의미가 부탁이나 청원의 성격을 가질 경우에는 더욱 그러하다. 따라서 일반적으로 2인칭을 목적으로 할지라도 이탈리아어에서 부탁이나 청원의 의미로 사용하는 법은 명령법보다는 직설법을 사용하는데, 이러한 경우에 사용하는 동사가 potere나 volere동사이다. 이들 동사가 갖는 의미는 '~할 수 있니' 또는 '~해주면 좋겠다' 의 의미를 갖는 것이다.

Es. Telefonami! (나에게 전화해!: 직접적 명령)

Mi puoi telefonare? (나에게 전화해 줄 수 있니? : 부탁이나 청원의 의미)

Mandateci questo libro! (우리에게 이 책을 보내라! : 직접적 명령)

Ci volete mandare questo libro?

(우리에게 이 책을 보내주면 좋겠는데?: 부탁이나 청원의 의미)

▶ 위의 두 예문은 명령법과 직설법을 사용한 명령의 의미를 나타낸 문장이다. 이들 두 문장이 갖는 특별한 문법적 차이는 없다. 다만, 그 어감 상의 차이가 있을 뿐이다. 직접적 명령의 의미를 갖는 '나에게 전화해!' 라는 문장은 강제와 명령의 의미를 담고 있지만, '나에게 전화해 줄 수 있니? '라는 문장은 명령의 의미보다는 부탁의 성격이 훨씬 강하다. 따라서 상대방에게 부탁이나 청원의 의미를 전하고자 할 때는 명령법을 사용하는 것보다 potere나 volere 동사의 직설법을 사용하는 것이 말의 느낌상 바람직하다는 의미이다.

2)간접 명령

2인칭을 대상으로 하는 직접적 명령의 의미를 갖는 직접 명령에 반해 간접 명령은 그 대상이 3인칭 단수와 복수, 즉 존칭의 의미를 갖는 상대방인 Lei와 Loro에 대한 우회적인 명령법이다. 보통 상대방과 잘 모르는 사이이거나 공식적 또는 상하관계라는 의미에서 사용되는 경우가 많다. 간접 명령이란 의미에서 알 수 있듯이, 간접 명령의 경우는 보다 정중하고 예의를 갖춘 명령과 부탁이 혼합된 형태라는 것을 알 수 있다. 그러나 이 경우에도 보다 격식을 갖추고, 상대방에게 사정이 허락하는 범위에서 무언가를 청할 때에는 조건법을 사용하는 경우가 많다. '~을 하시지요!' 라는 3인칭의 간접 명령은 강제적이고 명령적인 의미의 직접 명령보다 어느 정도는 강제성을 덜 띠기는 하지만, 간접적이지만은 여전히 명령적인 의미를 갖는다. 그러나 '~을 할 수 있다면 하시지요' 또는 '~을 해주시면 좋겠습니다' 라는 의미를 갖고 사용하는 조건법의 형태는 상대방의 의사나 여건에 따른다는 의미를 갖는 것이다.

Es. Mi passi il sale! (저에게 소금 좀 건네주세요!: 간접적 명령)

Mi passerebbe il sale. (저에게 소금을 건네주시면 좋겠습니다)

Ci dica quello che vuole! (우리에게 원하는 것을 이야기하세요!: 간접적 명령)

Ci direbbe quello che vuole. (우리에게 원하시는 것을 말씀하시면 좋겠습니다)

위의 예문들은 간접 명령의 형태와 조건법을 사용한 문장에 대한 차이를 나타내고 있는 문장들이다. 문법적인 차이라기보다는 의미상의 차이를 나타내기 때문에 상황에 따라 가장 적절한 의미를 전달할 수 있는 문을 선택적으로 사용하는 것이 바람직하다.

5. 특수한 형태의 명령법 동사들 및 그 사용

1)사용되는 동사의 종류와 범위

명령법을 사용하는 몇몇의 동사들은 인칭 대명사들과 결합하거나 대명부사들과 결합할 때 그 형태상에서 약간의 변화를 수반하는데, 이와 같은 변화를 동반하는 대표적인 동사들은 fare, dare, dire, stare, andare, andarsene등이다. 그러나 이들 동사들이 명령법 상에서 모든 인칭들이 변화가 되는 것은 아니고, 단지 2인칭 단수형의 직접명령일 경우 인칭 대명사가 목적격 보어와 결합하는 경우에서만 이러한 변화를 수반한다. 보통 인칭 대명사의 자음이 한 번 더 사용되는 복자음이 형성되는 것이 일반적이다.

	-mmi-		Dammi un libro, dammelo subito!
	-mme	-lo	Dammene almeno uno, per piacere!
		-la	Dacci dei soldi, papà! Dacceli, ti preghiamo!
da-		-li	Daccene molti!
		-le	
		-ne uno/a	
di-			
		-ne molti/e	
	-cci		
fa-			
			Prendi queste sigarette e dalle al professore!
		-lo	
			Se vedi Maria, dalle questa borsa!
		-la	
sta-			Dimmi la verità, dimmela!
	-cce	-li	
			Dilla solo a me!
		-ne uno/a	
			Dicci come stanno le cose.
		-ne molti/e	Ecco Maria, dille tutto!

sta-	-llo	Fammi un favore, fammelo te ne prego, non dirmi di no! Fa gli esercizi, ma falli dopo cena!
	-lla	
	-lli	
	-lle	
	-nne uno/a -nne molti/e	
	-lle(=a lei)	

2)Andare 동사와 ci의 결합형태

Andare 동사와 장소의 의미를 갖는 대명부사 ci와 결합할 때, 2인칭 단수 명령형에서 자음c가 중복되어 사용된다.

Se	vuoi vuole vogliamo volete vgliono	andare al cinema,	Se	vacci ci vada andiamoci con l' autobus! andateci ci vadano

3)Andarsene의 변화형태

'가버리다' 정도의 의미를 갖는 andarsene 동사가 2인칭 단수 명령형에서는 자음 t가 중복되어 사용된다.

Non voglio ripeterlo,	vattene!	
	non andartene!	
		se ne vada!
	non	andiamocene!
		andatevene!
	se ne vadano!	

단어정리 자동차에 관련된 용어(6)

carrozzeria sf. 차체

motore a quattro tempi sf. 4회전 엔진

motore a due tempi sf. 2회전 엔진 소음기

differenziale sm. 차동장치

ruota di scorta sf. 스페어타이어

catene antineve sf.pl. 스노우 체인

calotta sf. 후다

antifurto sm. 도난방지 장치

copriruota s.f. 바퀴덮개

cinture di sicurezza sf.pl. 안전 벨트

dadi di ancoraggio sm. 바퀴 고정 휠

poggiatesta sf. 머리 받침대

motore a scoppio sm. 내 연기관

gancio di traino sf. 견인 고리

mozzo sm. 피스톤 축

chiusura centralizzata sf. 중앙잠금 장치

motore rotativo sm. 회전 기관

marmitta catalitica sf. 촉매 반응 소음기

회화 까를로와 삐에뜨로 (Carlo e Pietro)

Carlo: Ciao! come stai Carlo?

Pietro: Sto bene, grazie, e tu?

Carlo: Anch' io sto bene. Che cosa ci fai qui?

Pietro: Sto soltanto passeggiando un po' con questa bici.

Carlo: Che bella! Eh..... Pietro, fammi un piccolo favore?

Pietro: Dimmi pure.

Carlo: Mi presti la tua bicicletta? Vorrei farci un giro.

Pietro: No, non te la presto.

Carlo: Ma perché non vuoi prestarmela? Ci faccio soltanto un giretto qui intorno.

Pietro: No, è mia e non voglio dartela neanche per un giretto!

Carlo: Ma io ti faccio giocare con le mie macchine ed anche con il videogioco: sei cattivo oggi!

Pietro: E va bene, prendila e facci un giretto qui intorno, ma non fare come altro ieri, mi raccomando

강독 Sinddy scomparsa II

Il giorno dopo Esposito va alla sfilata e osserva il mondo della moda. Nella sala cocktail, vede Mozambo insieme ad un personaggio importante. C'è anche Aida, la segretaria dello stilista. La ragazza propone ad Esposito di andare da un' amica di Sindy. All' arrivo, mentre Aida parcheggia la macchina, due uomini aggrediscono Esposito.

La mattina dopo l'investigatore torna da Bruno Mozambo. Aida non c'è. Quando esce dall atlier, trova un biglietto sulla macchina: qualcuno lo vuole incontrare a piazza del Duomo alle ore dieci.

All' appuntamento si presenta Aida. La ragazza si scusa per l'incidente della sera prima, poi racconta molte cose su Sindy. Infine, dice ad Esposito di andare davanti alla Scala, il Teatro dell' Opera di Milano.

Quando Esposito arriva davanti alla Scala, il teatro è ancora chiuso. Il ditecite legge il programma dello spettacolo serale e poi decide di andare a vcdcrc la vccchia casa di Sindy. La modella abitava in una mansarda. Ora c'e solo un ragazzo che, dopo una discussione, dice ad Esposito di non sapere nulla di lei. Poco prima, però, due uomini sono passati a prendere una borsa: è la borsa di Sindy. Esposito corre per le scale. In strada, vede due uomini scappanti in moto. Dopo un inseguimento in taxi, l'investigatore riesce ad avere la borsa. Dentro trova il diario della ragazza.

Sul diario Sindy ha scritto: l'arrivo a Milano, il lavoro come modella, l'incontro con la cocaina, la sua storia d'amore con il Ministro degli Esteri Giuseppe Di Siviglio, gli affari tra Mozambo e il ministro, la collaborazione con un' organizzazione di trafficanti e, infine, la decisione di lasciare tutto e fuggire.

Finalmente Esposito ritrova Sindy. Poco dopo arriva anche Kate Maxwell, che ha seguito l'investigatore. La donna non è la vera madre della ragazza, ma una trafficante di droga che vuole ucccidere Sindy. Anche Esposito dovrà morire. All' ultimo momento, una suora riesce a salvarli.

*Itiliano Facile*시리즈 중에서

Esercizio

① 주어진 동사의 형태를 명령문으로 전환하시오.

1) Questo disco è bello: (ascoltarlo)...........anche tu!

2) Se vedete Maria, (salutarla)........da parte mia!

3) Quando hai finito di leggere il giornale, (passarmelo)............!

4) Marco è senza macchina: (prestargli)..........la nostra!

5) Se loro vanno al cinema, (andarci)........anche voi!

6) Franco non sa che Luisa e tornata: (dirlo)............noi!

7) Se volete fare felice Anna, (regalarle)...........dei fiori!

8) Se ha deciso di cambiare macchina, (farlo)............subito, prima che i prezzi aumentino!

9) Quel ragazzo è già ubriaco: non (dargli).............piu da bere!

10) Oggi l'aria è umida: (coprirsi)...........bene!

11) Se non Le interessa ascoltare la radio, (spegnerla)..........pure!

12) Ho voglia di bere un po' di aranciata: (offrirmene)..........un bicchiere!

13) Le statistiche non dicono sempre la verita: (crederci) ____ !

14) Posso fare tutto da solo: non (preoccuparsi) ____ per me!

② 다음의 주어진 동사와 대명사를 결합하여 명령문의 형태로 전환하시오.

1) Non ho tempo di andare alla posta: (andarci) ____ tu, per favore!

2) Hai comprato una borsa? (farmela) ____ vedere!

3) Laura è sola: (fare) ____ compagnia tu!

4) Devo ditri una cosa importante: (starmi) ____ a sentire!

5) Questo libro è di Anna: quando la vedi, (darqlielo) ____ , per favore!

6) Se incontri Giulio, (dirqli) ____ che lo aspetto a casa!

7) Abbiamo finito il vino, (darci) ____ un po' del tuo!

8) Se vuole aprire la finestrla, (aprirla) ____ pure!

9) Quando ha finito di guardare il giornale, (passarmelo) _____ , per favore!

10) Se vogliono fumare le sigarette Loro, (fumarle) _____ fuori, per favore!

11) Maria è curiosa di sapere quanto tempo Lei resta qui: non (dirqliele) ____ .

12) Se vuole invitare i Suoi amici, (invitarli ____ sta sera!

13) L'antipasto è ottimo: (perenderlo) ____ anche Loro!

14) Se c'è qualcosa inconveniente per Lei, (dirmelo) ____ subito!

③ 다음의 간접 명령의 형태를 직접 명령으로 전환시키시오.

1) Mario, prenda la borsa e me la porti!

➡

2) Vede quel signore? Vada da lui e gli consegni questa lettera!

➡

3) Chiuda la porta, la chiuda bene, perché c'è corrente.

➡

4) Tenga queste chiavi e le metta nella borsa!

➡

5) Lei non sta bene, ha un brutto aspetto, vada a casa, ci vada subito e chiami il medico.

➡

6) Non la voglio di più: se ne vada!

➡

7) Prenda questa cartaccia e la butti nel cestino!

➡

8) Stia calmo. Non si arrabbi!

➡

9) Paolo, il pacchetto delle mie sigarette è vuoto, vada a comprarmene uno!

➡

10) Maria, La prego, mi perdoni, non l'ho fatto apposta.

➡

11) Mario, Lei ha rotto la macchina, paghi i danni!

➡

12) Parli, mi dica la verita: chi ha rubato la macchina?

➡

13) Sia furbo, si faccia aiutare dalla signorina!

➡

14) Per questa volta La perdono, ma non la faccia piu!

➡

15) È un uomo di grande onestà, si fidi completamente di lui.

➡

16) Non si vergogni quello che ha fatto!

➡

4 다음의 직접 명령의 형태를 간접 명령의 형태로 전환시키시오.

1) Non dimenticarti della promessa che mi hai fatto!

➡

2) Non credere che la richezza sia tutto nella vita!

➡

3) Se Laura ti chiede questo favore, non rifiutarglielo!

➡

4) Non andartene: alle sei abbiamo una unione!

➡

5) Quella lampada serve a me: non spegnerla, per favore!

➡

6) Le scarpe con il tacco sono scomode: non mettertele!

➡

7) In terrazza fa freddo: non andarci!

➡

8) Anche se credi che Carla abbia torto, non dirglielo apertamente!

➡

9) Le indicazioni che ti hanno dato sono sbagliate: non seguirle!

➡

10) Non è un luogo adatto per i bambini: non portarceli!

➡

5 다음의 빈칸에 적절한 전치사를 넣으시오.

1)Ti ho parlato spesso ____ Giorgio, quel mio amico che vive.........Stati Uniti.

2) Stasera vado ____ cena ____ i miei amici.

3) Ho molta fiducia ____ mio medico.

4) Ho prestato la macchina ____ mia sorella.

5) Contiamo molto ____ vostro aiuto.

6) Fausto vuole comprare un regalo _____ sua moglie _____ il suo compleanno.

7) Ho ritrovato una vecchia lettera ____ le pagine ____ un libro.

8)Sandra ha ricevuto una lettera ____ suoi figli che studiano ____ Londra.

9)Franco ha ricevuto un invito ____ cena ____ suo capoufficio.

10)Elena ha ballato tutta la sera ____ Filippo.

11)Maurizio vive ____ una grande città ____ Nord.

12)Spesso, ____ agosto, ____ motivi ____ lavoro, non vado ____ ferie.

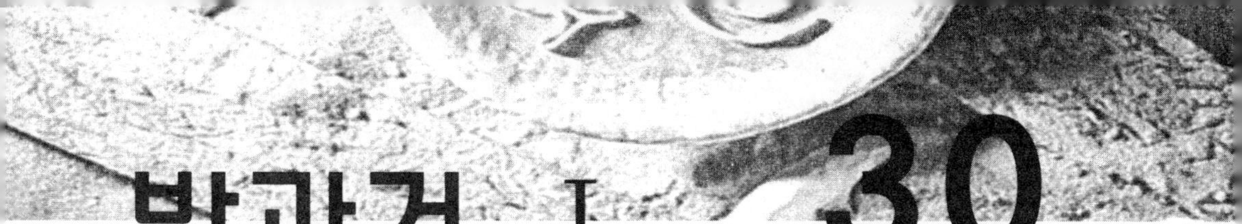

반과거 Ⅰ 30

(Imperfetto)

Ⅰ. 의미와 개념

1.반과거의 의미

이탈리아어의 시제는 앞에서 이야기한 대로 8가지의 기본적인 직설법 시제를 갖고 있다. 이들 8가지 시제 중에서도 가장 기본이 되는 시제는 보통 4가지로 정리할 수 있다. 현재, 미래, 근과거, 반과거가 바로 가장 기본적인 시제이다. 특히 회화체에서 주로 사용되는 직설법상의 시제는 바로 이 4가지 시제를 중심으로 이루어지고 있다. 지금까지 우리는 이 4가지 세제 중에서 3가지를 이미 배웠다. 이번 장에서는 이 4가지 기본 시제의 마지막 시제인 반과거 시제를 배우려고 하는 것이다.

이탈리아어에서 반과거는 가장 대표적인 불완료(Imperfetto) 시제이다. 불완료라는 의미는 단어의 뜻에서 알 수 있듯이 아직 완료되지 않은 상태를 의미하는 말이다. 이는 반과거가 과거의 한 시점에서 동사가 나타내고자 하는 상황이나 상태가 아직 종료되거나 완료되지 않았다는 것을 의미한다고 볼 수 있는 것이다. 즉, 언제부터 시작되었는지 혹은 언제 끝날지는 나타나 있지 않지만, 그 동사가 표현하는 그 시점에서는 그 상황이 아직 끝나지 않았다는 것을 의미하는 것이다.

Es. Maria tornava a casa. (마리아는 집에 돌아오고 있었다; 과거의 일정 시점에서의 동작이 진행되고 있다는 것을 나타내고 있다).

Ieri sera pioveva molto. (어제 저녁에 비가 많이 왔었다; 어제 저녁 내내 비가 많이 왔다 라는 의미로 위의 문장이 나타내는 시점에서 비가 오고 있었다는 것을 나타낸다.)

Lui stava male ieri notte. (그는 어제 밤에 몸이 좋지 않았었다; 그가 어제 저녁이라는 시점에서 몸이 좋지 않았다는 것을 나타낸다)

Quando avevo 16 anni, ero un giocatore di calcio.

(내가 16살이었을 때, 나는 축구 선수였었다; 16살이라는 과거 시점에서 축구 선수였다는 의미를 나타낸다)

2. 반과거와 다른 과거 시제와의 사용상의 차이

일반적으로 하나의 언어 체계 안에는 동사가 나타내는 그 상황이나 상태는 문법적으로 정리가 되어 있는 것이 보통이다(영어가 그 대표적 언어라 할 수 있다). 그러나 이탈리아어는 동사가 나타내고자 하는 상태나 상황이 특별히 문법적으로 체계화되어 있지는 않지만, 다음의 3가지 주요한 과거 시제를 동사가 나타내고자 하는 상황의 상태를 기준으로 다음과 같이 구분할 수 있다. **원과거(passato remoto)는 동사가 나타내고자 하는 상황이 완전히 완료되어 현재와 전혀 무관한 상황**을 나타낼 때 사용하며(aspetto perfetto), **반과거(imperfetto)는 상황이 완료되지 않은 상태**를 나타내고(aspetto imperfetto), **근과거(passato prossimo)는 이미 발생한 사실이나 사건은 종료**되었지만(aspetto compiuto), **그 결과나 효과가 현재에도 영향**을 미쳐, 상황이 진행될 때 사용한다. 다음의 예문은 이와 같은 3가지 시제를 보다 명확하게 구분한 것이다.

*Es.*1 Maria tornò a casa.

(원과거; 상황이 종료되어 현재와 무관한 상태)

Maria tornava a casa.

(반과거; 과거에 발생한 상황이 표현 시점에서 아직 종료되지 않은 상태)

Maria è tornata a casa.

(근과거; 상황이 완결되었지만, 그 결과나 효과는 현재까지 지속되는 상태)

바로 이러한 차이 때문에 피렌체를 중심으로 한 또스까나 지방에서는 아주 가까운 과거에 발생한 상황이라도 현재와 관련이 있느냐 또는 없느냐에 따라 근과거를 사용하기도 하며, 원과거를 사용하는 것이다. 그러나 일반적으로 현대 이탈리아어에서는 원과거는 역사적으로 발생한 사실이나 보다 오래된 과거의 상황을 나타내는 쪽으로 그 사용이 점점 단순화되어 가고 있으며, 회화체의 경우에는 상황의 종료라는 면에서 근과거의 사용을 선호하는 편이다.

Ⅱ.반과거 시제의 동사변화

직설법 현재 시제의 동사변화를 잘 숙지한 이들에게는 반과거의 동사 변화형은 비교적 쉬운 편이다. 거의 대부분의 동사들이 규칙적으로 변화하며, 불규칙적으로 변화하는 동사들은 그리 많지도 않으며 그 형태 또한 비교적 단순한 편이고, 변화의 폭이 그리 크지 않기 때문에 보다 쉽게 동사변화 형을 숙지할 수 있다.

1.규칙변화

1)제 1군 동사형(-are 동사군):andare 동사의 변화형태

io	and***avo***	noi	and***avamo***
tu	and***avi***	voi	and***avate***
lui/lei/Lei	and***ava***	loro/Loro	and***avano***

Es. Aandavo in spiaggia per prendere il sole e nuotare.

(나는 일광욕하고 수영하기 위해서 해변에 갔었다)

Andavamo in tempo per la cena.

(우리는 제시간에 저녁 먹으러 갔다)

Anche tu andavi spesso al mare con Paolo?

(너는 자주 빠올로와 함께 바다에 갔었니?)

Luca e i suoi amici andavano a ballare la sera.

(루까와 그의 친구들은 저녁에 춤추러 가곤 했다)

Da qualche anni lui andava in Francia per passare le vacanze.

(몇 년 전부터 그는 프랑스에 바캉스를 보내기 위해 갔었다)

▶주요 1군 동사들의 변화형은 다음의 표와 같다.

	io	tu	Lei/lui/lei	noi	voi	Loro
restare	restavo	restavi	restava	restavamo	restavate	restavano
guardare	guardavo	guardavi	guardava	guardavamo	guardavate	guardavano
salutare	salutavo	salutavi	salutava	salutavamo	salutavate	salutavano
stare	stavo	stavi	stava	stavamo	stavate	stavano
pensare	pensavo	pensavi	pensava	pensavamo	pensavate	pensavano
ascoltare	ascoltavo	ascoltavi	ascoltava	ascoltavamo	ascoltavate	ascoltavano
aspettare	aspettavo	aspettavi	aspettava	aspettavamo	aspettavate	aspettavano
fumare	fumavo	fumavi	fumava	fumavamo	fumavate	fumavano
tornare	tornavo	tornavi	tornava	tornavamo	tornavate	tornavano
preparare	preparavo	preparavi	preparava	preparavamo	preparavate	preparavano
imparare	imparavo	imparavi	imparava	imparavamo	imparavate	imparavano
lavorare	lavoravo	lavoravi	lavorava	lavoravamo	lavoravate	lavoravano
comprare	compravo	compravi	comprava	compravamo	compravate	compravano
ricordare	ricordavo	ricordavi	ricordava	ricordavamo	ricordavate	ricordavano
parlare	parlavo	parlavi	parlava	parlavamo	parlavate	parlavano
studiare	studiavo	studiavi	studiava	studiavamo	studiavate	studiavano
mangiare	mangiavo	mangiavi	mangiava	mangiavamo	mangiavate	mangiavano
cominciare	cominciavo	cominciavi	cominciava	cominciavamo	cominciavate	cominciavano
giocare	giocavo	giocavi	giocava	giocavamo	giocavate	giocavano

pagare	pagavo	pagavi	pagava	pagavamo	pagavate	pagavano
cercare	cercavo	cercavi	cercava	cercavamo	cercavate	cercavano

Es. Restavo a casa di Paolo a questa ora.
(나는 이 시간에 빠올로의 집에 남아 있었다)
Mentre mangiavamo, guardavamo la TV.
(우리는 식사를 하면서 텔레비전을 보았다)
Si salutavano cordialmente per strada.
(그들은 길에서 다정스럽게 인사했었다)
Quando Anna stava casa, il suo amico l'ha chiamata.
(안나가 집에 있었을 때, 그녀의 친구가 그녀에게 전화했다)
Pensavamo di sbagliarci tutto.
(우리가 오나전히 틀렸다고 생각했었다)
Chi aspettavi a quell'ora?
(너는 누구를 그 시간에 기다렸니?)
Quando parlavate, nessuno ascoltava.
(너희들이 이야기했을 때, 아무도 듣지 않았다)
Mentre Luca aspettava l'autobus, fumava una sigaretta.
(루까는 버스를 기다리는 동안에, 담배 한 개피를 피웠다)
Imparavate il francese l'anno scorso?
(지난해에 프랑스어를 배웠니?)
Cominciavamo a studiare l'italiano.
(우리는 이탈리아어 공부를 시작했습니다)
Non giocava a tennis con i suoi amici in quel momento.
(그 시간에 그의 친구들과 테니스하지 않았다)
Viaggiavano in Lombardia quando abitavano a Milano?
(그들은 밀라노에 살았을 때, 롬바르디아 주를 여행했다)
Cercavo la mia borsa nell' ufficio di Paolo.
(나는 빠올로의 사무실에서 나의 가방을 찾았다)

반과거의 동사변화 형들은 비교적 단순한데, 규칙변화의 경우에도 직설법의 다른 시제들과 달리 -iare 혹은 -ciare나 -giare로 끝나는 동사들도 일반 형들의 변화와 동일하게 변화한다. 따라서 변화의 예외성이 제 1군 동사형에는 존재하지 않는다. 또한 직설법 현재 시제에서는 불규칙이었던 동사들 중에서 andare, dare, stare 등의 동사들이 규칙적으로 변화하는 것도 반과거 동사변화의 특징 중의 하나이다.

2) 제 2군 동형(-ere 동사군) :scrivere (쓰다)의 동사 변화형

io	scriv***evo***	noi	scriv***evamo***
tu	scriv***evi***	voi	scriv***evate***
lui/lei/Lei	scriv***eva***	loro/Loro	scriv***evano***

Es. Io scrivevo una lettera a Paolo.

(나는 빠올로에게 편지 한 장을 썼다)

Srivevamo a macchina ieri notte.

(우리는 어제 저녁에 타자로 편지를 썼었다)

Da due anni lei scriveva una cartolina a suo padre.

(2년 전부터 그녀의 아버지에게 엽서를 썼었다)

▶주요 2군 동사들의 변화형은 다음의 표와 같다.

	io	tu	lui/lei/Lei	noi	voi	loro/Loro
avere 갖다	avevo	avevi	aveva	avevamo	avevate	avevano
sapere 알다	sapevo	sapevi	sapeva	sapevamo	sapevate	sapevano
potere 할 수 있다	potevo	potevi	poteva	potevamo	potevate	potevano
dovere 해야한다	dovevo	dovevi	doveva	dovevamo	dovevate	dovevano
volere 하고 싶다	volevo	volevi	voleva	volevamo	volevate	volevano
leggere 읽다	leggevo	leggevi	leggeva	leggevamo	leggevate	leggevano
conoscere 알다	conoscevo	conoscevi	conosceva	conoscevamo	conoscevate	conoscevano
chiedere 묻다	chiedevo	chiedevi	chiedeva	chiedevamo	chiedevate	chiedevano
prendere 잡다	prendevo	prendevi	prendeva	prendevamo	prendevate	prendevano
mettere 놓다	mettevo	mettevi	metteva	mettevamo	mettevate	mettevano

Es. Ho bevuto l'acqua perché avevo sete. (나는 목이 말라서 물을 마셨다)
Ancora non lo sapevo. (아직 나는 그것을 몰랐다)
Potevamo pulire in quell' ora. (우리는 그 시간에 청소할 수 있었다)
Doveva finire il suo studio in Italia. (그는 이탈리아에서 공부를 끝내야만 했다)
Volevate venire da noi in quel momento? (너희들은 그 순간에 우리에게 오고 싶었니?)
Che cosa leggevi dopo il pranzo di ieri? (어제 점심 후에 너는 무엇을 읽었니?)
A che ora prendevate il treno? (너희들은 기차를 몇 시에 탔니?)

3)제 3군 동사형(-ire 동사군) 변화: partire (출발하다)/finire (끝내다)의 변화 형태

	io	tu	lui lei/Lei	noi	voi	loro/Loro
partire	part***ivo***	part***ivi***	partiva	part***ivamo***	part***ivate***	part***ivano***
finire	fin***ivo***	fin***ivi***	vin***iva***	fin***ivamo***	fin***ivate***	fin***ivano***

Es. Partivamo a Firenze per passare le vacanze.
(우리는 바캉스를 보내기 위하여 피렌체로 떠났다)
Partiva da solo per Torino. (그는 혼자서 또리노로 떠났다)
Loro finivano la ricerca di Gramsci.
(그들은 그람쉬에 대한 연구를 끝냈다)

▶주요 3군 동사들의 변화형은 다음의 표와 같다.

	io	tu	lui lei/Lei	noi	voi	loro/Loro
dormire 잠자다	dormivo	dormivi	dormiva	dormivamo	dormivate	dormivano
aprire 열다	aprivo	aprivi	apriva	aprivamo	aprivate	aprivano
sentire 느끼다	sentivo	sentivi	sentiva	sentivamo	sentivate	sentivano
capire 이해하다	capivo	capivi	capiva	capivamo	capivate	capivano
spedire 부치다	spedivo	spedivi	spediva	spedivamo	spedivate	spedivano
pulire 청소하다	pulivo	pulivi	puliva	pulivamo	pulivate	pulivano

Es. Dormivo quando lui è tornato a casa.

(그가 집에 돌아왔을 때 나는 자고 있었다)

I negozi aprivano dalle poche ore.

(상점들은 몇 시간 전에 열었다)

Spedivamo questo pacco a nostra madre ieri.

(우리는 어제 이 소포를 우리 어머니에게 부쳤습니다.)

La mamma puliva la casa tre volte alla settimana.

(어머니는 일주일에 3번 청소를 하셨다)

2. 불규칙 변화

반과거의 경우에는 다른 시제와 달리 불규칙 변화 형태가 그리 많지 않은 편이다. 직설법 현재시제 동사변화에서 주로 c가 삽입되었던 불규칙 변화 동사들이 반과거에서도 불규칙적으로 변화하는 경우가 많다. 그러나 불규칙 형태라 할지라도 그리 변화의 폭이 심하지 않은 것이 특징이라 할 수 있다.

	io	tu	lui lei/Lei	noi	coi	loro/Loro
fare 하다	facevo	facevi	faceva	facevamo	facevate	facevano
essere 이다	ero	eri	era	eravamo	eravate	eravano
cuocere 요리하다	cocevo	cocevi	coceva	cocevamo	cocevate	cocevano
trarre 꺼내다	traevo	traevi	traeva	traevamo	traevate	traevano
muovere 움직이다	movevo	movevi	moveva	movevamo	movevate	movevano
bere 마시다	bevevo	bevevi	beveva	bevevamo	bevevate	bevevano
porre 놓다	ponevo	ponevi	poneva	ponevamo	ponevate	ponevano
tradurre 번역하다	traducevo	traducevi	traduceva	traducevamo	traducevate	traducevano
dire 말하다	dicevo	dicevi	diceva	dicevamo	dicevate	dicevano

Es. Facevamo una festa per Maria. (마리아를 위해 파티를 열었다)

Eravate con loro a quello'ora? (그 시간에 그들과 함께 있었습니까?)

Cocevo qualche piatto speciale per lui a casa mia.

(나의 집에서 그를 위해 나는 몇 가지 특별 요리를 하였다)

Traevano le conclusioni di quel dibattito.

(그 토론에 대한 결론을 도출 하였다)

Movevate velocemente in quel giorno?

(그날 너희들은 빨리 움직였니?)

Bevevo troppo vino ieri sera.

(어제 저녁에 너무 많은 포도주를 마셨다)

Ponevi ogni cosa in ordine?

(모든 물건들을 정리하였느냐?)

Traducevo una volta il suo libro in coreano.

(나는 언젠가 그의 책을 한국어로 번역하였다)

Ⅲ. 반과거의 사용과 근과거와의 비교

1. 사용상의 비교

1)차이

이탈리어를 처음 배우는 한국인들이 과거시제를 사용할 때 가장 어려워하는 부분중의 하나가 바로 이 반과거와 앞에서 배운 근과거의 정확한 구별과 사용일 것이다. 문법적으로 두 시제의 차이를 표현하면 다음과 같다: 근과거가 일반적으로 과거에 있어 하나의 상황이나 동작이 완료되었거나, 일정 기간 동안에 행해졌던 사실을 나타내는데 반하여, 반과거는 표현하고자 하는 과거의 시점에서 아직 그 동작이나 상황이 종료되지 않았을 때 사용하는 시제이다. 몇 마디의 언어적 표현으로 이러한 차이를 명확히 하는 것은 다소 어려운 일이다. 그러면 다음의 몇 가지 예문을 통하여 보다 구체적으로 이와 같은 차이에 대해 알아보도록 하겠다.

*Es*1. Ho fatto il commesso per due mesi ➡ 근과거 문장

Facevo il commesso il 15 maggio. ➡ 반과거 문장

▶ 예제 1의 문장은 근과거와 반과거의 가장 커다란 차이를 나타내주는 문장이라 할 수 있다. 근과거 문장의 의미는 '내가 2개월간 점원으로 일했다' 는 것을 나타낸다. 즉, 2개월간 점원을 했고(상황의 완료), 2개월 이후에는 그 점원 일을 하지 않았다는 것을 의미한다. 그러나 반과거 문장은 '내가 5월 15일에 점원으로 일했다' 는 단순히 당시의 상황을 표현한 문장으로, 언제까지라는 완료의 시점이 없지만, 그 이후에도 점원으로 일을 했다 라는 것을 의미하는 것이다.

*Es.*2 Quando stava in Italia, ha frequentato un corso d' italiano per 6 mesi.

➡ 근과거 문장과 반과거 문장의 복합적 사용

▶ 예제 2의 문장은 '그가 이탈리아에 있었을 때, 6개월간 이탈리아어 과정을 다녔다' 라는 의미로 6개월이라는 기간에는 이탈리아어 강좌를 수강했지만, 그 이후에는 그 강좌의 수강을 종료했다는 의미이다. 또한 그가 강좌를 수강했던 6개월이라는 기간 이외에도 그는 이탈리아에 있었다는 상황을 나타낸 것이다.

*Es.*3 Quando Maria mi ha telefonato, ero in bagno.

➡ 근과거 문장과 반과거 문장의 복합적 사용

▶예제 3의 문장은 '마리아가 나에게 전화했을 때, 나는 욕실에 있었다' 라는 것을 표현한 문장이다. 이는 언제부터 내가 욕실에 있었는지, 혹은 언제까지 욕실에 있었는지 나타나 있지 않지만, 마리아가 전화한 순간에 욕실에 있었다는 의미로 반과거를 사용하였으며, '마리아가 나에게 전화했을 때' 라는 동작과 같이 과거의 상황에서 하나의 다른 동작이 개입하여 완료되었을 때에는 근과거 시제를 사용한다.

2)반과거의 사용

① 하나 혹은 그 이상의 과거 동작이나 상황을 그 시점에서 나타내고자 할 때

Es. Dormivo ancora alle 8.

(나는 8시에 아직 자고 있었다)

Aspettavamo Luigi in quello'ora.

(그 시간에 우리는 루이지를 기다리고 있었다)

Luca e Paolo mangiavano insieme a casa.

(루까와 빠올로는 집에서 함께 저녁을 먹었다)

② 과거의 동작이나 상황이 계속적으로 반복하여 일어날 때 (보통 과거의 규칙적 습관을 나타낸다)

Es. Paola invitava Giulio a pranzo tutte le domeniche del mese scorso.

(빠올라는 줄리아를 지난달의 매주 일요일에 초대했다

Da bambino andavo al mare con i miei genitori.

(어렸을 때부터 나는 부모님들과 바다에 갔다)

In quel periodo loro uscivano spesso di casa a ballare.

(그 당시에 그들은 자주 춤추러 나갔다)

③ 과거에 있어 동작이 동시적으로 발생하는 경우 mentre라는 접속사를 사용하여 '~하면서, ~하였다' 라는 동작의 동시성을 나타낼 때

Es. Mentre leggevo il giornale, aspettavo il mio turno.

(나는 신문을 읽으면서 나의 차례를 기다렸다)

Mentre scriveva una cartolina, ascoltava la radio.

(그는 엽서 한 장을 쓰면서 라디오를 들었다)

▶ 그러나 mentre가 '~ 하는 동안에' 라는 quando와 같은 의미로 사용될 때에, 뒤에 오는 문장이 동작의 개입이라는 의미를 갖는 경우에는 근과거 형을 사용할 수도 있다.

Es. Mentre dormivo, è suonata la sveglia.

(내가 잠을 자는 동안에 자명종이 울렸다)

Mentre mangiavo, sono arrivati i miei amici.

(내가 식사하는 동안에 내 친구들이 도착했다)

3)근과거의 사용

① 과거의 일정 기간 동안이나, 어느 시점에서 발생한 동작이나 사실이 종료되었을 때 사용

Es. Sono uscito ieri sera con Claudio.

(나는 어제 끌라우디오와 함께 나갔다)

Per due settimane abbiamo preso un corso di francese.

(우리는 2주 동안 프랑스어 강좌를 들었다)

Loro sono arrivati il primo luglio.

(그들은 7월 1일에 도착했다)

② 과거의 동작이나 사실이 습관성을 갖고 일어나는 것이 아니라 불규칙적으로 발생했다는 것을 나타낼 때 사용

Es. L'estate scorsa siamo andati al mare spesso.

(지난 여름에 우리는 자주 바다에 갔다)

Da giovane Mario ha cambiato molte volte lavoro.

(젊었을 때부터 마리오는 여러 번 일을 바꾸었다)

Quando ero piccolo, ho dormito spesso dai nonni.

(내가 어렸을 때 자주 조부 댁에서 잤다)

③ 둘 이상의 과거의 동작이 순차적으로(순서적으로) 발생할 경우에 사용

Es. Ieri sera, ho mangiato e poi ho guardato la TV.

(어제 저녁에 나는 식사를 한 뒤, 텔레비전을 보았다)

Prima ho scritto una lettera, poi ho letto un libro.

(먼저 나는 편지를 한 장 쓴 뒤에 책 한 권을 읽었다)

2. 반과거와 근과거 시제의 복합적 사용

근과거 시제와 반과거 시제를 복합적으로 사용하는 경우에 가장 쉬운 구별의 방법은 개입되는 동작이 보통 근과거로 표현되며, 하나의 동작이 개입되기 전까지의 상황을 나타내는 문장이 반과거로 나타난다는 사실이다.

Es. Mentre andavo in centro, ho incontrato Luca.

(나는 시내로 가는 동안에 루까를 만났다)

Quando loro sono arrivati, io non dormivo ancora.

(그들이 도착했을 때, 나는 아직 자고 있지 않았다)

Quando Luigi ha cominciato quel lavoro, aveva solo venti anni.

(루이지가 그 일을 시작했을 때 그는 겨우 20살이었다)

3. 사용되는 부사구의 차이

1) 반과거에서 자주 사용되는 부사구들

반과거 시제에서 주로 사용되는 부사구들은 시간을 나타내는 부사구들이 대부분이며, 동시성을 나타내는 mentre라는 접속사가 사용되기도 한다. 흔히 사용되는 부사구들은 nel momento in cui, a quest ora, in quel momento, da un anni(mesi, settimane, giorni, ecc.)등이다.

Es. Mentre andavo a casa, ho comprato un pacchetto di sigaretta.

(나는 집에 가는 동안에 담배 한 갑을 샀다)

Paolo è arrivato nel momernto in cui noi andavamo via.

(우리가 가려고 하는 순간에 빠올로는 도착하였다)

Ieri a quest'ora eravamo ancora a Torino.

(어제 그 시간에 우리는 아직 또리노에 있었다)

Lavoravo da due anni da quando ho fatto la prima vacanza.

(첫 번째 휴가를 가졌던 때로부터 2년 동안 나는 일을 하였다)

2) 근과거에서 자주 사용되는 부사구들

이에 반해 근과거에서 사용되는 부사구들은 시간을 나타내기는 하지만, 일정 기간을 나타내는 부사구들이 대부분이다. 또한 빈도를 의미하는 부사구들도 많이 사용된다. 자주 사용되는 부사구들은 tutto il giorno (il mese, l' anno, ecc.), per un anno(un mese, una settimana, ecc.), da.......a, fino a........ , una volta, molte volte, ecc. 등이다.

Es. Ieri siamo rimasti a casa tutto il giorno. (어제 우리는 하루 종일 집에 남아있었다)

Ho lavorato per un anno in un' officina. (나는 수리공장에서 1년간 일하였다)

Sono stato a Parigi da gennaio a marzo. (나는 파리에 1월부터 3월까지 있었다)

Ho dormito fino a mezzogiorno. (나는 정오까지 잤다)

In quel periodo siamo usciti molte volte insieme.

(그 당시에 우리는 여러 번 함께 외출했다)

3) 반과거와 근과거에 모두 사용할 수 있는 부사구들

다음의 부사들은 상황에 따라 반과거와 근과거 시제 모두에 사용된다: quando, sempre, mai, tutti i giorni(i mesi, gli anni, ecc.), ogni volta, tutte le volte, allora, di solito, spesso, ecc.

Es. Quando lui è partito, la madre è rimasta sola.

(그가 떠났을 때 어머니는 홀로 남으셨다)

Quando lui parlava, nessuno l'ascoltava.

(그가 이야기 할 때 아무도 듣지 않았다)

Maria e andata sempre bene a scuola.

(마리아는 항상 학교에 잘 다녔다)

Da giovane viaggiavo sempre in moto.

(젊었을 때부터 나는 항상 오토바이로 여행을 했다)

Non ho mai visto Venezia.

(나는 베네치아를 한 번도 보지 못했다)

In quel periodo non facevo mai tardi la sera.

(그 당시에 나는 한 번도 저녁에 늦게까지 있지 않았다)

Per andare a Roma ho preso ogni volta il treno.

(로마로 가려고 할 때 나는 매번 기차를 탔었다)

Ricordo che Marco arrivava ogni volta in ritardo.

(나는 마르꼬가 매 번 늦었다는 것을 기억한다)

In quel periodo sono uscito tutti i giorni.

(그 당시에 나는 매일 나갔다)

Per andare in ufficio prendevo tutti i giorni l'autobus.

(사무실에 가기 위해 나는 매일 버스를 탔다)

Avevo troppo da fare, allora ho deciso di restare a casa.

(나는 할 일이 너무나 많았다, 그래서 집에 남아 있기로 결정했다)

Allora abitavo in periferia e la sera non uscivo quasi mai.

(그 당시에 나는 교외에 살았는데, 그래서 저녁에 거의 나가지 않았다)

단어정리 기차와 관련된 용어 (1)

stazione ferroviaria sf. 철도역
binario sm. 선로
stazione viaggiatori sf. 기차역
tabellone degli orari sm.열차 시간표
marciapiedi sf.보도
atrio sm.개찰구, 로비
linea locale sf.간선
numero del binario sm.선로번호
carro merci sm.짐화차
destinazione sf.목적지
sottopassaggio sm.지하도
controllore sf.검표원
servizio pacchi sm.화물 운반소
controllo biglietti sf.차표 검사
treno passeggeri sm.여행 승객
carrello portabagagli sf.짐수레
deposito bagagli sm.짐 보관소
biglietterie sf.매표소

회화 심문 (Un interrogatorio)

Commissario: Dimmi dove ti torvavi martedì scorso tra le due e le tre del pomeriggio.

Imputato: Non lo so, non mi ricordo.

Commissario: Bene! Tc lo dico io: martedì alle 2 e 30 eri davanti alla Banca.

Imputato: Ah, sì è vero!

Commissario: Mi puoi dire che cosa facevi?

Imputato: Stavo aspettando un amico.

Commissario: No! Tu eri già in compagnia, eri con Gianni Manolesta. Stavate osservando il rientro degli impiegati, dopo la sosta per il pranzo. Preparavate il 〈colpo〉 che avreste eseguito due giorni dopo.

Imputato: Ma che dice, commissario, Lei è matto! Glielo ripeto, aspettavo un amico e non so niente del 〈colpo〉.

Commissario: Ho capito! Non vuoi confessare! Invece ti consiglio di farlo e di dirmi dove avete nascosto il〈malloppo〉. Ti assicuro che avrai una riduzione di pena.

Imputato: Commissario, come glielo devo dire? Io del 〈colpo〉 non so proprio niente!

강독 Stanno tutti bene ?

Matteo Scuro, ex-impiegato in pensione, vedovo, appassionato di musica lirica, decide di partire da un paese della Sicilia per fare una visita ai suoi cinque figli che vivono in differenti città italiane. Il suo desiderio è quello di vederli nuovamente riuniti. Con il suo viaggio, invece, scopre la vera vita delle persone che gli erano vicine e che credeva di conoscere.

La prima tappa del viaggio è Napoli, dove Matteo va a trovare il figlio Alvaro: bussa varie volte alla porta di casa, va a cercarlo all' Università, ma non riesce a trovarlo. Riparte così per Roma per incontrare Canio. Canio non ha fatto una brillante carriera politica, un semplice impiegato.

Sempre nella capitale vede Tosca, e insieme vanno a Firenze, dove lei vive e lavora: Tosca non è l' attrice teatrale che sognava di diventare, non ha sposato un uomo ricco, ma è una donna sola, con un figlio e con un lavoro incerto.

Matteo continua il suo viaggio per l'Italia e arriva a Milano, dove vive Gugliemmo: anche lui non ha realizzato il sogno di diventare un grande musicista, ma suona la grancassa in un piccola orchestra.

Ultima tappa del viaggioe è Torino: qui Matteo scopre che la figlia Norma non ha un matrimonio felice, non la direttrice dell' ufficio vendite di una grande fabbrica, ma una semplice centralinista.

Alla fine del viaggio, Matteo ritorna in Sicilia e alla domanda del capostazione: *Come stanno tutti?,* con un sorriso amaro risponde: *Stanno tutti bene.*

Esercizio

① 다음의 보기들과 같이 문장을 전환하시오.

Es. ***Mentre dormo, suona la sveglia.***

➡ ***Mentre dormivo, è suonata la sveglia.***

1) Mentre faccio colazione, suona il campanello.

➡

2) Mentre Paolo esce, suona il telefono.

➡

3) Mentre legge il guonale, bussano alla porta.

➡

4) Mentre Anna esce di casa, comincia a piovere.

➡

5) Mentre telefoniamo a Stefano, lui arriva.

➡

6) Mentre i bambini guardano la TV, va via la luce.

➡

Es. ***Mentre mangio, guardo la TV.***

➡ ***Mentre mangiavo, guardavo la TV.***

7) Mentre aspetta l'autobus, lui legge il gionale.

➡

8) Mentre ascoltano il professore, gli studenti prendono appunti.

➡

9) Mentre Gabriele parla, io penso ad altre cose.

➡

10) Mentre i bambini srudiano, Maria guarda la TV.

➡

11) Mentre Luigi fa colazione, parla con sua moglie.

➡

12) Mentre tu prepari le valigie, noi telefoniamo alla stazione.

➡

② 다음의 보기와 같이 아래 문장들을 전환하시오.

***Es.* Paolo non (uscire)...........perché (avere).........mal di testa.**

➡ ***Paolo non è uscito perche aveva mal di testa.***

1) Giorgio non (telefonare)..........a Pino parché non (sapere)........il numero.
2) I bambini non (magiare).........la carne perché non (avere).....fame.
3) Maria non (uscire).........perché (avere).......mal di testa.
4) I ragazzi stanotte (addormentarsi).........tardi perché non (avere)............sonno.
5) Marta non (aspettare)........Ivo perché (avere).......fretta.
6) Carlo (andare).........al bar perché (volere)........bere una birra.
7) Non (io-scrivere)........a Bruno perché non (sapere)........l' indirizzo
8) Non (noi-dare)............l'esame perché non (essere).......perparati.
9) Anna non (uscire).........con gli amici perché (dovere)........studiare.
10) Non (voi-comprare).........quella macchina perché (costare)........troppo.
11) Lucio non (spedire).........la lettera perché non (avere)..........il francobollo.
12) (Io-chiudere).........la finestra perché (sentire).........freddo.

3 다음의 빈칸에 주어진 동사를 활용하여 적절한 시제(근과거 혹은 반과거)로 바꾸시오.

1) Giorgio (telefonare)..........a Mauro, poi(uscire).......con Adriano.
2) Mentre (io-fare)..........colazione, (arrivare)..........loro.
3) Quando Francesco (essere)........bambino, (giocare)..........spesso da solo.
4) Mentre Claudio (nuotare).........Anna (prendere)........il sole.
5) Da bambino durante le vacanze (io-andare).........in campagna dai nonni.
6) Stamattina Franco (parlare)..........al telefono con Anna fino all' una.
7) Sabato scorso (noi-viaggiare)......tutto il giorno.
8) Mentre I bambini (aspettare).........l'autobus, (cominciare)..........a piovere.
9) Le mie sorelle (frequentare).......un corso di tedesco per sei mesi.
10) Non (io-telefonare)........a Dirk, perché (io-essere)........troppo stanco.
11) Ieri sera (io-mangiare)...... , poi (guardare)........la TV.
12) Mentre Valeria (dormire)........ , qualcuno (bussare)......alla posta.
13) (Voi-avere)......lezione dalle otto alle nove.
14) Giorgio non (salutare).......i suoi amici, perché (avere)...........fretta.
15) Maria (lasciare).......il suo ragazzo, perché (lui-essere).....troppo geloso.
16) I bambini (essere)........molto stanchi, perciò (andare).......a letto presto.
17) Da giovane mio padre (sciare)........molto bene.
18) Mentre mia madre (guardare).........la TV, (addormentarsi).........
19) Di solito la sera al mare Marco (uscire)........con gli amici.
20) Quando (io-essere)........nel mio paese, durante il fine-settimana

(fare).........delle gite con gli amici.

21) Pietro (partire)........perché (essere).......stufo di questa città.

22) Mentre (io-preparare)........la cena, (telefonare)........mia madre.

23) Quando i bambini (tornare)........da scuola, (noi-cominciare).........a pranzare.

24) Ieri (io-addormentarsi).......a mezzanotte.

4 다음의 빈칸에 적절한 전치사를 넣어 문장을 완성하시오.

Stamattina mi sono svegliato 1)........sette; sono uscito 2).......casa 3).....otto e sono andato 4).......bar 5).......fare colazione. Subito dopo sono andato 6)........Università 7)........alcuni amici. La lezione cominciava 8).......nove, ma io sono arrivato 9).........ritardo. Sono uscito 10).....Università 11)....una circa e avevo molta fame. Così sono andato 12)......mangiare 13).......mensa 14)........Pino. Dopo pranzo siamo andati 15).......bar 16).......prendere un caffè. Ho studiato fino 17).......sette. Poi sono andato 18).......centro: avevo un appuntamento 19)........Enrico. Abbiamo mangiato 20)........pizzeria e dopo cena siamo tornati 21)......casa. Ho guardato un po' la TV e 22)........mezzanotte sono andato 23).......letto.

해답

2. 명사(Nome) Ⅰ

연습문제

1. 1) 담(벽), 탁자, 창문 2) 문, 나무, 사랑 3) 생각(사상), 쌀, 달걀 4) 광장, 길, 극장 5) 산, 기차, 태양 6) 학생, 숲, 과일 7) 생선, 마음(심장) 8) 사전, 종이(서류), 접시(요리) 9) 승강기, 계단(사다리), 시합 10) 사람, 버터, 복숭아(낚시)
2. 1) intelligenze, spazi, ladri 2) gite, scuole, persone 3) stelle, bellezze, parenti 4) umanità, opere, té 5) ananas, lupi, fori 6) tribú, gioie, gru 7) ipotesi, polveri, amici 8) panorami, cinema, cuochi 9) ceneri, sigarette, radio 10) lingue, piedi, giovani

3. 관사(Articolo) Ⅰ

연습문제

1) la, il 2) il, il 3) il, le 4) i, il 5) il, lo 6) le, gli 7) gli, la 8) lo(la), la 9) il, il 10) il, i 11) lo, lo 12) l', i 13) il, il 14) gli, il(la) 15) i, gli 16) le, l' 17) lo, gli 18) lo, il 19) gli, l' 20) la, le

4. 관사(Articolo) Ⅱ

연습문제

1) uno, uno 2) un, uno 3) un, una 4) una, una 5) una, uno 6) uno, una 7) uno, un 8) uno, un 9) uno, un' 10) un, un' 11) un', un' 12) uno, un 13) un', un 14) un', uno 15) un', un 16) un, un' 17) uno, un 18) un, uno 19) un, un 20 un, un 21) un', un'

5. 형용사(Aggettivo) Ⅰ

연습문제

1. 1) una ragazza ambiziosa 2) una contadina laboriosa 3) gatte randagie 4) amica simpatica 5) ragazze intraprendenti 6) una vecchia paziente 7) una impiegata solerte 8) maestra severa 9) bambina vivace 10) una figlia premurosa
2. 1) signori alti 2) fiori profumati 3) vetri sottili 4) bimbi paffuti 5) sentieri ripidi 6) lumi fiochi 7) edifici pubblici 8) avversari agguerriti 9) giorni fausti 10) scolari diligenti 11) montagne brulle 12) prati fioriti 13) colori tenui 14) mari limpidi 15) metalli preziosi 16) cerimonie solenni 17) dei greci 18) pelli lisce 19) lotte impari 20) autobus carichi

6. 문장론(Sintassi) Ⅰ

회화 - 택시 안에서

김 : 택시!

택시 기사 : 안녕하세요!

김 : 안녕하십니까? 타도되겠습니까 – 직역; 비었습니까?

택시 기사 : 예, 어디에 가십니까?

김 : 로마가 5번지입니다.

택시 기사 : 오늘은 아주 아름다운 날이군.

김 : 예, 정말 좋은 날입니다, 그런데 좀 덥군요

택시 기사 : 이제는 거의 여름이라 말할 수 있겠지요. 자 여깁니다. 로마 가는 이 길입니다

김 : 얼마지요?

택시 기사 : 만 리라입니다.

김 : 여기 있습니다, 좋은 하루가 되십시오!

택시 기사 : 감사합니다, 안녕히 가십시오!

연습문제

1) Noi siamo studenti 2) Io sono studente 3) Voi siete alti(e) 4) Tu sei alto(a) 5) Lei molto carina 6) Paola e Clara sono molto carine 7) Loro sono sinceri, ma lei è cattiva 8) La gente è felice 9) I tre libri bianchi (ci) sono sul tavolo 10) Io ho tre matite 11) Noi abbiamo un libro e la borsa verde 12) Lui ha due quaderni bianchi e una penna nera 13) Il padre ha le scarpe blu 14) Io ho due fratelli e una sorella 15) Ogni persona ha il suo dovere e diritto 16) Lui ha 20 anni e lei ha 23 anni 17) Noi abbiamo due braccia e due gambe 18) Loro hanno una bella casa 19) Francesco ha bella moto 20) Voi avete sonno

7. 형용사(Aggettivo) Ⅱ

회화 - 자기소개

여러분 안녕하십니까 ! 내 이름은 김 철수이며, 한국 사람입니다. 나는 이탈리아에 고전 음악을 공부하러 왔습니다. 나는 서울 출생이며, 23살입니다. 나의 가족은 아버지, 어머니, 형, 누이 그리고 나까지 5명으로 구성되어 있습니다. 나의 아버지는 엔지니어이며, 어머니는 가정주부입니다. 나의 형은 외국인 회사의 사무원이며, 나의 여동생은 아직 대학생입니다. 나는 솔직하지만, 약간 소극적입니다. 여러분들을 알게 되어 무척 기쁩니다. 이제 나의 소개는 끝났습니다. 감사합니다.

연습문제

1. 1) Quei vasi sono molto pesanti. 2) Quegli assegni non sono trasferibili. 3) Questi errori sono davvero gravi. 4) Quei bambini sono molto vivaci. 5) Questi tuoi desideri sono realizzabili. 6) Quelle facce non mi piacciono. 7) Queste isole sono abitabili. 8) Quelle esperienze sono molto utili per noi. 9) Questi atteggiamenti sono ingiusti. 10) Quegli stivali sono infangati. 11) Quei cavalli sono fuggiti. 12) Quelle amiche sono simpatiche.
2. 1) Quell'albergo è chiuso. 2) Questa valigia è vuota. 3) Quel libro è ancora sul comodino. 4) Non ricordo quella formula. 5) Questo dolce è squisito. 6) Quell' ufficio è aperto. 7) Quell'auto è rotta. 8) Questo ristorante è chiuso. 9) Quell' emozione non è dimenticabile. 10) Quello zaino è nuovo. 11) Quel ragazzo è molto simpatico. 12) Sono su quel momte.

8. 형용사(Aggettivo) Ⅲ

회화 - 학교에서

철수 : 안녕! 잘 지내니, 마리아?

마리아 : 잘 지내, 고마워 그리고 너는 어떠니?

철수 : 괜찮아. 오늘 날씨가 좋구나.

마리아 : 응, 아주 좋네. 저기 교수님이 오신다.

교수님 : 여러분 안녕하세요!

철수와 마리아 : 안녕하십니까? 교수님.

교수님 : 이쪽은 톰으로, 새로운 학생입니다.

톰 : 나는 톰이야, 애들아 만나서 반가워.

철수 : 만나서 반갑다. 나는 철수이고 한국인이야.

마리아 : 나도 반가워, 나는 마리아이고 이탈리아인이야 .

톰 : 나는 미국인이고 뉴욕출신이야.

교수님 : 여러분 수업을 시작합시다.

연습문제

1. 1) Sì, è la sua casa. 2) Sì, è la sua macchina 3) Sì, è la sua macchina 4) Sì, sono le sue cassette. 5) Sì, sono le sue valigie 6) Sì, sono le sue valigie 7) Sì, è la mia valigia 8) Sì, è la mia bambina 9) Sì, è la mia chiave 10) Sì, sono le mie valigie 11) Sì, sono le mie figlie 12) Sì, sono le mie sigarette
2. 1) le sue voci, il nostro amico 2) i suoi libri, le sue perplessità 3) le sue borse, il mio desiderio 4) il tuo collega, la loro conoscenza 5) i vostri ricordi, il suo compito 6) le tue sorelle, le loro amicizie 7) i vostri arrivi, la loro giustificazione 8) i suoi programmi, la vostra preghiera 9) le sue case, il suo proponimento 10) il suo occhio, le loro camicie

9. 문장론(Sintassi) Ⅱ

회화 - 전화 걸기

마리아 : 여보세요?

마르꼬 : 여보세요, 안녕하세요. 저는 마르꼬입니다, 끌라우디오 있습니까?

마리아 : 예, 있습니다. 잠깐만 기다리세요.

마르꼬 : 잘 지냈니, 끌라우디오?

끌라우디오 : 에, 누구십니까?

마르꼬 : 나 마르꼬야.

끌라우디오 : 아! 마르꼬, 잘지내, 고마워. 너는?

마르꼬 : 나도 잘 지내. 들어봐, 내일 학교에서 음악회가 있어. 원하면 함께 음악회에 가자!

끌라우디오 : 좋아. 그 음악회는 몇 시에 시작하지?

마르꼬 : 저녁 7시에 시작해.

끌라우디오 : 그럼, 내일 저녁에 보자, 안녕!

마르꼬 : 좋아, 안녕, 내일 보자!

연습문제

1. 1) C'è un libro. 2) Ci sono le chiave. 3) C'è un letto. 4) Ci sono dei giornali. 5) Ci sono due matite. 6) C'è un foglio. 7) Ci sono dei fiori. 8) C'è una lettera. 9) Ci sono le penne.
2. 방안에는

자, 여기가 저의 방입니다. 침대 오른쪽에 조그만 탁자가 있고, 왼쪽에는 아름다운 서랍장이 있습니다. 침대 앞에는 편리한 옷장이 하나 있으며, 창문 앞에는 책상이 하나 있습니다. 책상 위에는 등이 하나 있습니다: 밤에 공부하길 원하시면, 걱정할 필요가 없습니다: 임대료에는 전기요금이 포함되어 있습니다. 방은 따뜻한데, 보시는 바와 같이 창문 아래에 아주 큰 라디에이터가 있으며, 난방은 하루대부분의 시간 동안 켜져 있기 때문입니다. 이만하면, 괜찮지요?

10. 동사(Verbo) Ⅰ

회화 - 세 친구들의 한담 Ⅰ

끌라우디아 : 안녕, 빠올로, 잘 지내니?

빠올로 : 잘 지내, 고마워, 너는?

끌라우디아 : 그렇게 잘 지내지 못해.

빠올로 : 뭐 잘못된 거라도 있니?

끌라우디아 : 나는 내 마음에 드는 방을 찾지 못하고 있어. 너는 네 방에 대해 만족하니?

빠올로 : 그럼, 아주 만족해.

끌라우디아 : 정말? 그런데 너는 혼자 사니? 아니면 다른 학생들과 함께 사니?

빠올로 : 나는 이탈리아 가정과 함께 살아.

끌라우디아 : 다른 사람과 함께 산다는 것은 조금 불편하지 않니? 나는 공부하기 위해서는 조용히 있기를 원하거든.

빠올로 : 그렇지만 이 가족과는 별 문제가 없어. 바에 가자, 그래서 우리 이야기를 계속할까?

끌라우디아 : 그래, 좋아, 가자

강독 Radio City: prima parte - La radio -(라디오 도시: 제 1장-라디오-)

아침 10시의 또리노입니다. 24살의 아가씨인 빠올라는 일을 시작합니다. 라디오 시티의 D.J입니다. 라디오로 많은 사람들이 여성 록 가수와 이야기하기 위하여 전화합니다. 오후에 빠올라는 유명한 록 가수인 글로리아와 인터뷰를 해야 합니다. 저녁에 베르디 극장에서 이 가수의 콘서트가 있습니다.

12시 반에 빠올라는 로마 가에 있는 작은 식당으로 점심을 먹으러 갑니다. 여기서 그녀는 삐에몬떼 청년인 루까를 알았습니다. 루까는 음악 상점에서 일합니다. 두 사람은 함께 글로리아의 콘서트에 가기로 결정했습니다.

오후에 빠올라는 라디오 방송국에 있습니다. 그녀는 인터뷰를 하기 위해 글로리아를 기다리고 있는 중입니다. 그런데 그 가수가 전화해서 밀라노의 어떤 길에 있다고 이야기합니다. 그녀의 자동차가 고장이 났습니다. 오토바이용 헬멧을 쓴 한 남자가 글로리아에게 전단 한 장을 줍니다. 표 위에는 "형편없는 음악은 그만 둬! 록은 그만 둬!"라고 써 있습니다.

같은 시간에 루까는 레코드 상점에서 일하고 있는 중입니다. 그 시간에는 많은 사람이 있습니다. 두 명의 소년들이 어느 신사와 토론하고 있습니다. 그 신사는 마리오 살띠라고 하는 원로 가수입니

다; 그는 한 장의 디스켓으로 두 명의 소년을 때리면서 젊은이들의 음악과 젊은이에 대하여 피곤하다고 이야기합니다.

저녁에 빠올라와 루까는 콘서트 때문에 베르디 극장에 있습니다. 그러나 글로리아가 M.S를 두려워하여 노래하려고 하질 않습니다. 극장 위에서 많은 전단들이 떨어집니다 그 위에는 다음과 같은 말들이 써 있습니다: "형편없는 음악은 그만 둬! 록은 그만 둬! 글로리아 살고 싶으면 더 이상 노래를 하면 안돼. M.S.!"

10분 후에 루까와 빠올라는 극장 앞의 바에 있습니다. 거기에는 마리오 살피도 있습니다. 빠올라는 그 원로 가수와 M.S.가 같은 사람일 것이라고 이야기하지만, 루까는 이에 동의하지 않습니다. 결국 두 사람은 다음 날 밀라노의 글로리아 집에 인터뷰하기 위해서 가기로 결정합니다.

연습문제

1. 1) Studio all'università 2) Saluto il professore 3) Lavoro in banca 4) Guardo la televisione 5) Preparo la tesi 6) Aspetto l'autobus

2. 1) Loro aspettano l'autobus. 2) Loro passano molte ore a casa. 3) Loro restano in biblioteca. 4) Loro parlano di politica. 5) Loro incontrano il professore. 6) Loro frequentano l universit.

3. 1) Domando a Marco quando torna a casa. 2) Il professore Park insegna all' università. 3) Luisa e Anna parlano la lingua italaiana. 4) Voi non ricordate l'indirizzo di Dino? 5) A Nina che cosa compriamo noi? 6) Io viaggio volentieri in treno. 7) Sandra mangia sempre a casa.

11. 동사(Verbo) Ⅱ

회화 - 집주인의 가족 Ⅱ

끌라우디아 : 그렇다면 그 가족은 어떠니?

빠올로 : 3사람으로 구성된 가족이다; 아버지, 어머니 그리고 12살 짜리 아들이 하나 있다. 아버지는 옷가게의 점원으로 일을 하고 어머니는 사무원이다, 그들은 아주 평온한 생활을 한다. 매일 아침 7시 반에 아침을 먹는다. 그리고 1시에 집에서 점심을 함께 한다. 점심 후 아버지는 보통 낮잠을 자고 부인은 신문을 읽는다. 그는 오후에 일터로 돌아가 16시부터 19시까지 일한다; 반면 부인은 집을 청소하고 아이들이 숙제하는 것을 도와준다.

저녁에는 모두 함께 식사를 한다. 저녁 후 그들은 TV를 보고 자주 나를 초대하기도 한다. 그러나 나는 그들의 초대를 잘 수락하지 않는데, 왜냐하면 아직 이탈리아어를 잘 이해하지 못하기 때문이다. 가끔 그들이 TV를 보는 동안 나는 아이와 함께 논다. 아, 저기 종업원이 오는군. 무엇을 마실까, 끌라우디아?

끌라우디아 : 까뿌치노 한 잔, 고마워.

빠올로 : 까뿌치노와 커피 한 잔 주세요, 아저씨.

강독 Radio City: seconda parte-il colonnello-(라디오 도시: 제 2장-원로 가수-)

다음날 아침, 역에서 루까는 밀라노 행 차표 두 장을 요청합니다. 조금 뒤 약간 늦게 빠올라가 도착합니다. 루까와 빠올라는 시내에 있는 글로리아 집에 있습니다. 그녀의 매니저인 실비오 보노미가 빨간 벤츠를 타고 도착합니다. 그는 매우 신경질이 나 있습니다; 만약 글로리아가 노래를 하지 않으면, 그와 그녀는 많은 돈을 잃게 됩니다. 그러나 그녀는 M.S.를 두려워하고 있습니다. 많은 격론 끝에 결국 빠올라는 글로리아에게 인터뷰를 하게 할 수 있었습니다.

다음날 라디오에서 빠올라는 인터뷰를 방송합니다. 그리고 혹 누군가가 마리오 살띠라고 하는 원로 가수를 아는지 묻습니다. 한 남자가 라디오로 전화해서 그 원로 가수의 주소를 줍니다; 델라 볼로냐 가 29번지.

저녁 9시에 빠올라와 루까는 델라 볼로냐 가에 있습니다. 오랜 논의 후에 그 원로 가수는 문을 열지만, M.S.에 대하여 이야기하려고 하지 않습니다. 그리고 울기 시작합니다. 원로 가수는 늙은 음악가입니다. 지금은 건강이 좋지 않아 더 이상 노래를 하지 않습니다. 의사들은 그가 정신적으로 문제가 있다고 이야기합니다. 루까는 그의 임상치료 카드를 읽습니다.

연습문제

1. 1) comincio 2) vivono 3) preferisce 4) abito 5) mangiamo 6) prendi 7) dorme 8) ascolta 9) spedisco 10) viaggiate

2. 1) finisce, torna 2) frequentano 3) mangiamo, spendiamo 4) Telefono 5) Prendiamo 6) resto, guardo 7) Scrivi, scrivo 8) Paghiamo 9) incontra 10) Passo

12. 동사(Verbo) Ⅲ

회화 - 두 친구간의 대화

그 : 수업 후 뭐 할거니? 나와 함께 갈래?

그녀 : 어디에?

그 : 수영장에 가자.

그녀 : 아니, 유감이지만 난 갈 수 없어.

그 : 어째서? 뭘 해야 하는데?

그녀 : 나는 친구인 마라를 만나야 해.

그 : 그녀도 함께 데리고 와. 나도 삐에뜨로를 초대할게.

그녀 : 아니, 오늘 우리는 이탈리아 친구들과 약속이 있어. 내일이라면 혹...

그 : 내일 혼자 오니 아니면 마라와 오니?

그녀 : 혼자서 올께, 만족하니?

그 : 좋아 그럼 내일 보자.

강독 Radio City: terza parte - la conclusione -(라디오 도시: 제 3장 -결론-)

몇 주 후, 라디오 시티에서 빠올라는 다음과 같은 소식들을 읽는다: 내일 ECO 협회는 오염과 교통문제에 반대하는 대규모 집회를 계획하고 있다. 집회 후에는 레뿌블리까 광장에서 글로리아의 콘서트가 있다. 이 여가수는 오랜만에 노래하러 돌아옵니다.

루까는 라디로 시티를 위해 집회에 참가합니다. 그는 사람들과 인터뷰를 합니다. 좀 늦은 시각에 M.S.는 라디오로 전화해서 글로리아가 노래하면 안 된다고 말합니다.

8시 반에 레부블리까 광장에는 2만 명이 넘은 사람들이 콘서트의 시작을 기다리고 있습니다. 거기에는 루까와 빠올라도 있습니다. 글로리아가 사람들에게 인사를 하고 마이크를 잡습니다. 그런데 강렬한 하얀 섬광이 그녀의 팔을 스쳤습니다. 그녀는 죽은 것처럼 보입니다. 아무도 무엇을 해야할 지 모릅니다. 그 뒤 두 명의 경찰관이 글로리아를 무대 뒤로 데려갑니다. 광장에는 그 원로가수도 있습니다: 그는 손에 검은 색 가방을 들고 있습니다. 안에는 M.S.의 전단이 들어 있으며, IRIS 보험회사의 계약서가 있습니다. 계약서에는 만약 글로리아가 더 이상 노래를 하지 못하게 되면, 실비오 보노미가 50억 리라를 받는다고 쓰여 있습니다. 그녀의 매니저가 M.S.입니다.

원로가수는 다음과 같이 이야기합니다: 실비오 보노미는 그의 전 매니저로, M.S.(Massimo Salvatore)라는 이름으로 음악가들을 위협해서 이들이 노래를 그만두게 되면, 보험금을 타게 되는 것입니다. 이제는 모든 것이 명백해 졌습니다. 글로리아는 몸이 좋아졌고, 원로가수에게 고마움을 표합니다. 원로가수는 레뿌블리까 광장에서 피아노를 연주하면서 오래된 깐쪼네를 부릅니다.

연습문제

1. 1) facciamo 2) So 3) dai 4) beve 5) dice 6) salgono 7) scelgo 8) rimanete 9) Fate 10) Scegli 11) do 12) dici 13) esci 14) Sapete 15) Sali 16) Rimango 17) Beviamo 18) Scegliamo 19) usciamo, sta 20) sai
2. 1) Sono le tre e quarantacinque(tre quarti) 2) Sono le quattordici e venticinque 3) Sono le diciotto e mezza 4) Sono le venti meno cinque 5) mezzogiorno 6) l'una e quattordici 7) Sono le sei di sera 8) Domani gioved 9) Oggi è il 30 novembre 10) Comincia alle sette e mezza 11) nata il 23 maggio 1970 12) La domenica 13) Un anno ha 12 mesi 14) In maggio 15) Abbiamo la lezione in mercoled e venerd

13. 동사(Verbo) Ⅳ

회화 - 세 친구들의 대화

A : 오늘 저녁 무엇을 할까?

B : 디스코 장에 가자!

A : 아니! 매일 저녁 디스코 장이라니! 수영장에 갈까?

C : 아니, 나는 몸이 좋지 않아. 오늘 저녁은 집에 있는 것이 좋겠어. 그런데, 나에게 좋은 생각이 있어. 너희들이 괜찮다면, 내일 야외에서 피크닉을 할까?

A : 나는 좋다. 너도 우리와 갈 수 있겠지?

B : 물론이지! 정말 좋은 생각이야. 내일 몇 시에 떠날까?

C : 일찍 떠나자. 6시는 어때? 너희들 내일 아침 6시에 떠나는데 찬성하니?

A : 좀 이르지 않니?

B : 그러면 너는 몇 시에 떠나면 좋겠어?

A : 8시는 괜찮니?

C : 좋아, 네차로 가자. 왜냐하면 내 차는 공장에 있거든.

A : 좋아! 잘 가. 내일 아침에 보자.

B : 모두 잘 가.

C : 잘 가, 내일 보자.

강독 Teddy e i fiori

겨울 아침입니다. 그런데 테디는 막 눈을 뜨자마자 창문으로 겨울의 회색빛 풍경을 봅니다. 조그마한 새 한마리가 창문앞에서 둥지로 꽃 한송이를 물고 날아갑니다.

저녁에, 잠들기 전에 어머니는 테디에게 신비로운 분홍 장미꽃에 대한 이야기를 담은 아름다운 동화 한편을 읽어줍니다. 밤동안 테디는 어머니를 위해 바구니에 꽃을 가득히 담는 꿈을 꿉니다. 그러나 꽃들은 너무나 큽니다. 잠에서 깨자, 테디는 어머니에게 꿈 이야기를 합니다. "엄마에게 꽃들을 선물할 수없어서 미안해요!" 바로 그 순간 작은 새 한마리가 유리창을 주둥이로 두드립니다. 테디는 달려가 창을 열고 전날에는 잎이 떨어져 있던 나무가 지금은 꽃이 활짝 핀 것을 봅니다. "여기 보세요. 엄마, 한바구니의 꽃대신에 꽃이 활짝 핀 나무를 선물할께요!" "고맙구나, 테디!" 어머니는 그렇게 말하고 테디에게 뽀뽀를 합니다.

연습문제

1. 1) facciamo 2) Fanno 3) fai 4) fanno, faccio 5) fa 6) Fate 7) fa
2. 1) va 2) vanno 3) vado 4) Andiamo 5) vai 6) Vai 7) Andate 8) va
3. 1) viene 2) vengono 3) vieni 4) viene 5) Vengo 6) venite 7) Veniamo 8) vieni
4. 1) Andiamo all'aeroporto. 2) Va all'Università. 3) Vado al mercato. 4) Vanno alla mensa. 5) Andiamo(Andate) al concerto. 6) Andiamo al museo. 7) Vengo dalla Norvegia. 8) Vengono dagli Stati Uniti. 9) Viene dall'Olanda. 10) Veniamo dal Messico. 11) Vengo da Seoul. 12) Vengono da Parigi.

14. 동사(Verbo) V

회화 - 철수가 아프다

로베르또 : 잘 지내니, 리따?

리따 : 잘 지내, 고마워. 아직 몇 과목의 시험을 봐야 하니?

로베르또 : 이번 주에 수학 시험을 봐야해.

리따 : 그 시험이 걱정되니?

로베르또 : 조금은, 그렇지만 많이는 아니다. 어쨌든 이번 주까지 공부해야돼.

리따 : 행운이 있기를...! 아! 한 가지 물어봐도 되겠니? 너 오늘 저녁에 철수를 볼 수 있니?

로베르또 : 응, 며칠 전부터 철수를 못 보았어. 몸이 좋지 않아: 심한 감기로 열이 좀 있어. 집에서 따뜻하게 지내야 한데. 수업 후에 철수에게 가려고 해. 너도 갈래?

리따 : 물론이지! 기꺼이 가지!

로베르또 : 거기 가는데 몇 시가 너에게 편하겠니?

리따 : 저녁 후면 아무 때나 나는 괜찮아.

로베르또 : 저녁 9시면 괜찮겠어?

리따 : 좋아, 저녁에 보자, 잘 가!

로베르또 : 안녕, 9시에 보자.

강독 Luca e il nonno(루까와 할아버지)

종종 할아버지는 루까를 데리러 간다. 그를 공원의 커다란 오솔길로 데리고 가서 신문을 읽으려 앉는다. 루까는 항상 다른 아이들을 만나며, 그들과 함께 어울려 논다. 4월이 되면 연날리기 경주가 시작되는데, 루까는 할아버지의 도움을 받아 항상 멋진 연들을 갖는다.

연습문제

1. 1) Paolo, posso telefonare a casa? 2) Paolo, posso andare in bagno? 3) Paolo, posso prendere un bicchiere d'acqua? 4) Paolo, posso accendere la TV? 5) Paolo, posso entrare? 6) Marta, puoi abbassare la radio? 7) Professore, può aspettare un momento? 8) Signor Rossi, pu ripetere la domanda? 9) Ragazzi, potete parlare a bassa voce? 10) Bambini, potete fare meno rumore? 11) Mario, vuoi un passeggio

per il centro? 12) Professore, vuole una sigaretta? 13) Ragazzi, volete qualcosa da bere? 14) Claudio, vuoi venire al bar? 15) Bambini, volete fare merenda?

2. 1) No, non posso, devo ripassare la lezione. 2) No, non possiamo, dobbiamo lavare la macchina. 3) No, non posso, devo tornare a casa. 4) No, non possiamo, dobbiamo finire i compiti. 5) No, non voglio, devo stare a dieta. 6) No, non posso, devo andare a fare la spesa.

3. 1) devi 2) stanno, conoscono 3) posso 4) va, ha 5) vogliono 6) arriva 7) può, deve 8) dà 9) vado, voglio, devo

15. 명사(Nome) Ⅱ

회화 - 방을 구하면서

방주인 : 안녕하십니까? 무엇을 원하십니까?

삐에뜨로 : 안녕하십니까? 부인. 저는 삐에뜨로 삐쭈띠라고 합니다. 오스트리아에서 왔지만, 부모님은 이탈리아인들입니다.

방주인 : 반갑습니다. 프란체스까 로시입니다!

삐에뜨로 : 임대용 방 하나 있습니까?

방주인 : 예, 1인용의 멋진 방 하나가 있습니다: 편안하고, 채광이 좋고 조용한 방입니다. 얼마나 머무르실 예정입니까?

삐에뜨로 : 저는 이탈리아어를 공부하며, 3개월 짜리 코스를 들으려 합니다. 방 값은 얼마입니까?

방주인 : 비싸지 않습니다: 한 달에 35만 리라이며, 한달 치의 보증금을 내야합니다.

삐에뜨로 : 좋습니다. 그러나 먼저 방을 볼 수 있을까요?

방주인 : 물론입니다. 편히 보세요.

강독 Italia(이탈리아)

이탈리아는 장화와 유사하게 길게 뻗은 형태를 가진 반도이다. 북쪽에는 길고 높게 솟은 알프스 산맥이 이탈리아 반도를 유럽의 나머지 부분과 분리시키고 있다. 다른 커다란 산맥은 아펜니니로 반도 북쪽에서 남쪽으로 1,200km 이상 뻗어 있다. 시칠리아와 사르데냐는 커다란 주요 섬이다. 해안(약 8,500 km)은 매우 다른 풍경들을 주는 다양한 특성들을 갖고 있다. 실제로 이탈리아는 획일적이고 같은 색을 가진 지방이 아니다: 풍경, 기후, 식목군의 다양성들은 한 지역과 다른 한 지역 사이에 커다란 차이를 낳게 하였다. 포강은 가장 긴(652 km) 강이다.

이탈리아는 공화국이다. 국토는 20개 지역으로 나누어져 있다. 수도는 로마이다; 다른 주요 도시들은 밀라노 또리오, 나폴리, 피렌체, 볼로냐, 베네찌아, 제노바, 빨레르모 등이다. 이탈리아는 56,411,290 명의 인구가 있다(1991년 10월 20일자 기준) 주요 생산 활동은 산업, 농업, 관광, 장인적 수공업, 어업 등이다. 중요 산업군들은 섬유, 자동차, 철강 및 화학 등이다. 이탈리아는 식품(포도주, 치즈, 과일), 직물, 다양한 기계, 자동차, 화학 제품 및 수공예품들을 수출한다. 면, 울, 목재, 기타 광물, 원유 등을 수입한다.

연습문제

1. 1) la pediatra, la tennista 2) un'adolescente, la cagna 3) l'ostessa, l'infermiera 4) la sacerdotessa, la commerciante 5) la madre, la baronessa 6) una bimba, la donna 7) la nubile, la presidentessa 8) la lupa, l'elefantessa

2. 1) gli autori, l'autrice, le autrici 2) gli psichiatri, la psichiatra, le psichiatre 3) i flautisti, la flautista, le flautiste 4) i marchesi, la marchesa, le marchese 5) i colleghi, la collega, le colleghe 6) i turisti, la turista, le turiste 7) i commessi, la commessa, le commesse 8) i baristi, la barista, le bariste 9) i ragazzi, la ragazza, le ragazze 10) i maestri, la maestra, le maestre 11) i giovani, la giovane, le giovani 12) i cantanti, la cantante, le cantanti 13) gli amici, l'amica, le amiche 14) i parenti, la parente, le parenti

16. 전치사(Preposizione) Ⅰ

회화 - 이탈리아에 있는 두 명의 외국 학생들

이반 : 아가씨, 이탈리아어를 하십니까?

그레따 : 아니오, 아직 잘 못합니다.

이반 : 그렇지만, 제가 이야기할 때 이해하십니까?

그레따 : 에, 조금 이해하지만 전부는 아닙니다.

이반 : 어떤 언어를 하십니까?

그레따 : 독일어, 러시아어 및 스페인어입니다. 당신은 몇 개 국어를 하십니까?

이반 : 프랑스어와 영어를 조금 하지만, 이탈리아어로 이야기하는 것이 좋습니다.

그레따 : 당신이 이탈리아로 말할 때, 당신의 모국어로 번역하지 않고 이탈리아어로 직접 생각하십니까?

이반 : 아니오, 모국어로 번역합니다. 하나의 외국어로 직접 생각하는 것은 어렵습니다.

그레따 : 당신에게 이탈리아어는 쉬운 언어입니까, 어려운 언어입니까?

이반 : 저에게는 충분히 쉽습니다. 저는 거의 모든 이탈리아어를 말하고 이해할 수 있습니다.

강독 - Come gli italiani salutano il nuovo anno?
(이탈리아인들은 어떻게 새해 인사를 하는가?)

이탈리아인들에게 신년을 축하하는 것은 매우 중요하다. 12월 31일 저녁에는 모두 신년을 기다라고, 최선의 방법으로 신년을 맞기 위해 무언가를 한다. 부족한 것이 없는 멋진 만찬으로 신년을 즐겁게 보내는 이들도 있는데, 또로네(아몬드 등을 넣은 엿처럼 생긴 과자)나 빠네또네(건포도나 호두 등을 넣어 만든 케익 모양의 빵) 렌띠끼아(지중해 원산지의 콩 모양의 열매)등의 전통적 과자들을 포함하는 만찬이다: 이러한 과자들은 실제로 좋은 행운을 의미하는데 왜냐하면 이들은 돈을 상징하기 때문이다. 또한 친지들이나 친구들과 톰볼라(숫자 등을 조합하여 노는 카드놀이의 일종)나 카드놀이를 하면서 즐겁게 새해를 기다리는 이들도 있다. 어떤 이들은 아침까지 춤을 추거나 불꽃놀이를 하는 공공장소에서 새해를 기다린다.

그리고 설날에는 행운을 가져오는 것으로 여겨지는 여러 가지 것들을 하기도 하는데, 예를 들면 빨간 색으로 옷을 입거나, 창 밖으로 묵은 것들을 버리기도 하며, "보띠(botti)"라고 외치기도 한다.

어쨌든 모든 이들이 자정 정각에 샴페인을 터뜨리면서 서로 서로에게 새해의 덕담을 나누면서 친한 이들과 건배를 한다.

연습문제

1. 1) di 2) in, per 3) all' 4) di, in 5) in 6) nell' 7) sulla 8) di, sul 9) di, nella 10) in 11) nel 12) Sul, di 13) negli 14) a, con la 15) della, su 16) a, alle 17) in 18) all' 19) Nella, da 20) in 21) in, alla 22) sul 23) della, nella 24) a

2. 1) di 2) di 3) per 4) in 5) con 6) di 7) da 8) in 9) degli 10) al

17. 문장론(Sintassi) Ⅲ

회화 - 이 책은 얼마입니까?

A : 이 책은 얼마입니까?

B : 이 책은 희귀본입니다: 28,000 리라입니다.

A : 너무 비싸지 않습니까? 당신이 알다시피, 저는 돈이 많지 않은 학생입니다. 책값이 좀더 싸면 제가 살 수 있습니다.

B : 얼마나 쓸 수 있습니까?

A : 최대로 23,000 리라입니다.

B : 그런데, 너무 조금입니다. 저도 아주 커다란 이윤을 남기고 싶지 않지만, 5,000 리라의 할인은 너무 심하지 않다고 생각지 않습니까!

A : 좋습니다. 아저씨. 얼마나 할인 할 수 있습니까?

B : 25,000 리라에 제가 팔 수 있습니다, 괜찮지요?

A : 당신은 아주 좋은 거래를 하십니다. 더 이상 흥정하고 싶지 않군요. 매우 친절하십니다. 좋습니다. 여기 25,000 리라입니다.

B : 감사합니다! 안녕히 가십시오!

A : 안녕히 계십시오!

강독 Roma, la città dell'eternità (영원의 도시, 로마)

역사와 예술과 전통의 도시 로마는 이탈리아의 수도입니다. 3백만의 주민이 살고 있습니다. 국회와 정부의 소재지로 이탈리아 정치의 중심지입니다. 공화국 대통령의 관저는 뀌리날레(Quirinale)입니다. 로마 시청이 있는 곳은 깜삐돌리오(Campidoglio)입니다.

세계의 모든 곳에서 많은 관광객들이 매년 훌륭한 문화 유적지를 방문하기 위해 로마에 옵니다: 삐아짜 나보나, 포로 로마노, 마르첼로 극장, 뜨리니따 데이 몬띠, 스페인 광장 등이 그 유적지입니다.

콜로세움은 아마 로마의 가장 유명한 유적지일 것입니다. 베스빠지아노 황제와 그 아들에 의해 세워진 콜로세움은 2000년의 역사를 갖고 있습니다. 156미터의 길이에 약 50미터의 높이로 로마의 영원성의 상징입니다.

뜨레비 분수는 로마의 분수들과 세계의 분수들 중에서도 가장 아름다운 분수입니다. 민간 전설에 따르면, 분수 속으로 동전을 던지는 관광객들은 다시 로마에 돌아올 수 있다고 합니다.

산 삐에뜨로 광장은 기념비적인 광장으로 베르니니(건축가)의 수작입니다. 284개의 기둥이 마치 두 개의 팔처럼 거대한 표면을 덮고 있습니다. 중앙에는 25미터의 오벨리스크가 있습니다. 오벨리스크 양편에는 아름다운 분수가 있습니다. 안쪽에는 카톨릭 세계의 심장으로 기독교 정신을 의미하는 위엄있는 바실리카식 성당이 있습니다.

연습문제

1. 1) 나는 가죽으로 만든 가방이 하나 있습니다. 2) 그 집은 정말 아름답습니다. 3) 그는 전등을 켭니다. 4) 나는 창을 열고 대신 너는 문을 닫는다. 5) 우리는 안나를 초대하려 합니다. 6) 너희들 수업 후에 삐짜 먹으러 갈거니? 7) 나는 매일 아침 9시에 학교에 갑니다. 8) 그들은 이탈리아어 선생님이 아니고 학생들입니다. 9) 우리는 저녁 후에 산책을 합니다. 10) 너는 프란체스꼬를 언제 만나려고 하니?

2. 1) Chiudiamo il libro e apriamo la borsa. 2) Non ho una matita, ma ho una penna. 3) Vogliamo parlare con Mario. 4) Non posso ancora parlare bene italiano. 5) Dobbiamo venire a scuola ogni giorno per imparare l'italiano. 6) Faccio esercizi per domani. 7) Con chi parlate? 8) Metto il quaderno sulla sedia. 9) Vedo molti alberi dalla finestra. 10) Prende la matita dalla borsa.

3. 1) in, alle 2) a, al, con 3) alla 4) per, con l'(in) 5) a, a 6) in, per(a), per(a) 7) alla, per(a) 8) d' 9) con, a, in 10) di, di, per, d'

18. 근과거(Passato prossimo) Ⅰ

회화 - 즐거운 저녁나절

선생님 : 여러분 안녕하십니까? 잘 지냅니까? 주말을 어떻게 보냈습니까? 삐에뜨로, 너는 토요일과 일요일에 무엇을 했니?

삐에뜨로 : 일요일은 평온한 날이었습니다. 저는 하루종일 집에 있었고, 그래서 사소한 일들을 할 기회가 있었습니다. 편지를 몇 장 쓰기도 했고, 내 방을 정리했으며, 이탈리아어를 조금 공부하기도 했습니다.

선생님 : 토요일에도 집에 있었니?

삐에뜨로 : 오, 아니오. 토요일 저녁에 나는 정말로 멋지고 재미있는 밤을 보냈습니다. 저는 스뽈레또에 가서 야외에서 하는 멋진 음악회를 들었습니다.

선생님 : 정말입니다. 7월 달이면 매년처럼 스뽈레또에서는 1958부터 시작된 오페라와 연극, 발레 등을 포함하는 세계적 축제가 있습니다. 거기에 혼자 갔었니, 삐에뜨로?

삐에뜨로 : 아니오, 거기에 끄라우디아의 자동차로 4명이 갔었습니다. 음악회는 매우 늦게 끝나고 그 시간에는 뻬루지아에 돌아올 방법이 없기 때문에 다행이었습니다.

강독 Che cosa ha fatto Paolo Rivera l'estate scorsa?
(지난여름에 빠올로 리베라는 무엇을 했습니까?)

그는 6월에 학교를 끝냈습니다. 그는 돈을 좀 벌기 위해 일을 찾았습니다. 한 달 정도 일을 했고, 10만 리라 정도를 저축했습니다. 그래서 한 친구와 함께 차를 빌려서 유럽을 일주했습니다. 프랑스, 벨기에, 네델란드, 독일, 스위스를 돌았습니다. 그는 유명한 곳과 도시들을 방문했으며, 그 또래의 많은 친구들을 알게 되었고, 새로운 음식들도 맛보았습니다. 아주 즐겁고 재미있는 날들을 보냈습니다. 이 여행 동안 프랑스어와 독일어로 말했으며, 그래서 이 두 언어들의 습득이 향상되었고, 또한 몇 마디의 네델란드어도 배웠습니다.

연습문제

1. 1) Sono partitoca per Milano alle 9. 2) Lucia ha frequentato un corso di francese. 3) Abbiamo fatto un viaggio all estero. 4) Ivo e Carlo hanno passato la serata in casa. 5) Avete lavorato fino a tardi? 6) Abbiamo preso il treno delle 8. 7) Ho fatto una passeggiata al centro. 8) Il treno per Bologna è arrivato in ritardo. 9) Laura ha avuto l influenza. 10) Hai comprato una macchina nuova? 11) I bammbini hanno dormito fino alle 10. 12) Siamo andati(e) al cinema con Antonio.
2. 1) Sono partito a mezzogiorno. 2) Sono arrivato nel pomeriggio. 3) Sono entrato in classe alle nove. 4) Sono uscita con Marco. 5) Sono rimasta ad Assisi una giornata. 6) Sono venuta a lezione a piedi. 7) Sono stata a cena fuori.
3. 1) ha ricevuto 2) abbiamo capito. 3) ha trovato 4) ha conosciuto 5) hai finito 6) hanno cambiato 7) hai cercato 8) avete venduto 9) ho dormito 10) abbiamo lavorato
4. 1) in, al 2) in, con, di 3) all' 4) in, con 5) da, alle, a, alle 6) A, in 7) per 8) a, a 9) per(da), in 10) in, con 11) al, con l'(in) 12) in, per

19. 근과거(Passato prossimo) Ⅱ

회화 - 빠올로는 집을 바꾸었다

쟌니 : 나는 네가 집을 바꾼 사실을 안다. 어디로 이사갔니?

빠올로 : 시내에 아파트 한 채를 샀어.

쟌니 : 크니?

빠올로 : 그렇게 크지 않아: 방 두 개와 부속 시설들이 있어, 그러나 아름다운 발코니와 차고가 포함되어 있지.

쟌니 : 돈을 많이 지불했니?

빠올로 : 물론이지! 나는 거의 나의 모든 저축이 바닥났어.

쟌니 : 어쨌든 너는 운이 좋았어! 요즘 중심 가에 아파트 구하기란 매우 어렵거든.

빠올로 : 나는 지금 새로운 집을 정리하러 가는 중이야, 안녕!

쟌니 : 잘 가! 다음에 보자!

강독 Teddy e le stelle(테디와 벽돌)

데디는 잠자러 가려합니다. 그런데 먼저 자신의 옆에 헝겊 토끼 인형을 놓습니다. '오늘은 창문을 열어 둘거야. 오늘 저녁은 춥지 않거든." 별들이 가득한 하늘에는 아직 아무도 보지 못한 아주 작은 별이 하나 잇스빈다. 한밤중에 그들은 사람들의 집에 들어가기 위하여 하늘에서 멀어져 내려옵니다. 여기 그들이 테디가 잠든 방에 도착합니다. 마루위에서의 모든 동작이 마치 음표와 같습니다. 헝겊인형은 그렇게 아름다운 음악에 참을 수가 없었습니다. 그래서 작은 별들과 함께 춤을 우기 시작했습니다. 그러나 테디는 이렇게 마술같은 음악을 꿈속애서 듣습니다. 작은 별들은 마루 위에서 뛰고 테디는 꽃이 간그한 벌판에 있는 것과 같은 꿈을 꿉니다. 연주하고 춤추러오라고 하는 꽃들이 있는 들판말입니다. 테디는 자신과 춤을 추는 여자친구를 발견했습니다. 밤이 끝나려 하고 있습니다. 별들은 하늘에 멀리 떨어진 곳으로 돌아가기 위해 빠르게 멀어져 갑니다. 테디는 엄마에게 꿈과 자신이 들었던 음악에 대해 이야기를 합니다.

연습문제

1. 1) Ho scritto una lettera 2) Ho letto il giornale 3) Ho risposto di no 4) Ho preso al bar un caffè 5) Ho visto al centro gli amici 6) Abbiamo dovuto pagare un milione 7) Abbiamo avuto in regalo un orologio d'oro 8) Abbiamo scritto al dottore 9) Abbiamo risposto alle lettera ieri 10) Abbiamo speso dal libraio molto
2. 1) è andata 2) sei riuscito 3) è successo 4) è costata 5) siete rimasti 6) è diventato 7) nato 8) sono arrivati 9) è restata 10) è sceso 11) hai messo 12) Avete chiesto 13) hai risposto 14) ha letto 15) hanno detto 16) ho bevuto 17) hai scelto 18) hanno aperto 19) abbiamo acceso 20) ha chiuso
3. 1) Ieri ho potuto prendere la macchina di mio padre. 2) Ieri Elena è potuta uscire con Sebastino. 3) Ieri hanno potuto lasciare il bambino a mia madre. 4) Ieri Giorgio e Marco sono potuti andare al parco. 5) Ieri ho dovuto studiare molte ore. 6) Ieri

Daniella è dovuta uscire di casa alle 8. 7) Ieri abbiamo preparato il pranzo in fretta. 8) Ieri i ragazzi sono dovuti tornare a casa presto. 9) Ieri ho dovuto lavorare fino a tardi. 10) Ieri le ragazze sono volute restare a casa. 11) Ieri ho potuto fare colazione da solo. 12) Ieri Luca voluto rimanere a letto fino a tardi.

4. 1) ha ballato, è finita, ha chiamato, è morto, ha detto, sono andata, ho trovato, ho pensato, hanno cominciato, diventata, ha ballato, sono arrivata, ho visto

   2) Arlecchino racconta: siamo entrati, Abbiamo parlato, è tornato, sono sceso, ho bevuto, ho letto, ho discusso, ho incontrato, ho chiesto, ha voluto, ha detto

   3) Brighella racconta: ho ricevuto, hanno scritto, ho potuto, ha ucciso, è stata, ha avuto,

5. 1) di 2) con 3) di 4) A 5) d' 6) a 7) delle 8) degli 9) su 10) dell' 11) per 12) di 13) da 14) a 15) di 16) a 17) con 18) A 19) a 20) di 21) a 22) a

20. 대명사(Pronome) I

회화 - 전화로

끌라우디오 : 여보세요, 뻬에뜨로, 나 끌라우디오야.

뻬에뜨로 : 여보세요, 끌라우디오, 잘 안들려, 좀 더 크게 말 할 수 있겠니?

끌라우디오 : 지금 내가 잘 들리니?

뻬에뜨로 : 응, 지금은 네 말이 잘 들려. 이야기 해!

끌라우디오 : 사장님이 모든 직원들과 회의를 하기로 결정하셨어. 중요한 문제래. 내일 저녁 6시 반에 우리 모두를 보기 원하셔. 너도 올래?

뻬에뜨로 : 응, 그런데 문제가 있어. 내가 차가 없어서...

끌라우디오 : 문제없어, 너를 데리러 내가 갈게!

뻬에뜨로 : 고맙다. 너를 몇 시에 기다릴까?

끌라우디오 : 6시 괜찮아?

뻬에뜨로 : 아주 좋아, 고마워 잘 있어!

끌라우디오 : 안녕, 내일 보자!

강독 Amelia e Maria(아멜리아와 마리아)

아멜리아는 집 앞에 사는 늙은 노파이다. 그녀를 나는 항상 내방 창문으로 보는데, 이 때 그녀는 뜨개질을 하거나 그녀의 개와 이야기한다. Ciro는 개 이름인데, 이 개는 그녀에게 진정한 동료이며, 그녀는 개를 아주 사랑하며 개를 마치 아이 돌보듯 한다.

아멜리아는 창문에서 밖을 보는 것으로 시간을 보낸다: 나를 볼 때면, 나를 부르고 그녀를 보러 가게끔 나를 초대한다. 내가 시간이 있을 때면 그녀에게 기꺼이 간다. 나에게 그녀의 일상을 이야기할 때면 그녀의 말을 들어주고, 발코니에 있는 장미에 물을 주는 것을 도와준다. 화분마다 다양한 색깔의 장미가 많다. 그 중에서 노란색 장미는 굉장히 아름답다. 가금 그녀를 태우고 쇼핑하기 위해 시내의 백화점에 간다. 그녀를 다시 집에 데려다 주면, 그녀는 무언가 특별한 것으로 나에게 고마움을 표하고자 한다. 잼을 넣은 비스켓(모두 그녀가 혼자 만든다)이나 그녀의 전공 요리인 사과 파이 등이 그것이다. 물론 비록 배가 고프지 않더라도 그녀를 기쁘게 하기 위해 언제나 몇 조각은 먹는다.

연습문제

1. 1) Sì, lo beviamo volentieri 2) Sì, lo invitiamo volentieri 3) Sì, lo aiutiamo volentieri 4) Sì, lo ricordiamo volentieri 5) Sì, la accompagniamo volentieri 6) La ascolto dopo la cena 7) La chiamo alle sei 8) La lavo dopo il pranzo 9) La incontro alle otto 10) La invito al mio compleanno 11) Li lasciamo nel bagno 12) Li portiamo nella camera 13) Li aspettiamo al bar 14) Li accompagniamo alla stazione 15) Li incontriamo al bar 16) Sì, le leggo 17) Sì, le scrivo 18) Sì, le accompagno 19) Sì, le lavo 20) Sì, le ricevo
2. 1) Sì, ti capisco. 2) Sì, ti amo. 3) Sì, ti accompagno. 4) Sì, ti ascolto. 5) Sì, vi guardo. 6) Sì, vi conosco. 7) Sì, vi aspetto. 8) Sì, vi aiuto.
3. 1) ti 2) lo, mi 3) La, mi 4) la 5) li 6) La 7) le 8) La, ci 9) li 10) la 11) La, li 12) ti 13) La 14) ti 15) vi 16) vi 17) ti 18) mi 19) ci 20) ti, la
4. 1) di, a, all' 2) di, dal 3) al(in), con 4) di, a 5) di, in 6) di, di 7) a 8) di, in, di 9) con, in, alla 10) da, per(a) 11) con, con, a(per), in 12) per, per

21. 대명사(Pronome) Ⅱ

회화 - 사랑에 푹 빠진

빠올로 : 안녕, 까를로, 잘 지내니?

까를로 : 잘 지내, 너는?

빠올로 : 나도, 고마워. 너의 어머니가 나에게 이야기하시길 네가 결혼할 애인이 생겼다고 하던데, 정말이니?

까를로 : 응, 정말이야! 드디어 나는 내 영혼과 쌍둥이인 괜찮은 여자를 만났어.

빠올로 : 정말? 그렇게 특별한 그 여자의 이름은?

까를로 : 마리아라고 해, 아주 귀엽고, 키가 크고 날씬하며, 짧고 풍성한 검은 헬멧형 머리 스타일을 가진 여자야. 나는 그녀의 녹색 눈이 너무 좋아.

빠올로 : 성격도 좋니?

까를로 : 물론이지? 달콤하고 감성적이며, 외향적이고 아주 실용적인 성격을 가졌어. 하여튼 장점이 많고 단점이 적은 여자지.

빠올로 : 그녀에 대해 아주 열렬하게 이야기하는구나; 너는 그녀와 진정으로 사랑에 빠졌구나.

강독 Tanti saluti grazie dalla Russia(러시아로부터 감사의 마음이 듬뿍 담긴 인사 편지)

저의 이탈리아 친구들은 귀국의 잡지 몇 권을 보내주지만, 그 중에서 내가 가장 좋아하는 것은 〈Bell'Italia〉입니다. 저는 호기심이 많아서 서로 다른 지방들에 대해 읽는 것과 새로운 사람들, 다른 나라 사람들의 살아가는 방법과 관습 등을 아는 것을 좋아합니다. 그리고 훌륭한 귀사의 잡지 지면에서 저는 이탈리아에 대한 모든 관심 사항들을 발견했습니다. 유감스럽게도 러시아에서 정기구독 신청이 불가능해서 저는 〈Bell'Italia〉의 몇 호만을 받아보고 있지만, 잡지를 통해 만나는 모든 것이 저에게는 하나의 축제입니다. 〈Be'Italia〉를 위해 일하는 귀사 직원 모두에게 감사드리며, 진심 어린 인사를 보냅니다.

연습문제

1. 1) Sì, mi serve. 2) Sì, mi occorre. 3) Sì, mi è necessario. 4) Sì, mi manca. 5) Sì, mi va bene. 6) Sì, ci servono. 7) Sì, ci occorrono. 8) Sì, ci sono necesari. 9) Sì, ci mancano. 10) Sì, ci vanno bene. 11) Sì, mi è piaciuto. 12) Sì, mi è piaciuto. 13) Sì, mi è piaciuto. 14) Sì, mi è piaciuta. 15) Sì, mi è piaciuta. 16) Sì, mi è piaciuta. 17) Sì, ci

sono piaciuti. 18) Sì, ci sono piaciuti. 19) Sì, ci sono piaciute. 20) Sì, ci sono piaciute.

2. 1) Le, mi 2) ti 3) mi 4) mi, le 5) Le 6) Le 7) Ci 8) mi 9) Gli 10) ci, vi
3. 1) Gli scrivo una cartolina. 2) Gli regaliamo dei libri di favole. 3) Le presto dei soldi. 4) Gli offriamo una birra fresca. 5) Le faccio vedere le foto delle vacanze. 6) Le mando un mazzo di fiori. 7) Gli chiedo un favore. 8) Gli do le chiavi della macchina. 9) Le spedisco un telegramma. 10) Gli compriamo un portafoglio. 11) Gli do il mio indirizzo. 12) Gli presto la mia macchina.
4.
5. 1) a 2) a, al, in, con, di 3) ai, a, in 4) per, con l'(in) 5) di, al 6) in, da, a, a, 7) alle, a 8) a(per), alla 9) a, al 10) in, per(a) 11) Alle, dall', a(per), in(al) 12) negli, a

22. 형용사(Aggettivo) Ⅳ

회화 - 식당에서

미스터 김 : 웨이터! 우리는 4인용 테이블을 하나 예약했습니다.

웨이터 : 죄송하지만, 성함이 어떻게 되십니까?

미스터 김 : 저는 미스터 김입니다.

웨이터 : 아, 그렇군요! 저를 따라 오시지요. 당신의 테이블은 창가에서 가까운 여기입니다. 괜찮습니까?

미스터 김 : 아주 좋아요. 감사합니다.

웨이터 : 곧 주문하시겠습니까?

미스터 김 : 예, 그러겠습니다.

웨이터 : 전채 요리부터 시작할까요?

미스터 김 : 예, 모두에게 혼합 전채 요리를 주십시오.

웨이터 : 포도주는 어떻게?

미스터 김 : 예, 적 포도주와 생수를 주십시오.

웨이터 : 저희 식당에서 만든 포도주가 괜찮으시겠어요, 혹 특별한 포도주를 원하십니까?

미스터 김 : 우리에게 'Barbera' 한 병 갖다 주십시오.

웨이터 : 첫 번째 요리도 주문하시겠습니까?

미스터 김 : 루이자, 뭐 먹을래?

루이자 : 또르뗄리니 알 라구(라구 소스를 넣어 만든 만두처럼 빠스따의 한 종류).

빠올로 : 저에게는 따르뚜포(이탈리아 특산 버섯의 일종)를 넣은 딸리아뗄리(칼국수 면처럼 생긴 빠스따의 일종)를 주십시오.

마누엘라 : 저도 그것으로 주십시오.

미스터 김 : 저에게는 스빠게띠 알라 까르보나라(돼지고기, 달걀, 생크림 등을 넣어 만든 빠스따의 종류)를 주십시오.

웨이터 : 좋습니다.

(시간이 흐른 뒤 웨이터가 돌아와 주문한다)

웨이터 : 두 번째 요리는 선택하셨습니까?

미스터 김 : 예, 스테이크 2개와 철판에 구운 얇은 고기 요리 하나, 구운 양고기 및 모두에게 인살라따(이탈리아식 야채 샐러드)를 주십시오.

(시간이 흐른 뒤 웨이터가 돌아와 주문한다)

웨이터 : 후식(단과자)을 드시겠습니까?

미스터 김 : 아니오, 우리에게 과일과 맛있는 커피를 가져다주십시오.

(점심식사가 끝날 때)

미스터 김 : 웨이터! 계산서 주십시오.

강독 Telefoni cellulari(이동전화)

지렐리 씨는 집에서 나와 신문 가판대로 가서 평소에 보던 신문을 삽니다. 갑자기 은행으로 중요한 전화를 해야할 일이 생각이 났습니다. 동전을 들고 전화 박스에 다가섰습니다만, 거기에는 어떤 소녀가 전화를 쓰고 있었기에 몇 분 기다리기로 했습니다. 기다리는 동안 그는 그날의 주요 기사들을 훑어보고 있습니다.

지렐리 씨 이후에도 몇 사람이 더 와서 모두 전화를 하기 위해 줄을 섭니다. 몇 분이 흐른 뒤에도, 그 소녀는 조용하게 잡담을 계속 이어갔고, 기다리는 사람들에 대해서 배려를 하지 않습니다. 지렐리 씨는 약속이 하나 있었기 때문에 약간 바쁜 편입니다. 시간을 너무 허비하지 않으려고 전화 걸기를 포기합니다. 그는 버스 정류장으로 가면서 40살 가량의 우아하게 차려입은 어떤 신사를 보았습니다. 그는 분명히 지렐리 씨보다 운이 좋은 것 같습니다. 코드가 없는 그의 전화기로 아무런 문제없이 전화를 합니다.

연습문제

1. 1) alcuni 2) qualche 3) ciascun 4) alcun 5) nessuno 6) qualunque(o qualsiasi) 7) ciascuno 8) qualche 9) qualsiasi 10) qualsiasi
2. 1) ogni 2) ogni 3) Parecchi 4) Parecchie 5) nessuna 6) certe 7) nessun 8) molti 9) parecchie 10) certo
3. 1) alcuna 2) Nessuna 3) nessuna 4) alcun 5) nessuno 6) Nessuna 7) nessuna 8) nessuna
4. 1) stessa 2) medesimo 3) stesso 4) stessa 5) stesse 6) stessa 7) stesso 8) medessime 9) stesso 10) stessi
5. 1) dall', al(in), per(a) 2) di, all' 3) Per, di, di, di, con 4) di 5) alla, per, per 6) a, di 7) di, dal 8) alla 9) A, di, di 10) a 11) in, con, di 12) di, a, nel

23. 재귀동사(Verbi riflessivi)

회화 - 빠올로와 리따

빠올로 : 여보세요! 안녕하십니까? 리따 있어요?

리따 : 여보세요. 누구십니까?

빠올로 : 저는 친구인 빠올로라고 합니다.

리따 : 아, 안녕, 빠올로. 나야.

빠올로 : 아, 안녕, 리따. 잘 지내니?

리따 : 좋아, 고마워 너는?

빠올로 : 나도 좋아, 고마워. 자, 너에게 한 가지 물어 볼게. 어째서 수업에 오지 않았지?

리따 : 나는 늦게까지 잠을 잤어. 11시에야 잠을 깼다.

빠올로 : 몸이 좋지 않았니?

리따 : 아니, 어제 저녁 공연 관람 후에 나는 친구들과 함께 바에 갔었어. 나는 너무 진한 에스프레소 커피를 마셨지. 오늘 새벽 늦게 잠이 들었고, 아침에 자명종 소리를 듣지 못했어. 해가 중천에 떠서야 나는 일어 날 수 있었어.

빠올로 : 지금은 괜찮니?

리따 : 괜찮아, 고마워.

빠올로 : 어쨌든 오늘 오후에 어디서 만날까?

리따 : 바 앞에서. 괜찮겠니?

빠올로 : 나는 괜찮아. 안녕, 나중에 거기서 보자.

강독 Un mattino in casa Latorre(라또레 씨 집에서의 아침)

라또레 씨 부부는 로마 북쪽의 교외에 삽니다. 까를로 라또레 씨는 시내에 있는 상업은행에서 근무합니다. 아내 마리자는 중학교 선생님으로 거기에서 영어를 가르칩니다. 그들은 프란체스고와 글라우디아의 부모입니다.

주중에 그들 부부는 자명종이 7시 15분에 정확하게 울릴 때 일어납니다. 출근 준비를 하고 약간의 커피를 마시고 8시전에 집에 나갑니다.

끌라우디아 역시 학교에 가기 적당한 시간에 일어납니다. 프란체스꼬는 그 시간까지 자고 있습니다. 끌라우디아가 나가기 전에 아침 인사를 하기 위해 그의 방에 들어와도 그는 그것을 알지 못합니다. 매일 아침 9시 몇 분전이면 프란체스고의 친구 에밀리오가 전화합니다. 함께 학교에 가기 위해 어디서 만날 것인가를 결정합니다.

그렇게 해서 프란체스꼬가 일어납니다. 옷을 입고 재빨리 씻습니다. 그가 거울 앞에서 빗질할 때 끌라라 양이 문을 엽니다. 그녀는 9시 반부터 11시까지 청소를 하기 위해 오는 가정부입니다.

연습문제

1. 1) Mi fermo tre giorni. 2) Mi occupo di elettrodomestici. 3) Mi chiamo Alfredo. 4) Mi metto un vestito nuovo. 5) Mi ricordo di tutto. 6) Ci intendiamo di cavalli. 7) Ci mettiamo un vestito vecchio. 8) Ci sistemiamo in albergo. 9) Mi devo alzare alle sette. 10) Devo mettermi l'abito da sera. 11) Devo specializzarmi in cardiologia.

2. 1) Loro si lavano con acqua calda. 2) Loro si alzano presto. 3) Loro si vestono alla moda. 4) Loro si preparano ad uscire. 5) Loro si siedono in salotto. 6) Tu ti puoi riposare ora. 7) Tu ti puoi iscrivere domani. 8) Tu ti puoi occupare dei biglietti. 9) Mi voglio divertire stasera. 10) Mi devo fermare alla posta. 11) Mi posso sistemare da te. 12) Ci dobbiamo preparare sempre in fretta.

3. 1) Mi sono alzata. 2) Mi sono sposato. 3) Ci siamo fermati. 4) Si è trovato. 5) Mi sono fermata. 6) Mi sono laureato. 7) Si è sposato. 8) Ci siamo addormentati. 9) Si iscritta. 10) Si è seduto. 11) Si è messa. 12) Ci siamo laureate.

4. 1) si alza, alzarmi 2) si sono addormentati, si è addormentata 3) si fa, si è fatto 4) si mette 5) ci siamo bagnati 6) mi sono fermato(a) 7) si ricordano, si sono dimenticate 8) si è laureato, laurearmi 9) si incontrano, si salutano, si sono incontrati, si sono salutati 10) si è truccata, si è svegliata 11) ci siamo divertiti 12) si ferma, si è fermato

5. 1) in, di 2) di, alle, di 3) alla, di 4) in, di, a 5) con 6) a, per 7) di 8) di, alle 9) di, ai 10) in, per(a), con 11) a, del 12) di, con

24. 동사(Verbo) Ⅶ -비인칭 동사(Verbi impersonali)

회화 - 바에서

마리오 : 더워지기 시작했어!

까를라 : 응, 맞아. 여름이 가까워 졌어.

마리오 : 나는 4계절 중에서 여름이 좋아. 하루가 좀 더 길어지고 날씨는 항상 좋지. 거의 비가 오지 않거나 조금 밖에는 안 와.

까를라 : 나는 여름에는 항상 피곤해, 항상 갈증이 나고 음료를 많이 마셔. 지금도 목이 마르다, 웨이터!

웨이터 : 예, 무엇을 드시겠습니까?

까를라 : 너 뭐 마실래?

마리오 : 과일 아이스크림 주세요.

까를라 : 나는 큰 맥주 한 잔 주십시오.

마리오 : 여름에는 사람들이 바다에 가거나, 산에 가지, 안 그러니?

까를라 : 응, 적어도 한달 간의 휴가를 갖지.

마리오 : 오, 나는 바다가 너무 그리워.

까를라 : 그만해, 마리오. 이제 수업이 시작한다. 교실로 돌아가자.

강독 La giornata dell'Avvocato(변호사의 하루)

나는 변호사(아넬리를 지칭)의 하루 일과에 대한 간략한 일정을 질문했습니다: 저는 6시에 일어나 신문을 받아보고, 30분 후에는 대서양 너머로 전화를 합니다. 그렇게 하면 어느 누구의 수면도 방해하지 않습니다. 그리고 나서 이탈리아로 넘어와 전화를 하는데, 유감스럽게도 누군가는 나의 전화목소리로 잠을 깹니다. 7시 30분에 나는 일어나 옷을 입고, 8시 15분에 점심까지 남아 있는 사무실에 있습니다. 15시 30분까지 잠을 자고 20시까지 일합니다. 어떻게 근무시간 이후 저의 시간을 보내냐고요? 1/3은 약속으로 1/3은 편지 쓰기에, 나머지 1/3은 회의로 시간을 보냅니다. 최근 몇 년 사이 저는 또리노보다 로마에 자주 가며, 해외 여행은 덜하는 편입니다. 저는 집에 영화관이 있어 이틀에 한 번 정도는 영화를 봅니다. 어쩌면 그 이하일지도 모르겠군요. 11시와 12 사이에 잠자러 가며, 12시전에 잠이 듭니다.

연습문제

1. 1) In Italia si pranza di solito all' una e mezzo. 2) In questa casa si paga molto di condominio. 3) Si viaggia in aereo per arrivare prima. 4) Si cerca sempre di guadagnare di più. 5) Al ristorante si spende molto. 6) Dopo una giornata faticosa ci si riposa volentieri. 7) Dopo che una bella vacanza ci si sente in forma. 8) Oggi, per andare a teatro, ci si veste anche in modo sportivo. 9) Dopo tre mesi di studio ci si esprime bene in italiano. 10) Alle feste ci si diverte di più quando è fra amici.
2. 1) sai 2) Sapete 3) lo conosci 4) Vi conoscete, ci conosciamo 5) Lascio 6) gli 7) La 8) ti 9) La 10) La
3. 1) sa 2) conosce 3) Conosco 4) conoscono(sanno) 5) sai(conosci) 6) sa 7) Conosci 8) Sappiamo 9) sa 10) so 11) So 12) conosce
4. 1) dei, di 2) alla, in, di 3) alla, all' 4) a, di, a, in, in, in 5) di, al, alla 6) con, alla 7) di, di, di, in 8) per, d' 9) di, di, sulla 10) d', ai 11) di 12) di, al

25. 미래시제(Il tempo futuro)

회화 - 바다에서의 주말

엔리꼬 : 알베르또, 이번 주말에 무엇을 할거니?

알베르또 : 바다에 가려고 해. 너는 무엇을 하려고 생각하니?

엔리꼬 : 아직 정하지 않았어. 아마 집에 있을 거다.

알베르또 : 너도 로제또에 가지 않을래?

엔리꼬 : 머니?

알베르또 : 전혀 멀지는 않아! 거기까지 최대로 3시간 걸릴 거다.

엔리꼬 : 우리만 가니?

알베르또 : 아니 루이지와 프랑까도 같이 올 거다. 자, 가자! 내가 확신하건대 잘 지낼 거다! 우리는 멋진 수영을 할거고 신선한 생선을 먹을 거다.

엔리꼬 : 나를 설득시켰어! 너희가 나를 데리러 올 거니?

알베르또 : 당연하지! 7시면 괜찮아?

엔리꼬 : 약간 빠르지만, 적어도 교통체증을 만나지는 않겠지.

알베르또 : 그렇다면 7시에 너의 집 아래에서 보자.

강독 - Peppino

뻬삐노는 키가 크고 마르며 진한 색의 눈을 가진 청년입니다. 22살이며 기계공으로 일합니다. 그는 14살까지 중학교를 다녔고, 그 뒤에 그의 집에서 가까운 수리 공장에서 일을 시작했습니다.

뻬삐노는 자동차 엔진에 대해 커다란 열정을 가지고 있지만, 일은 매우 고됩니다: 매일 아침 8시에 집에서 나와 오토바이를 타고 수리 공장으로 오고, 1시까지 일을 하며, 점심을 먹기 위해 잠시 쉰 뒤 14시 30분에 다시 일을 시작해 18시까지 일합니다.

저녁에 집에 돌아올 때면 매우 피곤해서 거의 23시가 되기 전에 침대로 갑니다. 그러나 토요일 저녁에는 친구들과 디스코 장에 갑니다: 그리고 집에 약간 늦게 돌아옵니다. 그리고 나서 일요일에는 정오까지 잠을 잘 수 있습니다.

뻬삐노는 완전한 자신의 수리 공장을 하나 열기를 원합니다: 저축을 시작할 것입니다. 달마다 약간의 돈을 특별히 떼어놓을 것이며, 은행에서 대부도 요청할 것입니다. 몇 년 후에 차고를 하나 사서 그런 뒤에 혼자서 일을 시작할 것입니다. 처음에는 아마 그다지 많은 돈을 벌지 못하겠지만, 보다 분명하게 만족할 것입니다.

연습문제

1. 1) andrò 2) avrà 3) cambieremo, andremo 4) comincerà 5) dovrò 6) darà 7) arriver 8) chiamerò 9) Saremo, tornerete 10) cominceranno, finiranno 11) prenderemo, andremo 12) Inviterete

2. 1) telefono, ho telefonato, telefonerò 2) inviterò, ho invitato 3) studierò, ho studiato

4) compra, ha comprato 5) abbiamo guardato, guarderemo, guardiamo 6) è finita, finirà, finisce 7) hanno letto, leggeranno, leggono 8) ha scritto, scrive, scriverà 9) ho preso, prenderò 10) siete partiti(e), partirete 11) andremo, siamo andati(e), andiamo 12) verrò, ci sono venuto(a)

3. 1) Dopo che avrò studiato, guarderò la televisione. 2) Dopo che avrò fatto la spesa, verrò a trovarti. 3) Dopo che avrò telefonato a Pina, comincerò a studiare. 4) Dopo che avrò venduto la moto, comprerò una macchina. 5) Dopo che avrò finito l'Università, far il militare. 6) Dopo che avrò salutato Maria, partirò.

4. 1) di 2) Fra, per 3) da(con), al 4) in, negli, per 5) di, dal 6) del, a 7) di, di 8) Fra, a, in, per 9) in, da 10) Al, al, al 11) di, fra, di 12) In(A), a, per(a)s

26. 대명사(Pronome) Ⅲ

회화 - 휴가

다니엘라 : 지난주에 어디 갔었니?

끌라라 : 휴가 중이었어.

다니엘라 : 그런데 너는 지난 2월에도 휴가를 갖지 않았니?

끌라라 : 그래, 그렇지만 단 일주일 만이었어. 사실 체르비노의 〈스키 주간〉에 갔었어.

다니엘라 : 그러면, 지난달에는 어디 갔었니?

끌라라 : 나는 시칠리아에 갔었어.

다니엘라 : 시칠리아에, 너는 좋았겠다! 오래 전부터 나는 시칠리아 보는 것을 꿈꾸었다. 잘 지냈니?

끌라라 : 아주 좋았어! 아주 멋진 시간이었고 덥지도 않았어. 사람들은 친절하고 친근했어. 역사적 유적과 예술품들이 얼마나 많던지!

다니엘라 : 누구와 함께 갔었니?

끌라라 : 물론, 남편과 함께 갔었지.

다니엘라 : 아이들은?

끌라라 : 아이들은 그런 오랜 여행을 하기엔 너무 어려. 할아버지와 할머니에게 맡겼어.

강독 Le vacanze di Giorgio e Carla(죠르지오와 까를라의 휴가)

매년 여름 죠르죠와 끌라라는 해외에서 휴가를 보낸다. 예를 들면, 지난해에는 몇몇 친구들과 함께 미국의 뉴욕에 가서, 한달 동안 있었다. 그들은 영어 강좌를 들었고, 시내를 구경했으며, 많은 공연들을 보았다; 또한 많은 미국인들 및 외국인들과 친분을 맺었다.

죠르죠와 까를라는 내년 여름의 휴가 계획을 갖고 있다: 그들은 그리스의 조그마한 섬에 가기로 결정했다. 그들은 섬까지 배로 가서 20일 정도 머무를 것이다; 아마 그들과 함께 지난여름 뉴욕에서 알았던 두 명의 스페인 친구들과 갈 것이다. 그리스에서 그들은 주변 섬들을 돌아보기 위해서 돛단배 하나를 빌리려고 한다; 그들은 1년의 노동 후에 휴식을 갖고, 해저 낚시를 하려고 하며, 수영과 일광욕 그리고 새로운 곳을 보려고 한다. 또한 그들은 아테네와 끄레타에도 가려고 한다.

연습문제

1. 1) ne 2) ne 3) ne 4) ne, ci, ci, ci 5) ci, ci, ci 6) ne, ne 7) ne 8) ci 9) ne, ne 10) ci, ci, ne 11) ne 12) ne 13) ne
2. 1) ne 2) ne 3) ci 4) ci 5) ci 6) ne 7) ci 8) Ci 9) ci 10) ci 11) ne 12) ci, ci 13) ci 14) ci 15) ci 16) ne 17) ne 18) ne 19) ne 20) ne 21) Ci 22) ne
3. 1) ci 2) ne 3) ne 4) Ne 5) ci 6) ne 7) ne 8) ne 9) ne 10) ci 11) ci 12) ne 13) ne 14) ci 15) ci
4. 1) alla, degli 2) al, con, con 3) A, del 4) Alla, degli, di, di, da, di 5) per 6) ai, del 7) al, di 8) A, in 9) in, per 10) alle, in 11) al, all'

27. 대명사(Pronome) Ⅳ

회화 - 거짓말 쟁이

엄마 : 그 공은 누구거니?

아들 : 내 공이야.

엄마 : 너의 공이라고? 누가 너에게 그것을 주었지?

아들 : 할아버지가 나에게 주었어.

엄마 : 할아버지? 그런데 어떻게? 벌써 할아버지가 우리를 보러 오신지 한 달이 넘었는데. 나에게 거짓말하지마!

아들 : 공을 주웠어, 엄마.

엄마 : 그것을 어디서 주웠지?

아들 : 저기, 밑에서.... 까를레또 씨의 대문 앞 공터에서.

엄마 : 아, 이제야 이해하겠어: 그 공은 까를레또 씨의 공이지, 그렇치?

아들 : 그렇지만, 엄마에게 맹세컨데, 공은 밖의 계단 위에 있었어.

엄마 : 그건 까를레또 씨가 거기에 공을 나 두었다는 의미야. 지금 그에게 뛰어가서 공을 아저씨에게 돌려줘, 알았어?

아들 : 예, 알았어요...!

강독 I giornali italiani(이탈리아 신문들)

가제띠노(Il Gazzettino)는 이탈리아 지방지의 한 예입니다. 베네치아와 같이 모든 도시에는 조그마한 일상사에 대하여 보도하고, 일상의 삶에 유익한 정보들을 주는 신문이 있습니다: 지역 활동들, 화합들, 축제 및 공연들에 대한 소식들을 보도합니다. 물론 이러한 신문들은 국가적이거나 국제적인 생활에 대한 많은 정보를 줄 수는 없습니다. 이러한 정보들은 주요 일간지들이 보도합니다. 여기에는 좀더 유명한 기자들이나 중요한 지식인들이 글을 씁니다. 이탈리아에는 보다 많이 팔리는 일간지로 세 종류가 있습니다: 로마의 라 레뿌블리까(La Repubblica), 밀라노의 꼬리에레 델라 세라(Il Corriere della Sera), 또리노의 라 스땀빠(La Stampa)입니다.

이탈리아 신문의 가장 커다란 문제는 독자 수가 적다는 것입니다. 많은 사람들은 TV의 소식들을 선호하여 일간지들을 사지 않습니다. 그래서 많은 일간지들은 경제적인 이유로 팔려야만 했으며, 거대한 산업체들이 주요 일간지들을 사들였다. 예를 들면 꼬리에레 델라 세라(Il Corriere della Sera)와 라 스땀빠(La Stampa)는 피아트 소유이며, 라 레뿌블리까(La Repubblica)는 올리베띠 소유입니다.

연습문제

1. 1) l'ho già visto. 2) L'ho imbucata 3) l'ho accompagnata 4) Li, messi 5) Le, viste 6) ne, fumate 7) ne, bevuti 8) L'ho comprato

2. 1) Sì, è vero, glielo regalo per l'onomastico. 2) Sì, è vero, gliele regalo per la promozione. 3) Sì, è vero, glieli regalo per l'anniversario di matrimonio. 4) Sì, vero, glieli regalo per la laurea. 5) Sì, è vero, gliela regalo per l'anniversario di matrimonio. 6) Sì, è vero, glielo regalo per il compleanno. 7) Me la presti? 8) Me le dai? 9) Me li dai? 10) Me lo offri? 11) Me li prepari? 12) Me la presti? 13) Me lo

presenti? 14) Me li regali? 15) Te la presento domani. 16) Ve la do domani. 17) Ve la porto doamni. 18) Gliela faccio vedere domani. 19) Gliela presento domani. 20) Gliela do domani.

3. 1) te ne 2) gliela 3) gliele 4) me ne, te le 5) ve lo 6) gliene 7) te la 8) tene 9) glieli 10) me ne 11) te li 12) te le 13) glielo 14) gliele, prestate 15) me la 16) ce l'ha presenatata 17) ne, ordinato 18) me la 19) gliel'ho prestata 20) gliel'ho venduto 21) gliene 22) glielo 23) me l'ha consigliato 24) gliene

4. 1) a 2) a, a 3) a, con il(in), alle 4) di, al(in) 5) per, in(con l') 6) ai 7) all', con 8) a, con 9) con, alle, al, della 10) Dalla 11) a, in 12) a, negli

28. 명령법(Imperativo) I

회화 - 입국수속

A : 안녕하십니까? 제게 여권을 주시겠습니까?

B : 여기 있습니다.

A : 어디서 오셨습니까?

B : 한국에서 왔습니다.

A : 어떤 동기에서 이탈리아에 오셨습니까?

B : 일(공부/여행) 때문에 왔습니다.

A : 어떤 일을 하십니까?

B : 기계를 취급합니다.

A : 얼마나 머무르실 생각이십니까?

B : 약 일주일입니다.

A : 입국신고 카드는 갖고 계십니까?

B : 거기 여권 중간에 있습니다.

A : 좋습니다. 가십시오.

강독 Sindy scomparssa | (사라진 신디)

10월의 어느 날 아침에 케이트 맥스웰은 사립 탐정인 안또니오 에스뽀지또 씨의 사무실에 나타났습니다. 이 여자는 디자이너 브루노 모잠보의 의상실에서 일했었던 젊은 모델인 자신의 딸 신디를 찾고 있는 중입니다. 오후에 에스뽀지또는 모잠보의 의상실로 갑니다. 얼굴이 귀여운 여비서는 신디를 모른다고 이야기합니다. 얼마 전부터는 유색의 아가씨들만이 일을 한다고 합니다.

디자이너 모잠보 역시 아는 것이 아무 것도 없다고 이야기하고, 패션 쇼에 에스보지또를 초대합니다: 혹 거기서 신디에 대하여 무언가를 밝혀낼 수 있을 것입니다. 탐정은 머리 속에 많은 생각을 하면서 집에 돌아옵니다: 디자이너는 그의 마음에 들지는 않으며, 그가 보기에 아주 이상한 사람 같습니다. 거리의 석간에서 정치자금에 대한 마지막 스캔들에 대하여 이야기합니다. 집에서 에스뽀지또는 먹을 것을 준비하고, 음악을 좀 듣습니다. 저녁 후에 자는 동안에 전화를 한 통 받습니다: 누군가 그에게 조심하라고 일러줍니다....

연습문제

1. 1) Sergio, vieni con me! 2) Ragazzi, bevete la birra! 3) Vediamo il film alla TV! 4) Luisa, parti in aereo! 5) Ragazzi, salite a piedi! 6) Prendiamo l ascensore! 7) Carla, esci con gli amici! 8) Resti a casa con questo tempo! 9) Partano in aereo! 10) Dia un consiglio a Mario! 11) Finiscano entro domani! 12) Accetti il nostro invito! 13) Abbiano ancora un po di pazienza! 14) Venga spesso a trovarci!
2. 1) parla 2) racconta 3) cerca 4) guarda 5) saluta 6) ricorda 7) Scusami 8) Mi scusi 9) passi 10) chieda 11) si sbrighino 12) giri 13) si accomodi 14) entrino
3. 1) non spegnere 2) non giocate 3) non perdete 4) non uscire 5) non stare 6) non andate 7) non essere 8) Non salga 9) Non rimanga 10) Non vada 11) Non faccia 12) Non dia 13) Non tenga 14) Non esca
4. 1) sii 2) non arrivate 3) scelga, decida, veda 4) abbi, Entra, leggi, ascolta, mangia, aspetta 5) studiate, ripassate, fate 6) vadano, cerchino, chiedano 7) usciamo, facciamo, respiriamo 8) non alzino, parlino, non distrubino 9) Abbiate, seguite, fate
5. 1) da 2) di 3) in 4) nella 5) di 6) alla 7) dalla 8) da 9) nell' 10) del 11) a 12) per 13) da 14) di

29. 명령법(Imperativo) Ⅱ

회화 - 까를로와 삐에뜨로

까를로 : 안녕, 잘 지내니, 까를로?

삐에뜨로 : 잘 지내, 고마워, 너는?

까를로 : 나도 잘 지내. 여기서 뭐 하니?

삐에뜨로 : 이 자전거로 산책을 조금 하고 있는 중이야.

까를로 : 멋지구나! 에... 삐에뜨로, 부탁 하나만 들어줄래?

삐에뜨로 : 말해봐.

까를로 : 자전거 좀 빌려줄래? 산책 좀 하고싶어서.

삐에뜨로 : 안돼, 너에게 자전거를 빌려줄 수 없어.

까를로 : 그런데, 왜 나에게 빌려줄 수 없지? 나는 다만 여기 주위에서 몇 바퀴 돌기만 할거야.

삐에뜨로 : 안돼, 내 자전거고 아무리 몇 바퀴 도는 것이라도 너에게 빌려주고 싶지 않아.

까를로 : 그렇지만, 너에게 내 기계로 놀 수 있게 하고 비디오게임도 할 수 있게 할게: 오늘 너는 심통을 부리는구나!

삐에뜨로 : 그러면 좋아, 자전거 가져가서 여기 주위에서만 몇 바퀴 돌아, 그렇지만 부탁컨대. 지난번처럼 하면 안돼.

강독 Sindy scomparssa Ⅱ (사라진 신디 II)

그 다음날 에스뽀지또는 패션 쇼에 가서 패션 세계를 관찰합니다. 칵테일 파티가 열리는 방에서 그는 모잠보와 함께 있는 중요한 인물을 봅니다. 거기에는 모잠보의 여비서인 아이다도 있습니다. 여비서는 에스뽀지또에게 신디의 친구에게 가 볼 것을 권합니다. 도착해서 아이다가 차를 주차하는 동안에 두 명의 남자가 에스뽀지또를 공격합니다.

다음 날 아침 탐정은 브루노 모잠보에게 갔습니다. 아이다는 없습니다. 의상실에서 나올 때, 자동차 위에서 전단 한 장을 발견합니다: 누군가 10시에 두오모 광장에서 그를 만나기를 원합니다.

약속 시간에 아이다가 나타납니다. 그녀는 지난밤의 사고에 대하여 사과하고 난 뒤 신디에 대하여 많은 것을 이야기합니다. 끝으로 에스뽀지또에게 밀라노의 오페라 극장인 스칼라 앞으로 가라고 이야기합니다.

에스뽀지또가 극장 앞에 도착했을 때, 극장은 아직 닫혀 있습니다. 탐정은 저녁 공연 프로그램을 읽고 난 뒤 신디의 옛날 집을 보러 가기로 합니다. 신디는 다락방에서 살았습니다. 지금은 청년 한 사람만이 사는데, 이야기 끝에, 그는 에스뽀지또에게 자신은 그녀에 대해 아무 것도 모른다고 이야기합니다. 그러나 잠시 전에 두 명의 남자가 가방 하나를 가지러 들렀다고 합니다: 신디의 가방입니다. 에스뽀지또는 계단을 향해 뜁니다. 길에서 그는 두 명의 남자가 오토바이로 도망치는 것을 봅니다. 택시로 따라 간 뒤에 탐정은 가방을 손에 넣는데 성공합니다. 가방 안에는 신디의 일기장이 들어있습니다.

일기장에 신디는 다음과 같은 것을 썼습니다: 밀라노에의 도착, 마약과의 만남, 외무부 장관 쥐세뻬 디 실비오와의 그녀의 사랑, 그 장관과 모잠보와의 거래, 밀매거래 조직과의 공모, 그리고 마지막으로 모든 것을 버리고 떠나려는 결정과 도피.

결국 에스뽀지또는 신디를 발견합니다. 잠시 후에 탐정을 쫓았던 케이트 부인도 도착합니다. 그 여인은 진정한 신디의 어머니가 아니고, 신디를 죽이려고 하는 마약 거래 조직의 일원이었습니다. 에스뽀지또 역시 죽을 뻔했습니다. 마지막 순간에 수녀님 한 분이 그 둘을 구했습니다.

연습문제

1. 1) ascoltalo 2) salutatela 3) passamelo 4) prestiamogli 5) andateci 6) diciamoglielo 7) regalatele 8) lo faccia 9) gli dia 10) si copra 11) la spegna 12) me ne offra 13) non ci creda 14) si preoccupi
2. 1) vacci 2) fammela 3) falle 4) stammi 5) daglielo 6) digli 7) daccene 8) la apra 9) me lo passi 10) le fumino 11) glielo dica 12) li inviti 13) lo prendano 14) Me lo dica
3. 1) Prendi la borsa e portamela! 2) Vai da lui e consegnagliela! 3) Chiudi la porta, chiudila bene, perché c'è corrente. 4) Tieni queste chiavi e mettile nella borsa! 5) Tu non stai bene, hai un brutto aspetto, vai a casa, vacci subito e chiama il medico. 6) Non la voglio di più : vattene! 7) Prendi questa cartaccia e buttala nel cestino! 8) Stai calmo. Non ti arrabbiare! 9) Paolo, il pacchetto delle mie sigarette è vuoto, vai a comprarmene uno! 10) Maria, ti prego, perdonami, non l ho fatto apposta. 11) Mario, tu hai rotto la macchina, paga i danni! 12) Parla, dimmi la verit : chi ha rubato la macchina? 13) Sii furbo, fatti aiutare dalla signorina! 14) Per questa volta ti perdono, ma non fallo più ! 15) È un uomo di grande onestà, fidati completamente di lui. 16) Non ti vergognare quello che hai fatto!
4. 1) Non si dimentichi della promessa che mi ha fatto! 2) Non creda che la richezza sia tutto nella vita! 3) Se Laura Le chiede questo favore, non glielo rifiuti! 4) Non se ne vada: alle sei abbiamo una unione! 5) Quella lampada serve a me: non la spegna, per favore! 6) Le scarpe con il tacco sono scomode: non se le metta! 7) In terrazza fa

freddo: non ci vada! 8) Anche se crede che Carla abbia torto, non glielo dica apertamente! 9) Le indicazioni che Le hanno dato sono sbagliate: non le segua! 10) Non è un luogo adatto per i bambini: non ce li porti!

5. 1) di, negli 2) a, con 3) nel 4) a 5) sul 6) a, per 7) fra, di 8) dai, a 9) a, dal 10) con 11) in, del(al) 12) in, per, di, in

30. 반과거(Imperfetto)

회화 - 심문

수사반장 : 지난 화요일 오후 2시에서 3시 사이에 어디에 있었는지 나에게 말해.

피의자 : 잘 모르겠어요. 기억이 안 나요.

수사반장 : 좋아! 너에게 네가 어디 있었는지 내가 말하지: 화요일 2시 30분에 은행 앞에 있었지.

피의자 : 아! 그래, 맞아요!

수사반장 : 무엇하고 있었는지 나에게 말 할 수 있겠지?

피의자 : 친구를 기다리고 있었어요.

수사반장 : 아니! 너는 이미 친구와 함께 있었어, 너는 쟌니 마놀레스따와 함께 있었어. 너희들은 점심 시간 후에 직원들이 들어가는 것을 지켜보고 있었어. 너희들은 2틀 후에 실행할 '범죄' 를 준비하고 있던 것이야.

피의자 : 무슨 얘기예요, 반장님, 당신 미쳤어요! 당신에게 다시 이야기하죠, 나는 친구를 기다리고 있었고, '범죄' 에 대해서는 아무 것도 몰라요.

수사반장 : 알았어! 자백하기 싫단 말이지! 그렇지만 자백하고 〈장물〉을 어디에 숨겼는지 나에게 이야기하는 것이 좋을 것이야.

피의자 : 반장님, 당신에게 내가 무어라 이야기할까요? 나는 '범죄' 에 대하여는 정말 아무 것도 몰라요.

강독 Stanno tutti bene(모두 잘 지낸다)

전직 사무원이고 현재 연금생활을 하며, 홀아비이고 성악을 좋아하는 마떼오 스꾸로는 이탈리아의 각기 다른 도시에 사는 5명의 자식들을 방문하기 위하여 (자신이 살고 있는)시칠리아의 어떤 지방에서 출발하기로 결정했다. 그의 바람은 다시 한 번 자식들을 보려는 것이다. 또한 그의 여행을 통하여 그에게 가까운 이들과 알고 있었던 이들의 진정한 삶을 보려는 것이다.

여정의 첫 번째 목적지는 나폴리로, 여기에서 아들 알바로를 찾아보려는 곳이다: 문을 여러 번 두드렸고, 대학으로 그를 찾으러 가기도 했지만, 그를 찾지 못했다. 그렇게 해서 다시 까이노를 만나기 위해 로마로 떠났다. 까이노는 그다지 화려한 정치적 경력을 쌓지 못한, 평범한 사무원이다.

여전히 수도인 로마에서 또스까를 보았고, 함께 그녀가 살며 일하는 피렌체로 갔다: 또스까는 꿈꾸어왔던 연극배우도 되지 못했고, 부자와의 결혼도 하지 못하고, 아들과 함께 불확실한 일로 생계를 꾸려 가는 평범한 여자이다.

마떼오는 계속하여 이탈리아를 여행하여 밀라노에 도착했다. 이 곳은 굴리엠모가 사는 곳인데: 그 역시 위대한 음악가가 되겠다던 꿈을 이루지 못하고 작은 오케스트라 단에서 큰북을 연주하고 있다.

여행의 마지막 여정은 또리노다: 여기서 마떼오는 그의 딸 노르마가 행복한 결혼생활을 하지 못한다는 사실과 커다란 공장의 판매 책임자가 아니라는 사실도 알게 된다. 그녀는 단순한 교환수였다.

여행의 마지막에 결국 마떼오는 시칠리아로 돌아오고 "모두 어떻게 지내?"냐는 역장의 질문에 웃으면서 다음과 같이 대답한다: "모두 잘 지낸다".

연습문제

1. 1) facevo, suonato 2) usciva, suonato 3) leggeva, hanno bussato 4) usciva, cominciato 5) telefonavamo, arrivato 6) guardavano, andata 7) aspettava, leggeva 8) ascoltavano, prendevano 9) parlava, pensavo 10) studiavano, guardava 11) faceva, parlava 12) preparavi, telefonavamo
2. 1) è telefonato, sapeva 2) hanno mangiato, avevano 3) è uscita, aveva 4) si sono addormentati, avevano 5) ha aspettato, aveva 6) è andato, voleva 7) ho scritto, sapeva 8) hanno dato, eravamo 9) è uscita, doveva 10) avete comprato, è costata 11) ha spedito, aveva 12) Ho chiuso, sentivo
3. 1) ha telefonato, è uscito 2) facevo, sono arrivati 3) era, hanno giocato 4) ha nuotato, ha preso 5) andavo 6) ha parlato 7) abbiamo viaggiato 8) hanno aspettato, cominciato 9) hanno frequentato 10) ho telefonato, ero 11) ho mangiato, ho guardato 12) dormiva, ha bussato 13) Avete avuto 14) ha salutato, aveva 15) lasciata, era 16) erano, sono andati 17) ha sciato(o sciava) 18) guardava, si addormentata 19) è uscito(o usciva) 20) ero, ho fatto 21) è partito, era 22) preparavo, ha telefonato 23) sono tornati, abbiamo cominciato 24) mi sono addormentato(a)

4.1) alle 2) di 3) alle 4) al 5) a(per) 6) all' 7) con 8) alle 9) in 10) dall' 11) all' 12) a(per) 13) alla 14) con 15) al 16) per(a) 17) alle 18) in(al) 19) con20) in 21) a 22) a 23) a

⊙ 참고 문헌

Amorini E. Mazzetti e A., *Lingua e civiltà d'Italia*, Le Monnier, Firenze, 1993.

Baldelli I., Mazzetti A., Minciarelli F. e Silvestrini M., *Leggere l'italiano*, Le Monnier, Firenze. 1990.

Cherubini N., *L'italiano per gli affari*, Bonacci editore, Roma, 1992.

Chiuchi A., Minciarelli F. e Silvestrini M., *In italiano*, Edizione Guerra, Perugia, 1995.

Dardano M. e Trifone P., *Grammatica italiana*, Zanichelli, Bologna, 1995.

De Giuli A. e Naddeo C.M., *Italiano Facile; Collana di racconti(dal primo livello al quinto livello)*, ALMA Edizioni, Firenze, 1994.

Katerinov K. e Katerinov M.C. Boriosi, *La lingua italiana per stranieri*, Edizione Guerra, Perugia, 1985.

Pittano G., *Sinonimo e contrari*, Zanichelli, Bologna, 1987.

Serianni L., *Grammatica italiana. Italiano comune e lingua letteraria*, UTET, Torino, 1988.

Zingarelli N., *Vocabolario della Lingua Italiana*, Zanichelli, Bologna, 1998.